MARIE (Sophie)	Mathilde	Sophie	Max Emanuel
*1841	* 1843	* 1847	* 1849
† 1925	† 1925	† 1897	† 1893
∞ Franz II., König beider Sizilien	∞ Ludwig, Prinz von Bourbon-Sizilien,	∞ Ferdinand, Prinz von Orléans,	∞ Amalie, Prinzessin von Sachsen-Coburg-
* 1836, † 1894	Graf von Trani	Herzog von Alençon	Gotha
	* 1838, † 1886	* 1844, † 1910	* 1848, † 1894

Ludwig Wilhelm	Franz Joseph	Siegfried	Christoph	Luitpold
* 1884	* 1888	August	* 1879	Emanuel,
† 1968	† 1912	* 1876	† 1963	Dr. phil.
∞ Eleonore, Prinzessin zu		† 1952	∞ Anna Sibig	* 1890
Sayn-Wittgenstein-Berleburg			* 1874	† 1973
* 1880, † 1965			† 1958	

Adoptivsohn Max Emanuel
Prinz von Bayern, * 1937

Arrigo Petacco

Die Heldin
von Gaeta

*Kaiserin Elisabeths Schwester
im Kampf
gegen Garibaldi*

Verlag Styria

Aus dem Italienischen von
Dr. Gerda Glück.
Der Titel der italienischen Originalausgabe lautet:
LA REGINA DEL SUD.
Amori e guerre segrete di Maria Sofia di Borbone,
und erschien 1992 bei Arnoldo Mondadori Editore, Mailand.
Umschlagbild: Archiv für Kunst und Geschichte, Berlin.

Die Deutsche Bibliothek – CIP-Einheitsaufnahme

Petacco, Arrigo:
Die Heldin von Gaeta : Kaiserin Elisabeths Schwester
im Kampf gegen Garibaldi / Arrigo Petacco.
[Aus dem Ital. von Gerda Glück]. –
Graz ; Wien ; Köln : Verl. Styria, 1994
ISBN 3-222-12243-1

© 1994 Verlag Styria Graz Wien Köln
Alle Rechte vorbehalten
Printed in Germany
Umschlaggestaltung:
Zembsch'Werkstatt, München
Satz: Druck- und Verlagshaus Styria, Graz
Druck und Bindung: Ebner Ulm
ISBN 3-222-12243-1

INHALT

Sie ist die Königin! Herrschaften! ...
Wie schön war sie doch!
Und was für ein Herz hatte sie! Und was für Manieren!
Hier ein gutes Wort zum Wachtposten,
dort ein Händedruck für den Artilleristen ...
Sie war immer mit uns! ... Sie stieg in den Sattel,
ritt mit und machte uns Mut, Tag und Nacht,
mal hier, mal dort ...
Ich schwöre euch, sie war eine Heilige!
Wir waren alle in sie verliebt!
Mit ihrem Jägerhütchen
war sie nicht nur Königin! Sie war eine Fee!
Und sie war gutmütig mit uns und wie eine Schwester,
auch im Donner der Kanonen ...
Sie war imstande, eine Stunde zu bleiben
und sie verteilte Tassen mit Schokolade ...
Warst du verwundet? Und sie trocknete dir das Gesicht.
Bist du gefallen? Sie hielt dich im Arm.
(Ferdinando Russo, O *sordato e Gaeta* = Der Soldat in Gaeta)

»Die zürnende Adlerin aus Bayern ...«
(Gabriele d'Annunzio, *La Canzone di Garibaldi* = Das Garibaldi-Lied)

»Femme héroique qui, reine soldat, avait fait
elle meme son coup de feu sor les remparts de Gaète.«
(Heldenhafte Frau, die als Soldatenkönigin selbst auf den
Wällen von Gaeta geschossen hat.)
(Marcel Proust, *La Prisonnière* = Die Gefangene)

I

DIE »FÜNF TAGE« UMGEKEHRT

Samstag, am frühen Nachmittag des 7. Mai 1898, ritt General Fiorenzo Bava Beccaris, der Kommandant des Dritten Armeekorps, zu seinem Zelt, das sich in der Mitte des Domplatzes befand. Seit zwei Tagen, oder mit dem Beginn des Streiks der Mailänder Arbeiter, war der Domplatz in ein Militärcamp verwandelt worden. Jetzt wimmelte es dort von Zelten, Kanonen, Pferden und Soldaten. Die Zelte und die anderen Bauten waren geometrisch angelegt, um gerade Gänge freizuhalten und um das fortwährende Kommen und Gehen der Stafetten zu ermöglichen.

In der »Galleria« (Galerie) und an den Seiten des Platzes machten sich unter den wachsamen Augen der Sergeanten die Abteilungen mit dem neuen sechsschüssigen Mannlicher-Carcano, das gerade in jenen Tagen anstatt des alten einschüssigen Wetterly verteilt worden war, vertraut. Das neue Gewehr, leicht und handlich, »Modell '91« genannt, weil es 1891 dem königlichen Heer übergeben worden war, war bisher niemals bei militärischen Operationen verwendet worden. Bei dieser Gelegenheit waren auch besondere, mit dem neuen Schießpulver mit dem charakteristischen Geruch und der bislang unerreichten Leistung geladene Patronen verteilt worden. Bei den letzten Manövern hatten sich die Resultate als hervorragend erwiesen. Dieses Gewehr konnte zum Unterschied vom

Wetterly, das einen Schuß in der Minute mit einer Schußweite von wenig mehr als 1000 Metern abgab, in derselben Zeit zwölf Schüsse mit einer Höchstschußweite von 3200 Metern abgeben.

»Das Modell '91«, so urteilten die Experten am Ende der Manöver, »schießt gut und entwickelt keinen Rauch« – ein Slogan, der diese Waffe für ihr ganzes, sehr langes Leben begleiten sollte.

General Bava Beccaris kam hoch zu Roß durch das Spalier zwischen den beiden stramm neben den Pferden stehenden Kavalleristen.

Spannung lag in der Luft. Man hörte ringsumher trockene Kommandorufe, Wiehern und Gestampfe der Pferde. Die blitzenden Säbel der Offiziere glänzten in der lauen Sonne, während vom »Campo« her ein leichter Frühlingswind Wellen von starkem Gestank herantrieb, die nicht zu der Umgebung paßten. Es waren gemischte Gerüche von menschlichem Schweiß, Leder, Verpflegungsrationen, Tierkot und Urin: Kasernengerüche, Gerüche des Krieges.

Bava Beccaris mochte diese Gerüche. Er war damit aufgewachsen. Sie erinnerten ihn an die Krim. San Martino, Castelfidardo, Custoza und die anderen ruhmreichen Schlachten seiner fernen Jugend.

Nachdem er abgestiegen war und das Pferd einem herbeispringenden Reitknecht anvertraut hatte, setzte sich der General an den Tisch vor dem Kommandozelt. General Majno, der Garnisonskommandant, Oberst Volpini, der Kommandant der Artillerie, und weitere Offiziere in Felduniformen nahmen ruhig im Halbkreis um ihn herum Aufstellung.

Einige Minuten lang schien General Beccaris ihre Anwesenheit nicht zu bemerken. Das Kinn auf den Degengriff gestützt überflog er rasch die letzten Depeschen, dann konzentrierte er seine Aufmerksamkeit auf den Stadtplan. Violette Striche mit Tintenstift markierten die Orte, wo die Barrikaden eingezeichnet waren. Sie waren sehr zahlreich. Man ersah daraus auch, daß die Stadttore unter der Kontrolle der Aufständischen waren.

Aus eben diesem Grund war das Gros der Truppe auf dem Domplatz konzentriert worden, der auf der vor dem General liegenden Karte wie eine kleine, von den Fluten der Revolutionäre umgebene Insel aussah. Sogar die bürgerlichen Viertel der Innenstadt waren größtenteils »besetzt«. Die nächstgelegene Barrikade befand sich in der Via Torino, wenige hundert Meter vom Kommandozelt entfernt.

»Meine Herren«, hob Bava Beccaris endlich seinen Blick zu den ihn aufmerksam und ruhig umstehenden Offizieren, »zuerst machen wir sofort eine Sache klar. Ich beabsichtige nicht davonzulaufen, wie dies Radetzky vor 50 Jahren gemacht hat. Wenn die Mailänder die ›Fünf Tage‹ wieder haben wollen, werden sie sie bekommen. Aber umgekehrt.«

In diesen Tagen war tatsächlich der 50. Jahrestag des mailändischen Aufstandes des Jahres 1848, und das Zusammentreffen war nicht zufällig. Die Atmosphäre der Feiern hat sogar beachtlich dazu beigetragen, die Explosion der schon seit geraumer Zeit unter der Asche schwelenden Unzufriedenheit des Volkes zu begünstigen. Denn, um die Wahrheit zu sagen, es hatte sich am Anfang eben nur um eine Manifestation der Unzufriedenheit gehandelt. Eine spontane Rebellion gegen die Teuerung, die auszunützen die Anarchisten und die Sozialisten nicht verfehlten.

In der Folge war die Lage gefährlich und konfus geworden. Wegen einer Reihe von Umständen hatte die Regierung in Rom schließlich die Überzeugung gewonnen, daß sich hinter dem Mailänder Volksaufstand ein echter, von jenseits der Alpen und auch von jenseits des Tiber organisierter Revolutionsversuch verberge ... Deshalb war das Heer mobilisiert worden.

Die Drohung von General Beccaris bewirkte zustimmendes Raunen bei den umstehenden Offizieren. Sie waren alle überzeugt, daß in Mailand an diesem Tag das Schicksal des Vaterlands auf dem Spiel stand. Dann ergriff General Majno, der Kommandant der Garnison, das Wort:»Die richtig Denkenden sind alle auf unserer Seite«, begann er und wandte sich dabei direkt an seinen Vorgesetzten. Auch er hatte jenen typischen piemontesischen Akzent, der noch für fast alle höheren Offiziere des königlichen Heeres charakteristisch war. »Auch die gemäßigte Presse unterstützt uns. Es sind die örtlichen Behörden, die uns Sorgen bereiten. Der Präfekt ist unschlüssig. Der Bürgermeister Vigoni hat sich im Palazzo Marino eingeschlossen. *Il Secolo* und die anderen subversiven Zeitungen greifen uns natürlich an, aber auch der *Corriere della Sera* bagatellisiert die Gefahr und macht sich fast lustig über uns … Seinerseits«, fuhr Majno immer aufgebrachter fort, »hat Kardinal Ferrari, anstatt die Gemüter zu beruhigen, die Idee gehabt, auf Urlaub zu gehen, während viele seiner Priester sich mit den Aufständischen verbünden.«

Bava Beccaris unterbrach ihn mit einer gelangweilten Handbewegung. So, als wollte er eine Fliege verjagen. Dann sagte er:»Machen Sie sich keine Sorgen, Herr General. Die zählen nicht. Wir werden sie alle auf Reihe bringen.« Dann, nach einer weiteren Kunstpause, fügte er hinzu:»In einer knappen Stunde werde ich den Belagerungszustand ausrufen.«

Bava Beccaris betonte bei jenen letzten Worten fast jede einzelne Silbe. Er wollte auf seine Zuhörer Eindruck machen, und das gelang ihm. Auch zu jener Zeit war der Belagerungszustand eine außerordentliche Maßnahme, die man nur in Fällen großer Gefahr für die Institutionen ergriff. Bis zu diesem Augenblick war sie selten angewandt worden, und immer nur an der Peripherie. Zum Beispiel in Sizilien, im Jahr 1894, während des Aufstandes der Bauern und wenige Monate später in der Lunigiana wegen der Revolte der Bergleute. Aber keine große Stadt war jemals unter Belagerung gestanden. Mailand aber …

Ein kleiner Kavallerie-Unterleutnant bat schüchtern um eine Erklärung:

»Was bedeutet genau Belagerungszustand?«

»Es bedeutet«, informierte ihn der schnurrbärtige und hochdekorierte Oberst, »daß wir kommandieren werden. Nur wir. Klar?«

Es war ganz klar.

Bava Beccaris strich sich mit einer gewohnten Bewegung ruhig über seinen weißen Spitzbart und seinen Schnurrbart. Er war 67 Jahre alt und bereits am Ende einer sehr beachtlichen militärischen Karriere angelangt. Piemonteser aus Cuneo, Teilnehmer aller Kriege für die nationale Unabhängigkeit, hatte er sich niemals durch eine brillante Auffassungsgabe ausgezeichnet, aber er hatte den Ruf, ein sehr guter Organisator zu sein. Einige seiner Veröffentlichungen hatten zur Verbesserung der Militärordnung und zur Förderung der Verbreitung der Instruktionen bei den Rekruten beigetragen. Natürlich war er ein absoluter Getreuer des Hauses Savoyen und verachtete die Politiker. Nur seinem König gehorchte er.

An jenem lauen Mainachmittag des Jahres 1898 hatte der alte General genaue Befehle von seinem Souverän erhalten, und er war bereit, sie um jeden Preis durchzuführen. Andererseits war er persönlich davon überzeugt, einem subversiven Komplott gegenüberzustehen, das jene nationale Einheit, für welche auch er gekämpft hatte, zu untergraben drohte. Alle Informationen, alle Analysen, alle Schlußfolgerungen, über die er verfügte, bestärkten diese seine Überzeugung.

»Das königliche Dekret für die Ausrufung des Belagerungszustandes«, wiederholte er, »müßte jeden Augenblick eintreffen.« Während er das sagte, schaute er zum Telegraphen hin, der unter dem Zelt in Betrieb war. »Di Rudinì hat sie bereits unterzeichnet. Aus Turin wird die Unterschrift des Königs erwartet.«

»Warum aus Turin?« fragte jemand.

»Ihre Majestät ist seit gestern in der ehemaligen Hauptstadt«, schaltete sich General Majno ein. »Er muß anwesend sein bei der Ausstellung der Heiligen Sindone, dem berühmten Leichentuch, das die Savoyer der Kirche geschenkt haben ...«

»Und das ein weiteres Wunder bewirkt hat ...«, brachte es eine Stimme auf den Punkt.

Viele lachten. An diesem Tag war tatsächlich eine kuriose Nachricht veröffentlicht worden. Ein gewisser Rechtsanwalt Antonio Pia, der als erster dazu ermächtigt worden war, die heilige Reliquie zu photographieren, hatte gesehen, wie sich auf der Negativplatte das Bild des Erlösers abzeichnete.

»Geflunker«, schnitt Bava kurz ab. »Das wird ein weiterer Schwindel der Priester sein, um die Leute zu beschwatzen.«

»Die Herrschaften werden bemerkt haben«, machte General Majno auf sich aufmerksam, »daß die Wunder immer in Krisenzeiten geschehen.«

»Auch zur Zeit von Porta Pia erschienen Madonnen an jeder Ecke«, meinte Bava mit einem Grinsen unter seinem Schnurrbart. Er war natürlich Freimaurer und ein »Priesterfresser«. Hinter jeder religiösen Manifestation sah er immer ein Komplott.

Für einige Augenblicke ließ die gespannte Atmosphäre nach: Man hörte Kommentare und gesalzene antiklerikale Witze. Mit einer Handbewegung rief Bava die Runde zur Ordnung.

»Befassen wir uns wieder mit den ernsten Dingen«, sagte er. »Vor allem bitte ich die Herrschaften, nicht zu glauben, was die Zeitungen schreiben.« Er schwieg einen Augenblick, um aus dem Bündel der Tageszeitungen das Exemplar des *Corriere della Sera* herauszuziehen.

»Diese, zum Beispiel«, begann er wieder, indem er das Blatt mit unterdrücktem Zorn zusammenrollte, »versteift sich darauf, zu schreiben, daß es sich um eine harmlose Volkskundgebung handelt. Daß Brot nötig ist, und keine Gewehre ... Das

ist eine Lüge!« rief er und warf die zerknüllte Zeitung weg.
»Wir ziehen nicht in die Schlacht gegen einen Haufen Lumpen!
Hinter ihnen steht etwas ganz anderes.« Und als er das sagte,
trommelte er nervös mit den Fingern auf den Depeschen herum,
die auf dem Tisch angehäuft waren.

»Da ist etwas sehr wohl anderes«, wiederholte der alte
General fast bei sich. »Da ist die anarchistische Internationale
in hybrider Verbindung mit dem Vatikan. Da ist Frankreich,
das es nicht gern sieht, daß wir der Dreifachen Allianz an-
gehören. Unter anderem«, bemerkte er nach einer Pause, »werdet ihr nicht vergessen haben, daß es die Franzosen waren, die
Menelik Waffen gegeben haben. Und dann«, fuhr er fort, »sind
da alle von unserem Risorgimento entmachteten Herrscher, die
wie die Geier auf den Ästen versammelt darauf warten, daß
unser Vaterland in Stücke zerfällt. Vor allem«, fuhr der General
fort, »ist da diese verfluchte Deutsche, die uns nicht in Frieden
läßt ...«

»Meinen Sie vielleicht die Frau von Franceschiello?« fragte
jemand.

»Ja, leider ist die ›Heldin von Gaeta‹ noch nicht in den
Wechseljahren.«

Daraufhin tauschten die Offiziere, die um den Tisch herum-
standen, Witze aus.

»Noch die, die es mit den Briganten von Chiavone und
Ninco Nanco trieb?«

»Genau. Wenn sie es jetzt mit den Anarchisten treibt.«

»Unerhört! Eine Exkönigin, noch dazu die Schwester der
Kaiserin von Österreich, verbandelt mit den Untergebenen ...
Ich kann es nicht glauben.«

»Es ist aber genau so. In Frankreich nennen sie die Zeitungen *la reine aux anarchistes*, die Königin der Anarchisten ...«

»Die ist zu allem fähig. Als sie in Rom war, als Gast
von Pius IX., schoß sie aus den Fenstern des Quirinals auf
Katzen ...«

»Was das betrifft, hat sie Schlimmeres angestellt. Ich erinnere an bestimmte gewagte Photos, die um die Welt gingen.«
»In Wirklichkeit ist sie verrückt. Verrückt wie ein Pferd. Außerdem ist sie eine Wittelsbacherin …«
»Ihr Großvater dankte aus Liebe zu Lola Montez ab …«
»Ihr Vetter, Ludwig II., hat sich aus Liebe zu Wagner umgebracht …«
»Unterschätzt sie jedenfalls nicht. Sie ist eine Frau, die zu ihren Lebzeiten Legende geworden ist …«
»D'Annunzio hat sie gerade eben ›aquiletta bavara‹ (die bayerische Adlerin) getauft.«

Diese letzte Bemerkung war von einem jungen Offiziersanwärter gemacht worden, der offensichtlich in bezug auf die literarische Produktion der Zeit sehr auf dem laufenden war. Gerade ein Jahr zuvor hatte der zukünftige »vate« (Dichter) die letzte Königin von Neapel in *Le vergini delle rocce* und *La canzona di Garibaldi* (»Die Jungfrauen auf den Felsen« und »Das Lied von Garibaldi«) unsterblich gemacht.

Marie Sophie, die Witwe nach Franz II. von Bourbon, blieb lange das hauptsächliche Thema der Unterhaltung der auf der Piazza Duomo (dem Domplatz) versammelten Offiziere, zum Beweis dafür, wie lebendig ihre Popularität noch war. Oberst Volpini, der einzige unter den Anwesenden, der vor so vielen Jahren unter dem Kommando von Cialdini an der Belagerung Gaetas teilgenommen hatte, brachte mit schlecht verhehlter Bewunderung die Heldentaten der unbeugsamen Königin auf dem Bollwerk der belagerten Festung in Erinnerung. Er fand auch die Gelegenheit, einen Pfeil gegen die Artilleristen der königlichen Marine abzuschießen.

»Ich erinnere mich«, sagte er, »daß sie ihre Soldaten auszuschicken pflegte, um die Seebarsche aufzusammeln, die von den Kanonenschüssen mit zu geringer Reichweite des Admirals Persano getötet worden waren …«

Alle lachten. Es war bekannt, daß sich die sardische Flotte

auch vor Gaeta nicht durch Todesverachtung ausgezeichnet hatte. Bava Beccaris seinerseits ließ erkennen, daß er den Spott guthieß, der gegen den aufgeblasenen Piemonteser Admiral, der dann bei Lissa so elenden Schiffbruch erlitten hatte, gerichtet war, doch sofort danach wurde er wieder ernst und nahm das unterbrochene Gespräch wieder auf.

»Ja«, sagte er, »wir dürfen die Exkönigin nicht unterschätzen. Marie Sophie ist wirklich sehr gefährlich. Sie hat mächtige und interessierte Bundesgenossen in Paris, Wien und auch im Vatikan. Überdies verfügt sie über große Geldbeträge, und sie verwendet sie zu unserem Schaden. Die Geheimdienste berichten, daß die Anarchistenführer eifrig ihren Hof zu Neuilly bei Paris frequentieren. Aber vor allem«, bemerkte er, »bereitet mir ihre Popularität Sorgen. Die Persönlichkeiten, die schon zu ihren Lebzeiten zur Legende werden, sind immer gefährlich.«

Und gefährlich war Marie Sophie wirklich. Um die Anzeichen dafür, daß sie irgendwie in den Aufstand von Mailand verwickelt war, zu bestätigen, kam an diesem Nachmittag eine chiffrierte Depesche vom Innenministerium. Bava las sie sehr aufmerksam, dann zeigte er sie kommentarlos General Majno.

Der Text lautete: »Unsere Dienststellen haben erfahren, daß sich die Exkönigin von Neapel in Como aufhalten soll. Sie soll die Absicht haben, mit einem Panzerwagen (einem mit einem Maschinengewehr bewaffneten Automobil) nach Mailand zu kommen, um sich an die Spitze der Aufständischen zu begeben.«

Nachdem er den Text gelesen hatte, gab Majno, ungläubig den Kopf schüttelnd, das Blatt zurück.

»Das scheint mir unmöglich zu sein«, stammelte er. Auch Bava Beccaris war ratlos.

Als Frau von abenteuerlustigem Temperament war Marie Sophie bekannt für ihre Extravaganzen. Als sie noch ganz jung war, zur Zeit des Brigantentums in den südlichen Regionen, hat sie sich alles mögliche geleistet. Ihre vorurteilslose Aktivität

hatte sie in den Mittelpunkt der phantastischsten anti-
unitarischen Komplotte gerückt. Ihre Anmut im Verein mit
dem Zauber, den sie auf die jungen legitimistischen Offiziere
ausübte, hatte rund um sie eine romantische Legende, die sich
noch immer nicht aufgelöst hat, zum Erblühen gebracht.
Trotzdem schien diese letzte Geschichte eher ein Blödsinn
zu sein. Das war ein bißchen zu dick aufgetragen, auch für eine
Wittelsbacherin.

Andererseits schien in jenen Jahren, in welchen die Auto-
mobilindustrie ihre ersten Schritte machte, das bewaffnete
»Auto-Mobil« nur in den Vorstellungen des Jules Verne und
einiger anderer utopischer Militärschriftsteller auf. Kein euro-
päisches Heer hatte etwas Derartiges bislang verwirklicht. Aus
diesen guten Gründen kamen die beiden Generäle dahingehend
überein, daß man diese Geschichte für haarsträubend halten
müßte. Wahrscheinlich handelte es sich um einen Versuch einer
Fehlinformation, von jemandem in Bewegung gesetzt, der
Staub aufwirbeln wollte.

Um 17 Uhr an jenem 7. Mai 1898 wurde in der gesam-
ten Provinz Mailand der Belagerungszustand ausgerufen. Das
königliche Dekret verlieh Bava Beccaris, der zum außerordentlichen Regierungskommissär ernannt worden war, die Vollmacht über die ganze Zone seiner Kompetenz und auch das
Recht, den Belagerungszustand auf die anderen Provinzen auszudehnen, falls dies günstig sein sollte. Bava nutzte dies, um
sofort alle Parteien, Klubs, Laien- und katholischen Verbände
aufzulösen. Auch die gemäßigten Zeitungen wurden der
Militärzensur unterworfen, während *Il Secolo* und *Avanti!*
nicht mehr erscheinen durften. Gleichzeitig wurden alle notwendigen Maßnahmen getroffen, um die militärischen Verstärkungen, die Bava Beccaris für nötig und dringend erachtete,
nach Mailand kommen zu lassen.

Später stellte eine zweite Depesche bezüglich der angeblichen subversiven Tätigkeit der Exkönigin von Neapel im

Gebiet von Como die vorherige Ungläubigkeit der beiden Generäle auf eine harte Probe. Die Depesche berichtete über die Verhaftung eines Menschen in Como, der »subversive Ideen« aufgebracht und in dessen Besitz man einen Scheck über 120.000 Franken gefunden hatte, gezeichnet von Marie Sophie von Bourbon mit Bürgschaft des Barons Rudolf von Rothschild, dem Bankier der Exkönigin. Laut der erhaltenen Informationen sollte dieses Geld für den Zusammenbau des besagten »Auto-Mobils«, welches in seine Einzelteile demontiert über die Grenze gekommen war, verwendet werden.

Der Schatten Marie Sophies, der sich jetzt realistischer auf den Mailänder Aufstand projizierte, trug dazu bei, eine Situation, die schon brandheiß war, zur Weißglut zu bringen. Tatsächlich hatte sich in diesen Stunden ein Ansturm von alarmierenden Nachrichten auf den Schreibtisch von Bava Beccaris ergossen. Es schien, als ob ganz Norditalien am Kochen wäre. Aus Pavia, wo es schon Tote gegeben hatte, hatte sich eine Kolonne Studenten in Richtung Mailand in Marsch gesetzt. Revolutionsfeuer entzündeten sich in der Lombardei, in der Emilia und in Ligurien. Sonderzüge, voll mit Anarchisten und von der Schweiz kommend, wurden angekündigt. Also, es war jetzt klar, daß sich hinter dem Aufstand der Mailänder Arbeiter eine viel größere Gefahr verbarg: die Revolution. ·

Außerdem war seit ein paar Jahren die ganze führende Schicht Italiens davon überzeugt, daß die Revolution vor der Türe stünde. Davon überzeugt war auch die Regierung. Davon überzeugt war vor allem der Hof.

Nach der aufsehenerregenden Niederlage von Adua in Abessinien im Jahr 1896, als die Horden Meneliks den Kaisertraum Umbertos I. zunichte machten, hatte sich in den Kreisen der extremen Linken die Überzeugung breitgemacht, daß die Gelegenheit zur Revolution nunmehr nahe war. »Die Unzufriedenheit verbreiten« war in jenen Tagen das Schlagwort der Anarchisten. Es kostete sie keine große Mühe. Das kleine Italien

Umbertos befand sich in der Tat momentan in einer der schwersten Krisen. Vom Land erhob sich der Schrei der hungrigen und geknechteten Bauern. In den Städten breitete sich die Arbeitslosigkeit aus, aber auch für die, die Arbeit hatten, wurden die Dinge nicht viel besser. Der Tageslohn eines Arbeiters entsprach dem Preis für ein paar Kilo Brot. Die Anarchisten ihrerseits brauchten nur das Feuer anzufachen. »Wagt es! Wagt es!« war die zweideutige Aufforderung aller Redner.

Zu alldem mußte man noch die verdächtige gesellschaftliche Aktivität vieler Priester hinzufügen (die sich, ermutigt durch die Enzyklika *Rerum Novarum* Leos XIII., oft als extremistischer als die Sozialisten und Anarchisten entpuppten), wozu sich noch das hinterlistige und offen antiunitarische Verhalten einiger hoher Kurienprälaten sowie die offenkundige, von Frankreich ausgehende Destabilisierungsaktivität gesellten. Dann war da Österreich, welches trotz der anscheinenden »Dreibund«-Solidarität eben immer auch der traditionelle Feind der Einheit Italiens war. In Rom, zum Beispiel, war es bekannt, daß der neue Thronfolger Franz Ferdinand, der Nachfolger seines Cousins Rudolf, der in Mayerling Selbstmord begangen hatte, ein eingeschworener Feind Italiens war. Als Sohn der Schwester Franceschiellos, als liebevoller Neffe von Marie Sophie hatte er geschworen, sich die Lombardei und Venetien wieder zu holen und den Bourbonen jenes Königreich zurückzugeben, das die Savoyer an sich gerissen hatten.

Das war also das Bild, das Bava Beccaris an jenem Nachmittag vor sich hatte. Und das rechtfertigte die außerordentliche, von ihm angeordnete Ausbreitung der Streitkräfte.

Später versammelte der General neuerlich seinen Generalstab zwecks letzter Überprüfung.

Den jüngeren Offizieren gelang es nicht, ihre Nervosität zu verbergen. Bava wiederholte seine Empfehlungen. Majno berichtete, daß alle verlangten Verstärkungen ihre Bestimmungsorte erreicht hatten.

Von diesem Augenblick an verfügte Bava Beccaris außer über die Polizeistreitkräfte und außer über die 7000 Mann der Garnison über 36 Linienbataillone, über das 5. Alpini-Regiment, über 13 Schwadronen Kavallerie und über neun Klein- und Mittelkaliber-Batterien; insgesamt über 30.000 Mann: ein kleines, kriegstüchtiges und entschlossenes Heer.

»Wir haben fast doppelt so viele Streitkräfte als Baratieri bei der Schlacht von Adua«, rechnete ein Offizier. Die Anspielung auf die unglückliche abessinische Episode war den Umstehenden nicht angenehm. Es klang nach einem schlechten Omen. Bava enthielt sich eines Kommentars.

»Was immer geschieht, wir sind bereit«, schloß Majno.

Bevor er die Versammlung für geschlossen erklärte, kündigte Bava Beccaris an, daß er beabsichtige, den Belagerungszustand auch auf die ganze Provinz Como auszudehnen. Offensichtlich quälte ihn diese unglaubliche Geschichte vom mit einem Maschinengewehr bewaffneten »Auto-Mobil« noch immer. Der Schatten Marie Sophies breitete sich so wiederum über den »Campo« der Piazza Duomo aus.

Nicht umsonst hatte die Königin des Südens öffentlich Rache gegen die Savoyer geschworen, wobei sie kein Mittel auslassen würde. Nicht einmal Königsmord.

II

DIE VERZAUBERTE WELT
DER WITTELSBACHER SCHWESTERN

Viele Jahre vor diesen Ereignissen lebte Marie Sophie mit ihrer großen Familie glücklich in einem zauberhaften, zwischen den Bergen und Seen Bayerns versteckten Ort, in einem reizenden, von einem Park mit blühenden Rosen und Lindenbäumen umgebenen Schloß ...

Das scheint der Anfang eines Märchens zu sein, aber es war wirklich eine Märchenwelt, in der die zukünftige Königin von Neapel heranwuchs.

Ihre Eltern, Maximilian und Ludovika von Wittelsbach, waren Mitglieder der Königsfamilie von Bayern. Maximilian stammte von einer Nebenlinie, doch Ludovika war eine der neun Töchter des Königs. Obwohl sie sehr schön war, hatte diese Prinzessin nicht so viel Glück wie ihre acht Schwestern, von denen zwei Könige geheiratet hatten (von Preußen und von Sachsen), während die anderen die Gattinnen von Erzherzögen und königlichen Hoheiten geworden waren. Mangels geeigneter Partien war ihr Vater, der König, gezwungen, sie mit einem »armen« Verwandten zu verheiraten: eben Maximilian, der auch Herzog war, aber *Herzog in Bayern*. Es war jenes *in* anstelle des *von*, das bedeutete, daß es ein Titel ohne Macht und dynastische Rechte war.

Für Ludovika hatte diese Heirat einen gesellschaftlichen Abstieg mit sich gebracht, den sie aber gerne akzeptierte. Erzogen wie so viele deutsche Mädchen, im Kult der drei »K« (Kirche, Küche, Kinder), hatte sie mit ergebenem Gleichmut ihr Schicksal als Hausfrau akzeptiert, ebenso wie sie später mit ergebener Nachsicht die Extravaganzen und Seitensprünge ihres ruhelosen Gemahls hinnehmen sollte.

Herzog Maximilian, sympathischerweise in ganz Bayern als der »gute Herzog Max« bekannt, war tatsächlich in allem und in bezug auf alles einem jener pittoresken Fürsten ähnlich, welche die Wiener Operetten von Franz Lehár bevölkern. Schön, vortrefflich (die mondänen Blätter betitelten ihn als den »schönsten Fürsten Europas«), genial, kunstliebend, überschwenglich, sportlich und natürlich ein bißchen verrückt. Er vereinigte in sich all die Eigenschaften, die für die Wittelsbacher, die seit Barbarossas Zeiten in Bayern regierten, charakteristisch waren.

Gegen die Regeln des Adels, welcher die eigenen Kinder daran hinderte, bürgerliche Institutionen zu besuchen, hatte Max an den öffentlichen Schulen studiert und sogar die Universität besucht. Ja, er hatte auch ein Doktorat in Geschichte und Geisteswissenschaften gemacht, aber nach Abschluß der Studien hat er sich sehr wohl davor gehütet, mit dem schönen Studentenleben aufzuhören. Max wird in der Tat sein ganzes Leben lang ein Student bleiben.

Als großer Trinker, leidenschaftlicher Spieler und Liebhaber war er die Seele der Feste und fröhlichen Gesellschaften. In München hatte er einen Klub für verrückte Käuze, Runder Tisch (Tavola Rotonda) genannt, gegründet, dessen Mitglieder sich als mittelalterliche Ritter kostümiert in den Brauhäusern zu versammeln pflegten. Er hatte sich natürlich die Rolle des Königs Artus zugewiesen. Bei diesen lärmenden Versammlungen, die in Schwabing, dem Künstlerviertel der bayerischen Hauptstadt, stattfanden, wurde sehr viel Bier getrunken, wurden Glücksspiele gespielt und mehr oder weniger skurrile Gedichte deklamiert. Max war auch ein ganz guter Dichter. Er komponierte volkstümliche Balladen, die er, sich selbst auf der Gitarre begleitend, sang. Er schrieb Theaterstücke und veröffentlichte Zeitungsartikel unter dem Pseudonym *Phantasius*. Als ein Freigeist, dem Fortschritt und der Entwicklung der Demokratie zugeneigt, war er sogar in den hoffeindlichsten politischen Kreisen gern gesehen. Nicht umsonst hatte es die königliche Familie in Bayern für günstig gefunden, sich, als auch in München 1848 die Revolution ausgebrochen war, auf seinem Schloß zu verstecken. Der »gute Herzog Max« war also eine jener sympathischen, extrovertierten und extravaganten Persönlichkeiten, die alle zum Freund haben wollten. Aber nicht zum Ehemann der Schwester oder der Tochter.

Ludovika hatte sich, wie gesagt, mit ihrem Schicksal abgefunden. Sie scherzte oft darüber.

»Meine Schwestern«, pflegte sie zu sagen, »sind glänzend und unglücklich verheiratet. Ich bin lediglich unglücklich verheiratet.« Andererseits war in ihrer Umwelt die Liebesheirat ein sehr seltenes Ereignis.

Obwohl sie in München ein schönes Palais besaß, zog es Ludovika vor, den Großteil des Jahres auf Schloß Possenhofen am Ufer des Starnberger Sees zu verbringen. Die kleine Ritterburg, die in der Familie liebevoll »Possi« genannt wurde, war ein heiterer Zufluchtsort für die Tochter des Königs von Bayern, die schließlich und endlich dieses Leben inmitten der Natur liebte, das sie von allen langweiligen Verpflichtungen bei Hofe befreite.

Max hingegen reiste immer in Europa herum, ganz darauf bedacht, seine drei großen Leidenschaften zu befriedigen: die Pferde, das Spiel und die Frauen. Aber auch wenn der »gute Herzog« in Possenhofen war, weilte er sehr selten bei seiner Familie. Die Jagd, die langen Ritte und die galanten Abenteuer mit den Bürgersfrauen, die er üblicherweise frequentierte, nahmen einen Großteil seiner Zeit in Anspruch. Niemand hat jemals die von ihm in jenen Tälern in die Welt gesetzten Kinder gezählt, doch es waren derer gewiß viele. Resigniert und tolerant, wie sie war, schien Ludovika niemals unter dem offenkundig ekzessiven Verhalten ihres Mannes zu leiden. Andererseits vernachlässigte er sie keineswegs ... Zwischen einer Reise und der nächsten machte er sie in einem Zeitraum von achtzehn Jahren achtmal zur Mutter.

Der erste Sohn, Ludwig, kam 1831 zur Welt, Helene, genannt Nené, 1834, Elisabeth, Sisi genannt, 1837, Carl Theodor 1839, Marie Sophie 1841. Es folgten Mathilde, Spatz genannt, 1843, Sophie 1847 und Maximilian Emanuel 1849.

Die acht Kinder wuchsen im zauberhaften Possenhofen glücklich heran. Sie waren alle sehr schön, aber die schönsten waren zweifellos Elisabeth und Marie Sophie. Beide waren außerordentlich dunkel in einer von Blonden bevölkerten Welt, waren schlank, überdurchschnittlich groß und hatten türkisfarbene Augen. Ob deshalb, weil sie beinahe gleichaltrig waren, oder wegen ihres überströmenden Temperaments waren Elisabeth und Marie Sophie von klein auf immer verbunden. Eine Verbindung, die das ganze Leben andauern wird.

Wenn er von seinen mondänen Streifzügen heimkam, widmete sich Papa Max hie und da seinen Kindern. Und das waren immer Festtage.

Vor dem unnötig strengen Auge seiner Frau verwandelte Max »Possi« in ein Spielzeugland. So, wie es ihm gefiel, brach er die Schulstunden ab, um die Kinder einmal zu einem Ausflug in die Obstgärten, einmal zum Schwimmen im See mitzunehmen. Er lehrte sie neue Spiele, organisierte Unterhaltungen und Picknicks. Manchmal geschah es auch, daß er in Begleitung eines fröhlichen Orchesters im Schloß erschien. Dann gab es Gesang und Tanz bis spät in die Nacht.

Die schulische Erziehung der Kinder bedeutete Max sehr wenig, alles, was mit körperlicher Erziehung zu tun hatte, förderte er hingegen sehr.

In einer Gesellschaft, in der die einzige den Frauen erlaubte

Leibesübung darin bestand, graziös einen Fächer zu öffnen oder einen Schirm auf- und zuzumachen, erhielten die Wittelsbacher Schwestern, insbesondere Elisabeth und Marie Sophie, die am begeistertsten waren, eine athletische Erziehung, die einen Berufsakrobaten vor Neid erblassen lassen könnte. Elisabeth war unschlagbar zu Pferde, Marie Sophie übertraf sie im Schwimmen, Fechten und Schießen.

Diese beiden Mädchen, absolute Ausnahmeerscheinungen ihrer Zeit, wuchsen also so auf, daß sie ihren Körper mehr Pflege zukommen ließen als ihrem Geist. Elisabeth, die auch eine gewisse Neigung zur Poesie zeigen sollte, wird ihr ganzes Leben lang von der »schlanken Linie« besessen sein. Sie wird sich eine strenge Diät auferlegen, um das Gewicht von fünfzig Kilo nicht zu überschreiten. Ein Kampf, der schließlich ihren Geist umnachten wird.

Marie Sophie, die dieselben Maße wie ihre Schwester hatte, war praktischer, weniger reflexiv und ohne große Sympathien für die Dichter und Intellektuellen (eine »Tugend«, welche sie ihrem zukünftigen Schwiegervater Ferdinand II., König von Neapel, sofort sympathisch machen wird). Sie zog es vor, gänzlich in die Natur einzutauchen: sie liebte wilde Hunde und züchtete Kanarienvögel und Papageien.

Es ist hier überflüssig zu betonen, daß die beiden Mädchen die Lieblinge des »guten Herzogs Max« waren. Ihnen widmete er viel mehr Zeit als seinen übrigen Kindern. Vielleicht weil er fand, daß sie ähnlicher und sehr empfänglich dafür waren, was er sie lehrte, wobei er aber überhaupt nicht als väterlich zu bezeichnen war. Die beiden Mädchen ihrerseits bewunderten ihn, auch wenn sie an ihm eher einen unterhaltsamen Spielgefährten als einen Vater sahen.

Zwischen Bootsausflügen, Ausritten oder Ausflügen in die bayerischen Alpen schuf also Max eine sehr freie und vorurteilslose Beziehung mit seinen beiden Töchtern. Er vermittelte ihnen auch manche seiner »revolutionären« Ideen über die sozialen

Verhältnisse und über das langweilige Leben bei Hofe. Der rebellische Charakter der beiden zukünftigen Herrscherinnen wird viel von diesem kameradschaftlichen Zusammenleben mit dem extravaganten Vater aufweisen. Max kannte überdies keinerlei Hemmungen. Seine Mädchen, sagte er, müßten alles über das Leben kennenlernen. Er zögerte zum Beispiel nicht, sich von ihnen begleiten zu lassen, wenn er eine dieser Bürgersfrauen, die er ohne Wissen seiner Frau frequentierte, besuchen ging. Er weihte die Töchter auch in den Genuß des Tabaks ein. Es war in jenen glücklichen Tagen, daß Marie Sophie diese langen und dünnen Zigarren rauchen lernte, die am bigotten Hof von Neapel einen solchen Skandal entfachen sollten.

Doch die größte Leidenschaft der beiden Schwestern waren die Pferde. Max war so stolz auf ihre Geschicklichkeit, daß er ihnen sogar im Hof seines Münchener Palais ein kleines Hippodrom errichten ließ, wo er mit seinen Töchtern Übungen aller Art vor einem sehr interessierten, aber vielleicht auch bestürzten Publikum zum besten gab.

Der »gute Herzog Max« verschwand metaphorisch sozusagen von der Bildfläche, als die Wittelsbacher Mädchen ins heiratsfähige Alter kamen. Er hatte andererseits keinerlei Recht auf diesem Gebiet. Die Regeln des Hofes setzten fest, daß die Wahl des Ehegatten vom »Oberhaupt« der Familie, das heißt dem Onkel Maximilian II., König von Bayern, gutgeheißen werden müßte. Max verschwand gerne. Über die Ehe hatte er seine persönlichen Ansichten. Er wird sich, wie wir sehen werden, auf einige gesalzene Kommentare beschränken.

Diese Zeit brachte jedoch Herzogin Ludovika wieder in den Vordergrund zurück. Auch wenn sie sich christlich in ihr Schicksal ergeben hatte, beabsichtigte sie, sich an den Töchtern schadlos zu halten. Sie erträumte für sie eine Ehe, die, wenn auch unglücklich, jedoch viel glänzender sein sollte als die ihre. Die Gelegenheiten werden ihr nicht fehlen: Auch wenn das bescheidene Familienvermögen ihr nicht gestattete, ihnen eine angemessene Mitgift mitzugeben, so waren ihre Mädchen doch sehr schön und trugen einen der illustresten Namen des deutschen Adels.

Als Helene, die erstgeborene Tochter, das zwanzigste Lebensjahr vollendet hatte, wurde Ludovika aktiv. Sie hatte einen ganz bestimmten Plan. Sie hatte ein hochgestecktes Ziel. Jenes, das das »Journal des Dames« als »die beste Partie der Christenheit« bezeichnete, das heißt den österreichischen Kaiser Franz Joseph. Der Traum Ludovikas war nicht unüberlegt. Alles verschwor sich tatsächlich zu ihren Gunsten. Aber ganz besonders verschwor sich mit ihr ihre Schwester Sophie, die Mutter eben dieses Kaisers.

Franz Joseph hatte den Kaiserthron im Jahr 1848 im Alter von 18 Jahren bestiegen dank einer Reihe von dynastischen Verzichten und vor allem dank der großen Geschicklichkeit seiner Mutter, die in jenen Jahren der »starke Mann« des Wiener Hofes war.

Der amtierende Kaiser Ferdinand war in der Tat wegen offensichtlicher »geistiger Trägheit« zur Abdankung gezwungen worden. Die Krone hätte von seinem Bruder, Erzherzog Franz Karl, dem Ehemann Sophies, geerbt werden sollen, aber auch dieser verfügte laut Meinung der Hofärzte über ein »Gehirn, das nicht viel anders war als das eines achtjährigen Kindes«. Deshalb hatte Sophie, wohl wissend, daß sie auf diese Weise auf den Titel einer Kaiserin verzichten mußte, nicht gezögert, ihren Gemahl entmündigen zu lassen, um an seiner Stelle ihren Sohn Franz Joseph auf den Thron zu setzen. Inzwischen, dachte sie, würde sie dank des von ihr auf den jungen Mann ausgeübten Einflusses sehr wohl weiterhin die Zügel des Reiches in ihren Händen halten.

In der Folge, obwohl sie die von der Blutsverwandtschaft verursachten Schäden vor Augen hatte, hegte Erzherzogin Sophie, als die Zeit kam, für den Kaiser eine Frau zu suchen, keine

Zweifel in bezug auf die Wahl. Es mußte eine der Wittelsbacher Schwestern sein, und sie bestimmte Helene, die, außer, daß sie die Erstgeborene war, wegen ihres sanften und nachgiebigen Charakters versprach, ihre Vorherrschaft am Hofe nicht zu bedrohen.

Ein zwangloser und familiärer Besuch sollte das »Glück« des damals 22jährigen Kaisers Franz Joseph anbahnen. Dieser verliebte sich aber nicht in Helene, sondern in ihre jüngere Schwester Elisabeth, kaum 15jährig und Sisi genannt.

Nach seiner Rückkehr nach Wien teilte Franz Joseph seiner Mutter seine Absicht mit, »Sisi« zu heiraten. Sophie versuchte, ihm das auszureden. Sie sei zu jung, sagte sie, zu lebhaft. Und dann war da Helene, der man ein Versprechen gegeben hatte ... Doch der Kaiser wollte nicht auf sie hören.

»Ich bin verliebt wie ein Leutnant und glücklich wie ein Gott«, erklärte er.

Die Entscheidung Franz Josephs stiftete Verwirrung in Wien, vor allem jedoch in Possenhofen. Um die Wahrheit zu sagen, Ludovika hatte sich rasch in das veränderte Programm gefügt. Alles in allem würde die Kaiserkrone im Hause bleiben. Auch die schüchterne Helene wird sich fügsam der neuen Situation anpassen (sie wird sich ein Jahr später durch die Heirat mit dem Grafen Thurn und Taxis trösten). Es war hingegen »Sisi«, die Probleme schuf.

»Ich habe keinerlei Absicht, zu heiraten«, erklärte sie der Mutter. »Ich bin noch zu jung, und außerdem habe ich nicht die Absicht, der armen Helene einen solchen Affront anzutun.«

Ludovika, die den rebellischen Charakter ihrer Tochter kannte, versuchte, sie zu besänftigen, indem sie ihr alle Vorteile, die dieser außerordentliche Heiratsantrag ihr und ihrer Familie brachte, ausmalte. Sie fügte drohend hinzu, daß es jetzt nicht mehr möglich wäre, einen Rückzieher zu machen.

»Du kannst doch einem Kaiser nicht den Laufpaß geben!« schloß sie.

Und »Sisi« darauf:
»Aber ich würde den Kaiser so sehr lieben, wenn er nicht
Kaiser wäre!«
Schließlich siegte natürlich Ludovika. Aber es war das einflußreiche Einschreiten des Königs Maximilian II. nötig, der
sehr wohl entschlossen war, nicht auf die Möglichkeit zu verzichten, die Blutsbande mit der kaiserlichen Familie zu stärken.
Die Verlobung wurde am 19. August 1853 in Bad Ischl be-
kanntgegeben und war zweifellos eine echte Sensation, denn
niemand kannte die Braut, kaum jemand das nicht regierende
Herzogshaus »in Bayern«. Während der Verlobungszeit sahen
sich die Brautleute sowohl am Starnberger See, im Schloß
Possenhofen, als auch in Bad Ischl, wo die Eltern Franz Josephs
regelmäßig die Sommermonate verbrachten. Sie hatten dort ein
Haus in einem großen Park erworben, das als »Kaiservilla«
bekannt wurde und heute zu den bekanntesten Touristen-
attraktionen Österreichs gehört. Die Hochzeit wurde im April
1854 gefeiert. Wie gesagt, Franz Joseph hatte es eilig, seine
schöne Cousine zu heiraten. Nach der Hochzeit, die alle Könige
Europas nach Wien gerufen hatte, machten die Jungvermählten
ihre Hochzeitsreise die Donau hinunter.

Marie Sophie, die damals 13 Jahre alt war, erlebte dieses
romantische Ereignis wie im Märchen. Sie war immer in »Sisis«
Nähe, hörte sich an, was diese ihr anvertraute, und trug ihren
Brautschleier. Die Bindung zwischen den beiden Schwestern
wurde noch intensiver, und Elisabeth wurde für Marie Sophie
ein Vorbild fürs ganze Leben.

In den darauffolgenden Jahren, während Marie Sophie
ohne ihre getreue Spielkameradin verblieben war und weiterhin
ihr Leben an der frischen Luft führte, fand zwischen dem
Wiener Hof und Schloß Possenhofen ein reger Briefwechsel
statt. Die Kaiserin schrieb vor allem ihrer Lieblingsschwester.
Sie erzählte ihr ihre Erfahrungen bei Hofe, ihre Probleme mit
der strengen Schwiegermutter, ihre Unterhaltungen und ihre

Frechheiten. Oft wurden »Sisis« Briefe laut vorgelesen. Ihr Inhalt verriet, daß die junge Herrscherin ihr rebellisches Temperament nicht gezügelt hatte. Wer sich am meisten beim Zuhören amüsierte, war Herzog Max. Ludovikas Laune hingegen sank, während sich die kleine Marie Sophie darauf beschränkte, zu lächeln und zu träumen.

Tatsächlich hatte »Sisis« Ankunft bei Hofe einen Windstoß an »Verrücktheit« in jene strengen Mauern gebracht. Indem sie die Nachsichtigkeit Franz Josephs, der sich über ihre Extravaganzen amüsierte, ausnützte, revolutionierte die junge Kaiserin die strengen, von der Etikette auferlegten Regeln. Eine ihrer ersten Verfügungen war es, ihr persönliches Badezimmer in eine Art Turnsaal mit allen notwendigen Einrichtungen zu verwandeln: vom »Pferd«, über welches sie mit gegrätschten Beinen sprang, bis zu den Ringen, den Gewichten, dem Reck für die Dehnungsübungen. Für Erzherzogin Sophie war das ein Skandal, sie tat alles, um dies zu verhindern, aber »Sisi« blieb standhaft, und ihr Gemahl hieß dies gut.

Elisabeths Liebe zu den Tieren (sie verbrachte einen großen Teil ihrer Zeit mit den Pferden) und ihr jugendlicher Überschwang zeigten sich auch bei offiziellen Zeremonien. Manchmal ließ sie die Kutsche anhalten, um auszusteigen und einen streunenden Hund aufzulesen. Bei anderen Anlässen kam sie an den Hof zurück mit einem zerlumpten Straßenjungen, den sie auf einem Spaziergang angetroffen hatte, um ihn einkleiden und stärken zu lassen.

In ihren Briefen an die Schwester rühmte sich Elisabeth auch ihrer Unternehmungen zu Pferde. Sie berichtete über Ausritte, die bei ihr in furiose Galopps ausarteten, bei denen sie niemand einholen konnte.

»Ich habe Pferde und Reiter zur Erschöpfung gebracht«, schrieb die Kaiserin amüsiert.

Elisabeth hielt ihre Schwester auch über ihre Kämpfe gegen die von der Schwiegermutter auferlegten Regeln und über ihre

Siege auf dem laufenden. Zum Beispiel hatte sie sich erkämpft, daß sie wie eine gewöhnliche Bürgerin allein in Wien ausgehen durfte. Schließlich war da der »Handschuhskandal« gewesen, der den Hof erzittern ließ.

Es war folgendes passiert: Eine genaue Regel bestimmte bei Hofe, daß bei Tisch alle Handschuhe tragen müßten. Elisabeth hingegen ertrug sie nicht und erschien eines Tages ohne Handschuhe bei Tisch. Die Übertretung wurde von Erzherzogin Sophie sofort bemerkt, und es genügte ein rasches Wimpernzucken, um die Anwesenden zu alarmieren. Eine eifrige Dame lief sofort, um ein Paar Handschuhe zu besorgen, die sie dann der Kaiserin gab, damit diese das, was man für eine Zerstreutheit hielt, wieder in Ordnung brächte. Aber Elisabeth schüttelte den Kopf.

»Ich will sie nicht«, sagte sie. »Sie sind mir lästig.«

»Aber es ist eine Regel, Ihre Majestät«, insistierte die verwirrte Dame, wobei Erzherzogin Sophie zustimmend mit dem Kopf nickte. Elisabeth verlor nicht die Fassung.

»Jetzt bestimme ich die Regeln«, sagte sie.

Die Meldung einer Revolution in Ungarn oder in Lombardei-Venetien hätte keine größere Wirkung haben können. Eiseskälte senkte sich über den Saal, und aller Augen wandten sich dem Kaiser zu, der am anderen Ende der Tafel saß. Franz Joseph schien zu überlegen. Er schaute zuerst seine Frau an, dann seine Mutter und begann zu lachen. Und weiter lachend streifte er langsam seine Handschuhe ab.

Diese aufregenden Berichte vom Hofe beflügelten natürlich die Phantasie von Elisabeths kleiner Schwester. Marie Sophie las in der Tat jene Briefe immer wieder und diskutierte sie verträumt mit ihrer um zwei Jahre jüngeren Schwester Mathilde, die inzwischen »Sisis« Platz als ihre Spielgefährtin eingenommen hatte.

Einige Jahre später kam auch Marie Sophie ins heiratsfähige Alter. In Possenhofen begannen wieder die Manöver, um eine gute Partie für sie zu finden, und Ludovika wurde sehr aktiv. Mit Hilfe des Münchner Hofes ließ sie genaue diplomatische Recherchen bei allen regierenden Häusern durchführen. Nun, nach dem Erfolg mit Elisabeth, schien ihr der Versuch, eine weitere Krone in die Familie zu bringen, keineswegs mehr gewagt. Aber an den deutschen Höfen waren die verfügbaren Partien eher dünn gesät. In Bayern selbst war der Erbprinz (der spätere extravagante Ludwig II.) kaum vierzehn Jahre alt. Wenn überhaupt, würde er zu Sophie, der jüngsten Tochter, passen.

Die Bemühungen Ludovikas erreichten jedenfalls ihr Ziel. Aus München wurde ihr mitgeteilt, daß in einem vom Meer umspülten und sonnigen Königreich am Mittelmeer ein junger Prinz eine Frau suchte. Es war Franz, der Erbprinz von Neapel.

Während zwischen den beiden Höfen lange Verhandlungen über eine mögliche Heirat begannen, wurde Marie Sophie von ihrer Mutter darüber informiert. Und das Mädchen begann zu träumen. Auch sie würde wie Elisabeth eine Krone tragen. Über Franz wußte das junge Mädchen absolut nichts. Sie kannte nicht einmal sein Bild. Aber sie war davon überzeugt, daß er so schön, stark und sympathisch sein würde wie der Prinz, den »Sisi« im Wald getroffen hatte. Dank dieser Überzeugung und bestärkt durch die Versicherungen ihrer Mutter, hielt Marie Sophie das Telegramm, das ihr Vater, der »gute Herzog Max«, aus Monte Carlo schickte, wo er einen seiner endlosen Urlaube verbrachte, für einen seiner üblichen Scherze.

Der Text lautete: »Ich rate dir von ihm ab. Er ist ein Trottel.«

III

»ABER ER IST SCHÖN!«

»Was bedeutet Vorhaut?«

Obwohl sie acht Kinder geboren hatte, hatte Herzogin Ludovika ziemlich vage Vorstellungen über Sex und die Organe, die sein angenehmes Funktionieren gestatten. Jedenfalls hatte es dieser ungewohnte Terminus, der in Gegenwart König Maximilians im Verlauf der Eheschließungsverhandlungen mit dem Hof von Neapel gefallen war, nicht verfehlt, ihre ängstliche Aufmerksamkeit hervorzurufen.

In seiner Rede unterbrochen schenkte Graf Carl Ludolf, der Vertreter und persönliche Freund Ferdinands II., des Königs beider Sizilien, der Herzogin ein angedeutetes Lächeln und beobachtete verlegen des Königs Miene. Er wußte nicht, was er antworten sollte. Auch auf Maximilians Lippen stahl sich ein schwaches Lächeln. Er beruhigte seine Schwester Ludovika mit einer liebevollen Handbewegung und forderte Ludolf auf, fortzufahren.

»Wie ich schon sagte, Majestät«, sprach der parthenopeische (neapolitanische) Diplomat weiter, »bei Hof war man keineswegs besorgt deswegen. Die Ärzte ihrerseits haben sich sehr deutlich ausgedrückt: Es handelt sich nicht um *impotentia generandi*, sondern um *impotentia coeundi*, was etwas ganz anderes ist … Also«, sagte Ludolf mit Nachdruck, »besteht die Krankheit … vielmehr die Störung, von der der Prinz befallen ist, in einer einfachen *Phimose*, das heißt in einer lästigen Verengung der Vorhaut ...«

»Das ist alles?« murmelte König Maximilian erheitert. Die vertraulichen Nachrichten, die er aus Neapel in bezug auf die schwache Männlichkeit des Herzogs von Kalabrien, des Anwärters um die Hand seiner Nichte Marie Sophie, erhalten hatte, hatten ihn das Schlimmste befürchten lassen.

»Das ist alles«, bestätigte Ludolf.

»Man kann es also heilen?« drängte Herzogin Ludovika hoffnungsvoll.

»Sicher, meine Liebe. Sicher«, versicherte ihr Maximilian und streichelte ihre Hand. »Zur Beseitigung der Störung genügt eine kleine Beschneidung ...«

»Mein Gott!« erschrak nun Ludovika. »Wie man es bei den Juden macht?«

»Wie man es bei unserem Herrn Jesus gemacht hat«, präzisierte Graf Ludolf zugleich charmant und bestimmt.

Diese kategorische Behauptung des Grafen genügte, die Besorgnisse Ludovikas zu zerstreuen. Sie hielt nun ihrerseits den Augenblick für gekommen, eine »Störung« zu enthüllen, von der ihre Tochter befallen war. Obwohl sie schon 17 Jahre alt war, war Marie Sophie noch nicht zur Gänze erwachsen ... Ihre Regel hatte sich verspätet.

Die Anwesenden im Ratssaal des Müncher Königspalastes behandelten auch dieses heikle Thema ohne geheuchelte Verlegenheit, und es war völlig normal, daß dies geschah: die Eheschließungsverhandlungen zwischen Königshäusern erforderten vor allen anderen Dingen eine detaillierte und gründliche Prüfung der *potentia generandi* der beiden Kandidaten. Schließlich ging es dabei um das Fortbestehen der Dynastie.

»Handelt es sich um eine einfache Verspätung oder um etwas anderes?« fragte unterwürfig ein Arzt der neapolitanischen Delegation.

»Nur um eine Verspätung«, versicherte Ludovika. »Eine

Verspätung in der Entwicklung. Die Ärzte sind sich dessen sicher. Derzeit macht die Prinzessin eine intensive Kur mit heißen Bädern und Aderlässen ... Sie wird im geeigneten Augenblick sicherlich bereit sein.«

»Sie werden gemeinsam heranreifen«, sagte Graf Ludolf zufrieden und versöhnlich. Die Entdeckung, daß auch die Heiratskandidatin eine Behinderung aufwies, hatte ihn aufgeheitert; das brachte die Waagschalen ins Gleichgewicht. »Sie werden alle Zeit der Welt haben«, schloß er. »Sie sind so jung ...«

»Wenn nur die übermäßige Religiosität des Prinzen die Prinzessin nicht am Ende entmutigt ...«

Diese spöttische Bemerkung, die einer seiner Berater fallen ließ, gestattete Maximilian, das Gespräch wieder an sich zu reißen. Wenn er nicht an seinen schrecklichen Migräneanfällen litt, war der König von Bayern ein schlauer Verhandlungspartner. Also vergnügte er sich damit, den Vertreter Neapels ein bißchen zu necken, indem er ihm zeigte, daß er die etwas eigenartigen Gewohnheiten des jungen Bräutigams genau kannte. Andererseits war es an allen europäischen Höfen bekannt, daß der Herzog von Kalabrien eine klösterliche Erziehung genossen und sich noch nie einer Frau genähert hatte, daß er die Theologie mehr liebte als die Politik, metaphysische Themen den weltlichen vorzog, dem Gebet mehr Zeit widmete als den Staatsgeschäften und daß er ununterbrochen von seinem Beichtvater überwacht wurde, der sogar in seinem Zimmer nächtigte, um ihn auch im Schlaf zu bewachen ...

»Wenn dies anders wäre«, hatte der König mit spöttischem Lächeln abschließend gesagt, »hätte er sich längst von dieser lästigen Phimose befreien lassen ...«

Graf Ludolf erlaubte sich jedoch, wenn auch mit allem pflichtschuldigen Respekt, ihm zu widersprechen. Als alter Diplomat hatte er schon lang begriffen, daß solche Vorbehalte, die spöttischen Bemerkungen und charmanten Sticheleien nur darauf abzielten, den Preis in die Höhe zu treiben ... Im Grunde handelte es sich tatsächlich um ein Geschäft. Wenn auch eines des Staates.

»Die Religiosität des Herzogs von Kalabrien«, gab Ludolf zu, »wird einstimmig anerkannt und besonders von Seiner Heiligkeit, Pius IX., geschätzt, der dem jungen Prinzen schon immer seinen wohlwollenden Schutz gewährt hat. Am neapolitanischen Hof ist man außerdem davon überzeugt«, fuhr Ludolf fort und schwächte dabei mit einem Lächeln den Hieb ab, den er gleich austeilen würde, »daß Franz' christliche Frömmigkeit einen guten Einfluß auf die, wie es heißt, eher schwache Prinzessin haben wird, deren Erziehung, wie zumindest in Neapel bekannt wurde, eher freizügig gewesen sein soll ...«

Offensichtlich war der Ruf der Erziehungsmethoden des »guten Herzogs Max« (der bei dieser Versammlung abwesend war, weil er, wie wir wissen, diesbezüglich nicht stimmberechtigt war) bis an die Gestade des Mittelmeers gedrungen.

König Maximilian lauschte der langen Tirade Graf Ludolfs, ohne einen Kommentar abzugeben. Ludovika hingegen deutete mit einer leichten Kopfbewegung an, daß sie die Meinung des Diplomaten teile. Sie war so sehr über die Aussicht geschmeichelt, eine zweite Krone in die Familie zu bringen, daß sie eher geneigt war, Einzelheiten zu übergehen. Die Gespräche dauerten lange, einmal lächelte man, dann wieder wurden spitze Seitenhiebe ausgeteilt.

Als König Maximilian wissen wollte, woran die beiden vorausgegangenen Eheverhandlungen des neapolitanischen Hofes mit den Königsfamilien von Piemont und Belgien gescheitert waren, gab Ludolf erschöpfende und überzeugende Auskunft. Mit Prinzessin Maria Chlotilde, der Tochter Viktor Emanuels II. (»... für die«, betonte Graf Ludolf, »Franz wegen ihrer Tugenden, die ihn an seine königliche Mutter, Marie Christine von Savoyen, erinnern, welche ganz jung verstorben ist und seliggesprochen werden soll, eine besondere Neigung hegte«), wurde der Gedanke an eine etwaige Heirat von König Ferdinand selbst ausgeschlossen. »Wir haben schon zu viele Verwandte in Turin«, hatte der König erklärt.

Was die Kontakte mit dem belgischen Hof wegen der anmutigen Prinzessin Charlotte anbelangt, erklärte Ludolf weiter, hatte König Leopold von Belgien sein Veto eingelegt, der es, wie allgemein bekannt, vorzog, seine Tochter Erzherzog Maximilian, Kaiser Franz Josephs Bruder, zur Gemahlin zu geben. Also, wie Ludolf abschließend bemerkte, hatte es sich in keinem der beiden Fälle um persönliche Unvereinbarkeiten gehandelt, sondern um präzise politische Entscheidungen. König Maximilian wußte andererseits, daß die Beziehungen zwischen dem größeren Königreich Italiens, also Neapel, und dem aufstrebenden und einigermaßen unruhigen Königreich Sardinien in keiner Weise idyllisch waren. Während man gleichzeitig den belgischen Herrscher nicht dafür tadeln konnte, daß er es vorgezogen hatte, mit den Habsburgern verwandt zu werden …

Nachdem er überflüssigerweise betont hatte, daß durch eine Eheschließung mit Marie Sophie auch der Herzog von Kalabrien mit den Habsburgern verwandt würde – als Schwager des Kaisers –, nahm Maximilian das letzte und heikelste Thema in Angriff: die Mitgift der Braut.

Die Familie Marie Sophies verfügte über ein bescheidenes Vermögen, zu dessen Verringerung der »gute Herzog Max« beigetragen hatte und immer noch beitrug. Nach Abzug der Mitgift für Elisabeth und Helene und in Hinblick auf die weiteren drei Töchter und zwei Söhne blieb für die zukünftige Königin von Neapel nicht viel übrig.

»Wieviel?« fragte Ludolf.

»25.000 Dukaten«, verkündete der Verwalter des bayerischen Königshauses.

Das war eine ziemlich armselige Mitgift, vor allem im Vergleich zum persönlichen Vermögen des künftigen Königs von Neapel, das ungefähr zwölf Millionen Dukaten betrug. Ludolf, der offenbar die prekäre Situation von Marie Sophies Familie kannte, zuckte mit keiner Wimper.

»Mein königlicher Herrscher«, sagte er mit gewinnendem Lächeln, »hat mich beauftragt, Ihrer Majestät mitzuteilen, daß er – wenn die Verhandlungen zu einem guten Ende führen – die Ehre haben wird, seiner zukünftigen Schwiegertochter eine angemessene Gegenmitgift anbieten zu können ...«

»Wieviel?« fragte König Maximilian seinerseits.

»36.000 Dukaten.«

Wenige Minuten später war das »Geschäft« abgeschlossen. Graf Ludolf wurde ermächtigt, seinem König zu berichten, daß die etwaige Bitte um die Hand Prinzessin Marie Sophies von der königlichen Familie Bayerns wohlwollende Aufnahme finden würde.

Die Verlobungszeremonie zwischen Marie Sophie und Franz von Bourbon sowie die folgende Hochzeit spielten sich nach einem mittelalterlichen Ritual ab, das danach an allen europäischen Höfen außer Gebrauch kommen sollte.

Die erste Zeremonie fand am 22. Dezember 1858 im Königsschloß von München statt. Graf Ludolf, der den Rang eines Ministers mit unbeschränkter Vollmacht des Königreichs von Neapel übernommen hatte, kam in einer Galakarosse, die von drei reichgeschmückten Schimmelpaaren gezogen wurde, hinter den Vorreitern und Kurieren des Königs. Dahinter kamen zwei weitere Wagen mit Persönlichkeiten des Gefolges, die von livrierten Dienern begleitet wurden. Als der Graf seinen Fuß auf den Boden des Schloßhofes setzte, zog eine Schwadron Kürassiere zu Pferd in himmelblauer Uniform die Säbel, während die Musik des Leibregiments die von Paisiello komponierte neapolitanische Hymne intonierte. Ludolf stieg die Stiege hinauf, durch ein Spalier von Hellebardenträgern, gefolgt von einem Pagen, der auf einem weißsamtenen Kissen ein ziseliertes, reich mit Diamanten und wertvollen Steinen geschmücktes Medaillon trug, das eine wunderschöne Miniatur von Prinz

Franz darstellte. Das Gefolge der neapolitanischen Gesandt-
schaft erreichte den Thronsaal, wo sich schon der König und die
Königin von Bayern befanden, umringt von Prinzen, Prinzessinnen und Würdenträgern. Es fehlten nur noch Marie Sophie und
ihre Familienangehörigen, die, wie es die Hofetikette vor-
schrieb, in einem anderen Zimmer warteten. Als er vor dem
König angelangt war, überreichte ihm Graf Ludolf den hand-
geschriebenen Brief Ferdinands II., in welchem der offizielle
Heiratsantrag stand. Maximilian öffnete den Brief und gab ihn
weiter an den Minister des Königshauses, der, nachdem er ihn
laut vorgelesen hatte, das Ansuchen im Namen seines Herrschers annahm. Nun befahl der König dem Zeremonienmeister,
die Verlobte und ihre Familienangehörigen in den Saal zu ge-
leiten. Marie Sophie nahm rechts vom Thron Platz.

Die 17jährige Prinzessin war sichtlich erregt. Sie starb fast
vor Neugierde, um endlich das Porträt ihres zukünftigen
Gemahls zu sehen, von dem sie bis zu diesem Augenblick
praktisch gar nichts wußte. Und dieses Wenige war gar nicht
vielversprechend. Die Gerüchte, die in jenen Tagen bei Hofe
umgingen, waren ziemlich bösartig: manche sagten, daß der
Prinz ein Krüppel wäre, andere wiederum, daß er häßlich oder
auf einem Auge blind sei. Marie Sophie hielt sich jedenfalls
an die komplizierten Regeln der Zeremonie. Sie hörte der
Verlesung des offiziellen Heiratsantrages zu, küßte den Eltern
die Hände, nachdem diese ihren Konsens ausgesprochen hatten, küßte dem König die Hand – und erst, als ihr dieser die
Erlaubnis gegeben hatte, begab sie sich fast im Laufschritt zu
dem Pagen und riß zitternd das kostbare Medaillon an sich.
Endlich konnte sie das Gesicht des Mannes sehen, der ihr
Gemahl werden sollte. Auf der Miniatur, die zum gegebenen
Anlaß vom neapolitanischen Künstler verschönert worden war,
trug Franz die elegante Uniform eines Husarenobersten und sah
sehr ansprechend aus.

»Aber er ist schön!« rief Marie Sophie glücklich und überrascht. Dann, ohne die Hilfe der sie umgebenden Hofdamen abzuwarten, hängte sie sich selbst das Medaillon um.

Die Hochzeit per procura zwischen Franz und Marie Sophie wurde für den 8. Januar 1859 festgesetzt. In Erwartung jenes Tages wurde Marie Sophie der Obhut zweier neapolitanischer *cameriste* (Kammerfrauen) anvertraut – das waren zwei Hofdamen, die Ferdinand extra zu diesem Zweck nach München geschickt hatte, damit sie die Prinzessin betreuen und damit beginnen sollten, sie über die Gebräuche und die Gewohnheiten am parthenopeischen Hof zu unterrichten. Es handelte sich um Donna Nina Rizzo, eine Witwe Marseiller Herkunft, und Donna Giovanna Lo Giudice, die Frau eines Würdenträgers bei Hofe. Aber es sollte sich sehr bald herausstellen, daß die Wahl Ferdinands nicht glücklich war. Noch am selben Abend entstand zwischen den Damen ein heftiger Streit, da beide auf das Recht pochten, zu *fare à capa*, das heißt, die Prinzessin zu frisieren. Die Szene, in reinstem neapolitanischen Dialekt ausgetragen, ließ die anwesenden strengen bayerischen Damen erstarren. Graf Ludolf sah sich gezwungen, eine der Hofdamen umgehend zu entlassen, um Schlimmeres zu vermeiden. Es traf Giovanna Lo Giudice, die nach Neapel zurückkehren mußte, während die Rizzo von nun an die einflußreichste Vertraute Marie Sophies wurde.

Die Hochzeit per procura wurde um 8 Uhr abends in der Kapelle des Münchner Königsschlosses gefeiert. Prinz Leopold, der Bruder König Maximilians, vertrat den Bräutigam. Auch bei diesem Anlaß war die Liturgie kompliziert und mühsam. Während auf dem Vorplatz das Volk das Ereignis mit Musikkapellen, Gesang und Fackelzügen feierte, schritt Marie Sophie, die ein spitzengeschmücktes Brokatkleid mit einer sehr langen Schleppe aus weißem Samt und ein Brillantendiadem, das ihren Schleier hielt, trug, am Arm ihres Bruders Ludwig zum Altar. Der »gute Herzog Max« war offensichtlich auch für dieses offizielle Ereignis für ungeeignet befunden worden.

An den nächsten Tagen wurde gefeiert. Am 13. Januar verließ Marie Sophie mit ihrem Gefolge München, um sich nach Wien zu begeben. Das Protokoll schrieb einen offiziellen Besuch beim Kaiser vor, bevor sie an den parthenopeischen Hof kam, aber für die frischgebackene Herzogin von Kalabrien war dies auch eine Gelegenheit, ihre Schwester Elisabeth wieder zu umarmen. Ihre Begegnung war sehr liebevoll und dauerte länger als vorgesehen. Es trafen nämlich schlechte Nachrichten über den Gesundheitszustand König Ferdinands ein, der um jeden Preis bei der Ankunft der Braut seines Sohnes in Bari anwesend sein wollte. Diese erzwungene Verspätung mißfiel den beiden Schwestern ganz und gar nicht, umso weniger, als in jenen Tagen die mondäne Saison in Wien an ihrem Höhepunkt angelangt war. Elisabeth und Marie Sophie verbrachten glückliche Tage miteinander, bei eleganten Abenden in der Oper und Festen in den Salons der Hofburg oder im prächtigen Schönbrunn. »Es schien fast«, wird Kaiserin Elisabeth später erzählen, »als ob das Schicksal, eingedenk der traurigen Zukunft Maries, ihr einige Tage heiterer Unbeschwertheit gewähren wollte. Ich wußte sehr wohl«, wird die Kaiserin maliziös hinzufügen, »daß meine arme Schwester eine Schwiegermutter zu erwarten hatte, die der meinen um nichts nachstand. Deshalb entschloß ich mich, sie ihren unerwarteten Urlaub in Wien so gut wie möglich genießen zu lassen ...«

Die Abreise aus Wien erfolgte am 30. Januar. Aus Neapel war schließlich die Nachricht gekommen, daß König Ferdinand, obwohl er noch leidend war, die lange Reise nach Bari, wo die erste Begegnung der Eheleute stattfinden sollte, angetreten hatte. Marie Sophie reiste daher mit ihrem neapolitanisch-bayerischen Gefolge ab, zu dem sich aus eigener Initiative Kaiserin Elisabeth gesellt hatte. Gegen alle Regeln und das Hofprotokoll ernstlich in Verwirrung versetzend, hatte die rebellische »Sisi« darauf bestanden, bei der »Übergabe« ihrer geschätzten Schwester an die Repräsentanten des Königshauses

von Neapel, die in Triest warteten, dabei zu sein. Franz Joseph
hatte ihr, wie gewöhnlich, den Wunsch erfüllt.

Zwei Tage lang wechselten einander in Triest, das damals
die »Perle« der Adria und des Habsburgerreiches genannt
wurde, mondäne Feste mit volkstümlichen Darbietungen ab.
Die gleichzeitige Anwesenheit der Kaiserin und der zukünftigen
Königin von Neapel füllte die Straßen der Stadt mit einer festlichen Menge. Der Hafen war voll mit beflaggten Schiffen, zu
welchen sich noch die neapolitanischen Fregatten *Tancredi* und
Fulminante gesellten, die König Ferdinand geschickt hatte, um
die Braut abzuholen. Kanonensalven und festliches Sirenengeheul ertönten abwechselnd. Glänzende, mit Federbuschen
geschmückte Militärkapellen marschierten durch die Straßen
der Stadt und intonierten das, was die Triestiner liebevoll
Serbidiola nannten – die habsburgische Hymne. Dieser kuriose
Name entstand aus der ersten Strophe der italienischen Version
der Hymne (aus Respekt vor den Nationalitäten wurde sie in
acht Sprachen gesungen), die folgendermaßen lautete: *»Serbi
Iddio l'Austriaco Regno«* (Gott schütze das österreichische
Reich).

Marie Sophie, die aufgeregte Hauptperson jener Tage, besichtigte die festliche Stadt, immer in Begleitung der Kaiserin
und ihres Bruders Ludwig. Zu ihnen hatte sich Erzherzogin
Charlotte, die zukünftige Kaiserin von Mexiko, gesellt, die
damals mit ihrem Gemahl Maximilian auf Schloß Miramare
lebte, wo sie später ihre Tage nach der Tragödie von Querétaro
als Beute des Wahnsinns beschloß.

Die »Übergabe« der Braut fand am Nachmittag des
1. Februar im Palais des Gouverneurs statt. Es war eine komplizierte und sehr bizarre Zeremonie, organisiert nach dem
Muster derjenigen, die in Wien stattgefunden hatte, als
Erzherzogin Marie Louise als Braut Napoleons I., nach Frankreich abgereist war.

Der reich mit bayerischen, österreichischen und neapolitanischen Wappen und Fahnen geschmückte große Hauptsaal des Palastes war durch einen mit Kreide auf den Fußboden gezeichneten Strich in zwei Hälften geteilt worden. Ein Teil sollte das »neapolitanische«, der andere das »bayerische Gebiet« darstellen. Auf die Grenzlinie waren ein Tisch und zwei Fauteuils gestellt worden, auf einer Seite standen die neapolitanischen Matrosen in Reih und Glied, und auf der anderen stand die habsburgische Kaisergarde.

Etwa um 2 Uhr nachmittag, als die komplizierte Zeremonie begann, hielt der Herzog von Serracapriola, der Vertreter des Königs, gefolgt von Damen, Edelleuten und Offizieren der neapolitanischen Marine, durch die »neapolitanische Pforte« seinen Einzug in den Saal. Gleichzeitig betraten durch das »bayerische Tor« Marie Sophie und ihr Gefolge den Saal. Die »Übergabe« der Braut erfolgte an der »Grenze« vor den Augen der Kaiserin, die dieser Szene auf einer Mitteltribüne beiwohnte. Der Austausch und die Prüfung der entsprechenden Beglaubigungsschreiben seitens der beiden Gruppen dauerte über eine Stunde. Die Würdenträger erfüllten ihre Funktionen so feierlich affektiert und gewichtig, daß sie der jungen Braut lächerlich vorkamen. Diese war bereits erschöpft und warf ihrer Schwester einen verzweifelten Blick zu. Dann brachen beide in ein solches Gelächter aus, daß es im Saal widerhallte und alle Anwesenden in Verlegenheit brachte.

Als die Zeremonie endlich vorbei war, verließ Marie Sophie den Saal durch das »neapolitanische Tor«, um sich auf die Fregatte *Fulminante* zu begeben. An Bord umarmten Elisabeth und Marie Sophie einander gerührt bei Sirenengeheul und dem Hurrageschrei der Besatzung zum letzten Mal. Sie schluchzten beide. Dann ging Elisabeth an Land, und das Schiff lichtete den Anker. Von allem, was ihr bis dahin teuer gewesen war, verblieb Marie Sophie nur der Kanarienvogel Hansi, das einzige Tier, das sie nicht in Possenhofen hatte lassen wollen.

IV

EIN RUHIGES KÖNIGREICH
ZWISCHEN WEIHWASSER UND SALZWASSER

Am 8. Januar 1859, als in München gerade die Hochzeit per procura zwischen Franz und Marie Sophie gefeiert wurde, hatte die neapolitanische Königsfamilie den Hof in Caserta verlassen, um nach Bari zu reisen, wo für das Monatsende die Ankunft der Braut vorgesehen war. Der Konvoi, eskortiert von den berittenen königlichen Garden, bestand aus sechs Karossen. Die Reiseroute sah die folgenden Etappen vor: von Caserta nach Avellino, von dort nach Foggia, weiter nach Andria und Acquaviva und Lecce und schließlich nach Bari.

Ferdinand II. war seit einiger Zeit leidend. Mit noch nicht einmal 50 Jahren war sein Haar vorzeitig weiß geworden, und er war so dick, daß er auf kein Pferd mehr steigen konnte. Manchmal befielen ihn starke Mattigkeitsgefühle. Es handelte sich um die ersten Symptome der Krankheit, die ihn binnen weniger Wochen ins Grab bringen sollte.

Aber er hatte darauf bestanden, trotzdem abzureisen. Da er von Natur aus mißtrauisch war, wollte er der Meinung der Ärzte kein Gehör schenken, weil er weiß Gott welche Komplotte vermutete. Er hatte Professor Pietro Ramaglia, den Hofarzt, der ihm von dieser anstrengenden Reise mitten im Winter abgeraten hatte, sogar gefragt: »*A don Pié, quant 'hai avuto pe darme sto consiglio?*« (»Don Pié, wieviel hast du dafür bekommen, daß du mir diesen Rat gibst?«)

Ferdinand sprach für gewöhnlich neapolitanischen Dialekt, duzte jeden, war ganz bewußt trivial und liebte grobe Scherze, die seine Höflinge widerwillig akzeptierten, um nicht seine Gunst zu verlieren. Aber er war schlau und mißtrauisch. Sein pöbelhaftes Verhalten war unter anderem auch eine Art Machtinstrument, weil er sich populär zu machen verstand und so dem Großteil seiner Untergebenen sympathisch war. Er andererseits zählte nur auf die Treue jener bigotten und strenggläubigen Massen, die ihn umgaben, wenn er an die Öffentlichkeit ging. Diese Leute rissen sich um die Ehre, den Zigarrenstummel zu kauen, den er aus dem Mund nahm und ihnen anbot. Allen anderen mißtraute er: Ministern, Höflingen, Diplomaten, die seiner Meinung nach unnütz waren, und vor allem den Intellektuellen (letztere nannte er abwertend nur die *Pennaruli* oder *Pagliette*, also »Federfuchser« und »Strohköpfe«), die er für schädlich und gefährlich hielt. Nur Richter und die Priester konnten sich seines Vertrauens erfreuen.

Über die traurigen Zustände, in welche das bourbonische Regime das Königreich beider Sizilien gebracht hatte, ist viel geschrieben worden, wobei die Autoren auch oft stark übertrieben haben. Wahrscheinlich hat auch Luigi Settembrini übertrieben, als er schrieb, daß »hier der Frieden, die Freiheit, die Vermögen der ehrbaren Menschen von der Laune, ich sage nicht des Fürsten oder eines Ministers, sondern jedes kleinen Beamten, eines liederlichen Weibes, eines Spions oder eines Jesuiten abhängen ...« Es übertrieb wahrscheinlich auch Costantino Nigra, als er in seinem Bericht an Cavour über eine seiner Reisen ins Königreich schrieb, daß »mit wenigen Ausnahmen jeder Zweig der öffentlichen Verwaltung von der ekelhaftesten Korruption befallen ist«, daß »die Strafjustiz der Vendetta des Fürsten diene«, und »die bürgerliche Rechtsprechung, die weniger korrupt, aber auch verkommen ist, dem Gutdünken der Regierung«, während »der Mißbrauch der Pensionen, die Aneignung von Staatsgeldern und die Korruption ungestraft ausgeübt werden und in den Kerkern, beim Heer, bei der öffentlichen Verwaltung die Camorra regiert«. Weiters merkte er an, daß »öffentliche Arbeiten zwar bezahlt, aber nicht durchgeführt werden«. Und in diesem Tonfall geht es weiter.

Wie gesagt – wahrscheinlich haben diese Männer übertrieben, als sie das Königreich in so düsteren Farben beschrieben. Davon sind heute auch noch zahlreiche anerkannte legitimistische Historiker überzeugt. Wenn man jedoch überlegt und diese zeitgenössischen Aussagen mit solchen aus der Gegenwart vergleicht, erscheinen diese Übertreibungen in Wahrheit eher harmlos.

Man hat aber sicherlich übertrieben, als man Ferdinand II. als den grausamen und unbarmherzigen »Bombenkönig« (oder: »Aufschneiderkönig«) darstellte. In Wahrheit war sein Verhalten gar nicht anders als das eines jeden anderen zum Absolutismus erzogenen Herrschers, der davon überzeugt war, daß er die Macht durch göttlichen Willen ausübte.

Religiös, ja bigott, abergläubisch wie ein kleines Mädchen, aber gleichzeitig schlau und gutmütig, war König Ferdinand II. alles in allem der Beste unter seinen Familienangehörigen. Selbst Settembrini, den er ins Zuchthaus schickte, erkannte ihm einige Verdienste an. »Der Gattin treu, zärtlich mit den Kindern, bescheiden und liebevoll zu Hause«, schrieb der neapolitanische Patriot in seinen *Ricordanze* (Erinnerungen), »in jenem schmutzigen bourbonischen Gewürm war nur König Ferdinand anständig.«

Als König tadelnswert, war Ferdinand dennoch ein geselliger Mensch im privaten Bereich, wenn man seine plebejische Überschwenglichkeit akzeptierte. Marie Christine, der ersten Gemahlin, ist dies niemals gelungen. Als Savoyerprinzessin am strengen Hof in Turin erzogen, verstand es die sehr religiöse Königin niemals, sich an die Gebräuche am neapolitanischen Hof und an diesen sanguinischen Gemahl zu gewöhnen, der sich von Makkaroni und Kapaunen ernährte und der es liebte, rohe Zwiebel zu kauen, nachdem er sie mit der Hand zerquetscht hatte,»weil andernfalls das Messer einen schlechten Geruch bekommt«.

Ferdinand seinerseits war niemals in sie verliebt.»Die Königin«, sagte er,»ist eine schöne Frau, aber kalt, kalt ...« Er mutete ihr auch seine groben Scherze zu. Einmal, zum Beispiel, während eines Essens, zog er den Sessel unter ihr weg und brachte sie so zu Fall. Bestürzt und außer sich stand Marie Christine auf und zischte:»Ich glaubte, daß ich einen König geheiratet habe. Aber ich habe einen Lazzarone geheiratet.«

Doch die Königin wurde auch vom Volk nicht geliebt. Ihre strenge Religiosität und ihre diskrete Art, Wohltätigkeit zu üben, gefiel den Neapolitanern, die an spektakuläre Gesten des Herrschers gewöhnt waren, nicht. Vor allem verziehen sie ihr ihre ängstliche Schamhaftigkeit nicht, die bei jeder Gelegenheit zum Tragen kam, so wie damals, als sie die Tänzerinnen von San Carlo verpflichtete, in großen Unterhosen aus schwarzer Seide aufzutreten ...

Jedenfalls lebte Marie Christine nicht lange. Sie starb im Jahr 1836, im Alter von 24 Jahren, nachdem sie den kleinen Francesco geboren hatte. Ihr Tod schmerzte den Herrscher kein bißchen. Wenn er auch einerseits den Seligsprechungsprozeß für jene Frau, die von nun an die»Heilige Königin« genannt werden sollte, in Gang setzte, beeilte er sich andererseits, eine neue Gemahlin zu suchen. Nach nicht ganz einem Jahr heiratete er die habsburgische Erzherzogin Maria Theresia, eine Tochter Erzherzog Karls, des Siegers von Aspern.

Alle Historiker stimmen darin überein, die neue Königin von Neapel als eine häßliche, egoistische, mißtrauische und wegen vieler anderer Dinge verachtungswürdige Frau zu beschreiben. Gregorovius, der ihr nicht feindlich gesinnt war, stellt sie uns so vor:»Sie ähnelt mehr einer Arbeiterin als einer Königin. Harte und helle Augen, eine hohe Stirn, von zwei

Strähnen im Nacken geknoteter schwarzer Haare umrahmt. Sie war ungraziös, hatte einen großen und strengen Mund und kleidete sich übertrieben einfach ...« Klein, dick, mit einem enormen Busen, führte Maria Theresia tatsächlich arrogant ihre eigene Nachlässigkeit vor. Sie trug unpassende Kleider auch bei den offiziellen Anlässen und hatte einen Horror vor dem Leben bei Hofe, den Festen und den Theateraufführungen. Sie war sechs Jahre jünger als ihr Gemahl, pflegte keine Freundschaften und zog es vor, wie eine kleine geringe Bürgersfrau zu leben, die sich nur den sehr zahlreichen Kindern und dem Nähen widmet. Aber sie liebte die Macht, und diese übte sie dank des Einflusses, den sie auf ihren Gemahl hatte, aus. Beständig riet sie ihm: Bestraft, Ferdinand, bestraft ...

Wenn sie bei offiziellen Gesprächen nicht dabei sein konnte, horchte Maria Theresia an den Türen wie eine Dienerin. Sie wird später auch an der Zimmertür Marie Sophies horchen, der sie – man muß es nicht erst sagen – natürlich sofort den Krieg erklärte.

Und doch, trotz alledem, liebte Ferdinand seine Gemahlin zärtlich, und sie erwiderte seine Liebe. Ihr länger als zwanzig Jahre andauernder gemeinsamer Haushalt wurde nur selten getrübt. Sie teilte seinen Geschmack und hieß seine trivialen Überschwenglichkeiten gut. Bei ihr empfand er nicht jene zum Gefrieren bringende Scheu, die er bei der aristokratischen Marie Christine empfunden hatte. Sie waren also ein Paar, das gut zusammenpaßte. Sie setzten tatsächlich miteinander sieben Knaben und vier Mädchen in die Welt, die mit Franz, dem Sohn aus erster Ehe, das Dutzend voll machten.

Bezüglich der Fruchtbarkeit der Königin wird erzählt, daß der König, der dem vorbeugen wollte, ohne jedoch die Betten zu trennen, eine einzigartige Methode der Empfängnisverhütung betrieben haben soll: er schlief höher, auf vier Matratzen, die Königin niedriger, auf zwei. Aber auch das hat die Geburt des letzten Sohnes im Jahr 1857 nicht verhindert.

Wie jeder gute Neapolitaner liebte Ferdinand seine Kinder, welchen er außer dem üblichen Adelstitel scherzhafte Spitznamen gegeben hatte, sehr. Er pflegte auch mit ihnen zu spielen und sie wie jeder beliebige Vater im Arm zu halten. Einmal, zum Beispiel, hatte der König den Bürgermeister von Neapel, Antonio Carafa, empfangen, wobei er den kleinen Franz fest umarmt hielt. Es handelte sich um eine öffentliche Zeremonie, bei der der Bürgermeister dem Herrscher einen symbolischen Brotlaib überreichen mußte, so ähnlich wie jene, die an diesem Tag unter den Armen der Stadt verteilt wurden. Als er das duftende Brot sah, hatte der kleine Prinz die Hand ausgestreckt, um es zu nehmen, und als ihm dies nicht gelang, war er in Tränen ausgebrochen. Worauf Ferdinand verärgert meinte: *»A don Antò e daccene na fella, sennò chisto non ce ne fa parlà«* (»Don Antonio, gib ihm ein Stück, denn sonst läßt er uns nicht sprechen«).

Ferdinand war sehr liebevoll zu den Kindern, doch er kümmerte sich nicht besonders um ihre Erziehung. Das galt vor allem für den Erstgeborenen.

Am 16. Januar 1836 geboren, wurde Franz im Kult seiner Mutter, der *Heiligen Königin*, aufgezogen. Bereits mystisch durch Veranlagung, wurde er in diesem Sinne von den oft ungebildeten Priestern, denen seine Ausbildung anvertraut war, ermutigt. Insbesondere von Monsignore d'Apuzzo, dem Bischof von Salerno und Verfasser eines *Catechismo filosofico per uso nelle scuole inferiori* (Philosophischer Katechismus für Volksschulen), der von Lord Gladstone als »perfektes Handbuch der Philosophie des Meineids für Monarchen« definiert worden ist.

Der junge Prinz war schwermütig, introvertiert, still und ausweichend. Er hatte Studien absolviert, die eher für einen Mann der Kirche geeignet waren als für einen Staatsmann. Er lernte sehr gut Latein, ein bißchen weniger gut Französisch, studierte Kirchenrecht, besuchte einen vollständigen Lehrgang über Theologie und erhielt keinerlei männliche Erziehung: keinen Gebrauch der Waffen, keine Leibesübungen, keinen Umgang mit Gleichaltrigen, niemals eine Reise ins Ausland. Seine bevorzugte Literatur waren die Heiligenviten, seine liebste Zerstreuung das Sammeln von Heiligenbildern. Mit 23 Jahren war er noch »jungfräulich«, und es wurde ihm niemals auch nur der unschuldigste Flirt nachgesagt.

Sein Vater hatte ihm nur wenige Regierungsmaximen beigebracht. Eine davon war folgende: Konstitution ist gleich Revolution. Von Politik verstand er wenig. Darum kümmerte sich sein Vater. Für die Außenpolitik folgte Ferdinand den Direktiven aus Wien und unterhielt beste Beziehungen einer guten Nachbarschaft mit dem Kirchenstaat, dem einzigen an sein Königreich angrenzenden Staat, welches ansonsten vom Meer begrenzt war. Er wurde nicht müde, dem Sohn zu wiederholen, daß die sichersten Verbündeten der Kaiser und der Papst waren, die einzigen, von denen er mit Respekt sprach. Allen anderen mißtraute er. In seinem pittoresken Jargon nannte er die Franzosen *Friseure*, die Engländer *baccalainoli* (Stockfischesser) und die Russen *mangiasivi* (Rinderfettfresser). Die Zukunft bereitete ihm keine Sorgen, er verfolgte mißmutig die Unruhen der wenigen Intellektuellen, die von nationaler Einheit schwatzten, und er zweifelte nicht an der Dauerhaftigkeit seines eigenen Königreiches, »welches«, wie er dem Sohn erklärte, »sicher eingebettet ist zwischen dem Weihwasser und dem Salzwasser«. Er konnte sich nicht vorstellen, daß es wenige Monate später eine Handvoll vom Meer kommender Leute wie ein Kartenhaus zusammenfallen lassen würde.

Die Reise des königlichen Konvois nach Bari dauerte länger als vorgesehen: 19 Tage. Die Verspätung erfolgte wegen der ganz schlechten Wetterbedingungen (Schneestürme und Lawinen veranlaßten die Passagiere oft, aus den Karossen auszusteigen, um diese leichter zu machen) und auch wegen des sich immer mehr verschlechternden Gesundheitszustandes des Herrschers. Ferdinand hielt jedenfalls das Menschenmögliche aus. Er war hartnäckig entschlossen, die Zeremonie in Bari nicht zu versäumen, und er wollte auch nicht seine Untergebenen enttäuschen, welche ihm zu Ehren bei jeder Etappe Feierlichkeiten organisiert hatten. Mit dem immer stillen und melancholischen Erbprinzen an seiner Seite, gefolgt von Maria Theresia und seinem Kinderschwarm (Maria Theresia hatte auch den kleinen Gennaro, Graf von Caltagirone, der knapp zwei Jahre alt war, mitnehmen wollen), zeigte sich König Ferdinand, wenn er auch müde und entkräftet war, in der Öffentlichkeit, nahm an Gastmählern teil und sparte nicht mit geistreichen Witzen. Als sie in den Bergen von Avellino den ersten Schnee sahen, sagte der König zu seiner Gemahlin: *»Neh, Tetella, vì che bella surporesa t'aggio cumbinata! Non te pare stà a Vienna, co tutta sta neve?«* (»Nicht wahr, Reserl, siehst du, was für eine schöne Überraschung ich dir bereitet habe! Kommt es dir nicht so vor, als wärest du in Wien, mit all diesem Schnee?«)

Während der Reise erhielt der König unzählige Gesuche um Begnadigungen und Unterstützungen. Er begnadigte einige Briganten und verteilte persönlich viele Zigarren und zerkaute Stummel (die am gefragtesten waren, weil man sie als Reliquien aufbewahren konnte). Einem schönen Mädchen aus San Ferdinando, das ihn unverschämt um ein Geschenk gebeten hatte, *cca sò zita e m' agghia marità* (weil ich eine Jungfer bin und heiraten muß), wies er ein Stück Land an. Er verfügte auch viele Schenkungen zugunsten der Ärmsten. Bei der Ankunft in Bari hatte sich ergeben, daß er bereits 35.000 Brote, 400 Mitgiften zu 30 und zu 60 Dukaten, 230 Anzüge, 109 Röcke, 540 Hemden, 60 Betten und finanzielle Unterstützungen in nicht genau bestimmter Höhe verteilt hatte.

In Lecce, der vorletzten Etappe, ging es dem König gar nicht gut. Er wollte jedenfalls nicht auf das zu seinen Ehren gegebene

Fest verzichten. Aber als man ihm sagte, daß eine Aufführung des Troubadour auf dem Programm stünde, verfügte er, da er informiert worden war, daß in der Stadt der bekannte neapolitanische Komiker Francesco Marotta spielte, mit Autorität eine Änderung. »Ach was, Troubadour und Troubadour ...« sagte er. »Ich möchte heute abend Don Checco hören. Ich will mich unterhalten.«

In wenigen Stunden mußte man die neue Aufführung vorbereiten, während der Ferdinand dann, der die Gewohnheit hatte, aufzustehen, um sich die Hosen hinaufzuziehen, fünf oder sechsmal aufstand, und die Zuschauer, die überzeugt waren, daß er gehen wollte, es ihm gleichtaten. Am Ende des ersten Aktes stand er wirklich auf. Es ging ihm sehr schlecht.

Später verschlimmerte sich sein Befinden. Besorgt verlangte die Königin einen Arzt.

»Wir haben zwei, Majestät«, antwortete der Bürgermeister. »Doktor D'Arpe, alt und gut, aber liberal. Und Doktor Leone, der jünger ist, aber ein ordentlicher Mann.«

»Man rufe den zweiten«, verfügte die Königin.

Doktor Leone, der sofort gekommen war, konnte die Krankheit, die den König befallen hatte, nicht diagnostizieren. Niemand, um die Wahrheit zu sagen, konnte es. Einige werden später tatsächlich von Vergiftung sprechen. In Wirklichkeit handelte es sich um eine Infektion des Blutes, die in eine Blutvergiftung ausarten und den Körper Ferdinands mit eitrigen und sehr schmerzhaften Abszessen bedecken sollte.

Der Patient war inzwischen wütend geworden. Es wurde auch Doktor D'Arpe gerufen, aber auch er konnte kein Gegenmittel anraten. Er beschränkte sich darauf, zu sagen, daß es besser gewesen wäre, wenn der König diese anstrengende Reise nicht unternommen hätte. Ferdinand war gezwungen, einige Tage im Bett zu bleiben, und die Abfahrt nach Bari wurde verschoben. Die Betreuung war sehr unsicher, aber die Königin war immer liebevoll bei ihm, während Franz, der sich nie aus dem Zimmer des Vaters fortbewegte, den Schutz des Himmels herbeirief, indem er Rosenkränze betete.

Am Morgen des 27. Januar wurde die Abreise nach Bari beschlossen, da sich der Zustand des Herrschers leicht gebessert hatte. Ferdinand stieg mühsam, auf zwei Begleiter gestützt, die Stiegen hinunter. Auf den Gruß des Generalsteuereinnehmers Capurso erwiderte er traurig: »*Caro ricevitò, so fottuto. Me sent 'a capa comm'a nu trommone*« (»Lieber Steuereinnehmer, man hat mich drangekriegt. Ich habe einen Kopf wie ein Schaff«).

Die königlichen Kutschen verließen Lecce unter dem Applaus der Menge, die sich auf den Straßen drängte. Auf ihrem Weg kamen sie noch an Triumphbögen, Mauerinschriften und einer festlichen Menschenmenge vorbei.

In Bari, wo die königliche Familie seit dem 15. Januar erwartet wurde, übertrafen die Feiern an Grandiosität alle anderen. Die ganze Provinz war in die Stadt gekommen. Die Soldaten mußten die Straße frei machen, indem sie rechts und links Hiebe austeilten. Obwohl er sehr müde war, grüßte Ferdinand aus dem Fenster der Karosse, indem er mit einem weißen Taschentuch winkte. Sein Haar war zerrauft, sein Bart seit einigen Tagen nicht rasiert. Der Erzbischof erwartete ihn schon am Eingang des Palazzo dell'Intendenza (Intendantur-Palast). Dann stieg er müde die Stufen hinauf, wobei er sich auf den Arm seiner Gemahlin stützte.

Am Tag danach ging es ihm noch schlechter. So wurde entschieden, daß er sich zur Ankunft der jungen Schwiegertochter nicht in den Hafen begeben sollte.

V

»BONJOUR, FRANÇOIS« – »BONJOUR, MARIE«

»*Qu'est-ce que, donc, ce* ›*Lasa*‹?« – »Was bedeutet ›Lasa‹?« fragte Marie Sophie neugierig. In einen riesigen Pelzmantel gehüllt ging die Herzogin von Kalabrien auf der Brücke der *Fulminante*, die im Adriatischen Meer unterwegs war, spazieren. Es war ein sehr kalter Morgen, den auch die Februarsonne nicht erwärmen konnte, aber sie zog jedenfalls die frische Luft der abgeschlossenen Kabine vor. In der vergangenen Nacht war sie seekrank gewesen. Die dickliche und diensteifrige Donna Nina Rizzo trottete neben ihr her. Sie machten Konversation auf französisch, und das Thema der Konversation war natürlich Franz, der unbekannte Gemahl, der in Bari wartete. Seit Beginn der Reise war Marie Sophie niemals müde geworden, Fragen über ihn zu stellen. An ihr nagte der Zweifel, daß ihr Gemahl nicht den offiziellen Beschreibungen, die sie bekommen hatte, entspräche. Die kostbare Miniatur, die sie stolz am Busen trug, hatte sie nicht ganz überzeugt. Sie wußte, daß auf Medaillons und Münzen dargestellte Persönlichkeiten des Hofes nicht anders als schön sein konnten. Deshalb bedrängte sie ihre Gesellschaftsdame mit Fragen über Details und genauere Angaben.

Anfangs hatte sie vor allem darauf beharrt, etwas über das Aussehen ihres Ehemannes zu erfahren, und Donna Nina hatte alles, was ihr möglich war, getan, um sie zu beruhigen. Nein, der Prinz war überhaupt nicht häßlich, hatte keine physischen Beeinträchtigungen, vielmehr sah er gut aus, groß, schlank, vielleicht nur ein bißchen blaß ... Dann hatte Marie Sophie um Informationen über das Leben bei Hofe gefragt, über die Gewohnheiten des Prinzen, über seine Vorlieben, sein Verhältnis zur Familie. Und auch hier gab Donna Nina ausführliche und beruhigende Antworten. Der Prinz wird von allen geliebt, hatte sie ihr gesagt. Die Königin betrachtet ihn als ihren eigenen Sohn: Er war noch ein Wickelkind, als sie ihn zum ersten Mal in den Arm nahm. Und was den König anbelangt, da braucht man überhaupt kein Wort darüber verlieren: Er hat für niemanden Augen als nur für seinen »Lasa« ...

»Lasa?«

Es war dieser seltsame, unverständliche Spitzname gewesen, der Marie Sophie neugierig machte.

»Es ist ein Kosename«, erklärte Donna Nina lächelnd. »Seine Majestät hat einen für alle seine Lieben erdacht. Das ist ein neapolitanischer Brauch. Er nennt die Königin ›Tetè‹ oder ›Tetella‹, Prinzessin Maria Annunziata ›Ciolla‹, ›Petitta‹ Prinzessin Maria Immacolata, ›Nicchia‹ Prinzessin Maria delle Grazie ...«

»In Ordnung«, gebot ihr Marie Sophie Einhalt. »Aber was bedeutet ›Lasa‹ genau?« Dieser kuriose Spitzname überzeugte sie nicht ganz.

Es folgte ein Augenblick der Verlegenheit. Donna Nina schien nicht sicher zu sein, was sie antworten sollte.

»Es ist ein Kosename«, wiederholte sie. »Oder besser: eine Abkürzung. Er bedeutet Lasagna.«

Als sie den ratlosen Ausdruck Marie Sophies sah, beeilte sich Donna Nina, das genauer zu erklären: »Das ist eine von den Neapolitanern sehr geschätzte Teigware, Eure Hoheit. Es scheint, daß der Prinz diese sehr gerne mag. Seine Majestät hingegen zieht Makkaroni vor ...«

Marie Sophies Verhalten gab der schlauen Hofdame mehr

als deutlich zu verstehen, daß ihr dieser hausbackene und vulgäre Spitzname nicht gefiel. Sie beeilte sich, den Fauxpas wiedergutzumachen. »Aber es steckt nichts Beleidigendes dahinter, Eure Hoheit!« erklärte sie eifrig. »Ganz im Gegenteil, für den König hat er eine liebevolle Bedeutung. Und dann verwendet nur er ihn ... In der Familie wird der Prinz ›Cicillo‹ genannt, das ist ein Deminutiv von Francesco, während er für sein Volk einfach der geliebte Franceschiello ist oder der ›petit François‹«.

»Aber warum nennt ihn niemand Francesco?« sagte die Prinzessin fast zu sich selbst. Dann zündete sie sich nervös eine jener blonden und dünnen Zigarren an, von denen sie sich einen reichlichen Vorrat mitgenommen hatte. Ihre Vermutung, daß ihr Prinz um vieles anders war als der, dem ihre Schwester »Sisi« im Wald begegnet war, wurde nun Wirklichkeit.

Um 11 Uhr vormittag des 3. Februar lief die *Fulminante* im Hafen von Bari ein, begrüßt von Kanonensalven der vor Anker liegenden Schiffe. Die ganze Stadt war auf den Kai gekommen. Die Glocken läuteten Sturm, alle Häuser und Straßen waren beflaggt. Zehn Kutschen warteten an der Mole, von der später das königliche Boot, mit Franz, der Mutter und dem Gefolge an Bord, auslief.

Marie Sophie beobachtete zitternd von der Reling aus die Szene mit dem Feldstecher. Sie war sehr aufgeregt. Sie suchte unter diesen unbekannten Gesichtern das ihres Bräutigams.

»Als meine arme Schwester«, schrieb Kaiserin Elisabeth in ihr Tagebuch, »Franz zum ersten Mal sah, fiel sie fast in Ohnmacht.« Falls das wirklich so war, hatte es niemand bemerkt. Marie Sophie ließ sich ihre Enttäuschung nicht anmerken. Auch wenn diese ziemlich groß gewesen sein muß.

Franz glich dem Porträt nur durch die Uniform eines Husarenobersten, die er noch trug. Aber der Inhalt dieser Uniform war eine Katastrophe. Ein magerer Körper, lang und gebeugt, das gelbliche Gesicht eines alten Kindes, durch einen sprießenden Schnurrbart verziert, leblose Augen, den Blick stets gesenkt, abfallende Schultern, plumpes, grobschlächtiges Betragen.

Franz hingegen erschien die Braut viel schöner als auf dem Porträt. Marie Sophie war einfach wundervoll. Die schönen dunkelblauen Augen, die bizarr frisierten, wie der Chronist schreibt, schwarzen Haare, der weiche und kindliche Ausdruck verliehen ihrer großen und schlanken Gestalt das Aussehen einer Grande Dame. Der junge Prinz war davon buchstäblich geblendet. Leider wird die außerordentliche Schönheit der Braut dazu beitragen, seine angeborene Schüchternheit noch zu verstärken.

Kaum war der Bräutigam an Bord gekommen, ging ihm Marie Sophie unbefangen und strahlend entgegen und nahm ihn an beiden Händen.

»Bonjour, François«, sagte sie.

Franz, der sehr aufgeregt und verwirrt war, drückte ihr die Hände mit seinen kalten und verschwitzten Händen. Wenn man ihn sah, mußte man ihn gern haben. Er war vor Freude außer sich.

»Bonjour, Marie«, antwortete er. Dann küßte er sie keusch auf die Stirne. Für einige Minuten wurden sie allein gelassen. Es sprach fast immer nur Marie Sophie. Franz, nicht nur, daß er schüchtern war, sprach Französisch nur unter Schwierigkeiten, obgleich er es verstand.

Als alle an Bord waren, riß die Königin autoritär die Leitung der Präliminarien an sich. Sie küßte die Braut, und dann stellte sie ihr der Reihe nach die Kinder und Verwandten vor, die mit ihr gekommen waren. Für Marie Sophie wurde die Konversation sofort leichter. Maria Theresia sprach Deutsch, dann übersetzte sie in ihr kurioses Italienisch, das einen starken neapolitanischen Einschlag hatte. Franz, der praktisch verstummt war, blieb an der Seite seiner Stiefmutter, vor der er, wie sie schon von ihrer Schwester darauf aufmerksam gemacht worden war

und was ihr nicht entgehen konnte, demütigen Respekt nicht
ohne ein Gefühl ängstlicher Unterwerfung an den Tag legte.

Nach der Ankunft im Palast, nachdem sie die Stadt durch
eine applaudierende und durch die Schönheit der Braut bereits
eroberte Menge durchquert hatten, wollte sich Marie Sophie
sofort in das Zimmer des Königs begeben. Es war dies eine
rührende Begegnung. Ferdinand II., der sehr leidend war und
die Zeichen des Todes in seinem Gesicht trug, umarmte wei-
nend dieses schöne Geschöpf.

»Marie, meine liebe Tochter ...«, begann er. Dann erinnerte
er sich daran, daß seine Schwiegertochter die italienische Sprache nicht verstand, und fuhr auf französisch, das er geläufig
sprach, fort. Sie blieben ungefähr eine halbe Stunde zusammen,
zur großen Freude von beiden. Damals entstand eine ehrliche
Sympathie zwischen Schwiegervater und Schwiegertochter.

Am Nachmittag bereitete sich Marie Sophie in ihrem Zimmer auf den Ehesegen, der später in der Palastkapelle stattfinden sollte, vor. Donna Nina Rizzo und eine junge Kammerfrau
namens Marietta, die ihr sofort gefiel und die das ganze Leben
bei ihr bleiben sollte, halfen ihr beim Ankleiden. Nachdem die
Vorbereitungen abgeschlossen waren, wollte die Königin, daß
sich die Braut mit den schönsten Kronjuwelen, die ihr in reich-
verzierten Schreinen gebracht worden waren, schmückte.

Während der religiösen Zeremonie passierte etwas Selt-
sames. Plötzlich begannen einige Anwesende unruhig zu werden. Einige lachten, andere wiederum gaben verwirrte Kommentare von sich. Es war folgendes passiert: Einer von Franz'
Brüdern, der siebenjährige Don Pasqualino, Graf von Caserta,
hatte einem strengen Edelmann des Hofes einen Papierschwanz
an die Uniform geheftet. Die Szene war sehr komisch. Als sie
es bemerkte, lachte auch Marie Sophie amüsiert. Schließlich
gelang es einem Funktionär, den Papierschwanz so abzureißen,
daß der betroffene Edelmann nichts davon bemerkte, und die
Zeremonie ging ohne weitere Zwischenfälle weiter.

Nachdem alle das Tedeum gesungen hatten, währenddessen die Kriegsschiffe ihre Salven abschossen und die Militärkapellen die Nationalhymne intonierten, wurde vom Erzbischof feierlich der päpstliche Segen verlesen, den Pius IX. den Brautleuten telegraphisch übermittelt hatte.

Am Abend, nachdem er vom Streich des kleinen Prinzen erfahren hatte, wurde Ferdinand wütend: »Guaglio, solche Scherze macht man nicht: das sind Lausbubenstreiche.« Dann erteilte er Pasqualino drei Tage Stubenarrest. Der Knabe brach in Tränen aus, und Marie Sophie intervenierte für ihn. Auch ihr gefiel es, zu scherzen. Der König brummte in sich hinein, daß nur »Knüppel und Leintücher schöne Kinder machen«, und kam der Bitte seiner Schwiegertochter nach. Für dieses Mal kam Pasqualino damit davon, daß er ohne Abendessen zu Bett gehen mußte.

Und endlich war es Zeit, zu Bett zu gehen, auch für die anderen. Das war der Moment, den der aufgeregte und verängstigte Franz mehr als alles andere fürchtete. Den ganzen Tag lang war sein Verhalten vom Glück geprägt. Zweifellos gefiel ihm Marie Sophie sehr. »Mein Gott, wie schön sie ist. Gott, wie ist sie schön«, murmelte er. Aber seine Bewunderung war nicht anders als die eines Kindes, dem man ein herrliches Spielzeug geschenkt hatte. Nun mußte er sich aber als Mann verhalten, und er war sich seiner Unzulänglichkeit bewußt. Sexualerziehung hatte er keine erhalten. Franz war wie ein Seminarist an einem sehr sittenstrengen Hof erzogen worden, und er hatte nicht einmal die Gelegenheit gehabt, jene verfügbaren Mägde oder Damen, die für gewöhnlich den jungen Prinzen Ausflüge in die geheimen Gefilde des Sex gestatteten, zu frequentieren. Zu seiner angeborenen Schüchternheit und der Vorhautverengung kam hinzu, daß Franz mit 23 Jahren unerfahren wie ein Kind war.

Vor dem Brautgemach, das im ersten Stock des Palazzo dell'Intendenza hergerichtet worden war, befand sich ein großer Vorraum, und hierher wurden die beiden Brautleute von der Königin begleitet, die sie dann hier nach dem Gutenachtkuß verließ. Marie Sophie betrat daraufhin mit Donna Rizzo und Marietta im Gefolge das Brautgemach, um sich vorzubereiten, während Franz aufgeregt und konfus zum Betpult stürzte und zu beten begann. Es verstrichen einige Minuten. Als sich die Herzogin niedergelegt hatte, kamen die beiden Frauen heraus, und die Rizzo machte den Prinzen darauf aufmerksam, daß ihn seine Gemahlin erwarte. Franz war aufgeregt und sehr bleich, sollte die Kammerfrau Marie Sophies später erzählen. Er bearbeitete mit nervösen Fingern den Rosenkranz.

»Sagt der Herzogin, daß es spät werden wird«, flüsterte er. Dann drückte er eine Hand auf seinen Magen und fügte mit einer Grimasse hinzu: »Ich fühle mich nicht sehr wohl.« Donna Rizzo ging, um dies zu berichten, dann ging sie hinaus.

Armer Franz! In jener Nacht hatten die Wände des Zimmers Augen und Ohren. Und nicht nur aus armseliger Neugierde: Der Hof war daran interessiert, zu erfahren, ob der Prinz seine Pflicht getan hatte.

Hingegen war gar nichts passiert! Franz blieb lange im Vorraum, er war dabei beobachtet worden, daß er erbrach, aufgeregt war und betete. Erst sehr spät, als er ganz sicher war, daß die Braut eingeschlafen war, betrat er das Schlafzimmer auf Zehenspitzen und schlüpfte leise unter die Bettdecken.

Der Aufenthalt des neapolitanischen Hofes in Bari wurde für den ganzen Monat Februar verlängert. Der Zustand des Königs verschlechterte sich immer mehr, und man fürchtete, daß die Rückreise für ihn fatal sein könnte.

Inzwischen gab der Herrscher klar zu erkennen, daß er zu den Ärzten und in die Medizin kein Vertrauen mehr hatte. Um die Wahrheit zu sagen, er glaubte noch daran, wieder gesund zu werden, aber durch Gott, nicht mit Hilfe der Menschen. So begann im Krankenzimmer ein konfuses Hin und Her zwischen Gebeten und Konsultationen, Segnungen und Zaubersprüchen.

Ferdinand, ein großer Verehrer der »Madonna Immacolata«,
sprach laut besondere Gebete, während Franz für die Aufstellung der aus den Tabernakeln geholten wundertätigen
Reliquien sorgte. In wenigen Tagen war das Zimmer des Kranken ein kleines Heiligtum voller Weihrauchduft und schlechten
Gerüchen geworden. Hier waren Heiligenbilder, Skapuliere,
Büßerhemden, Agnus Dei, sterbliche Überreste von Heiligen
und Märtyrern, Säume von Tuniken, Späne und Nägel vom
heiligen Kreuz, eine Flasche mit Manna vom heiligen Nikolaus
und eine Ampulle mit dem Öl der Lampe der Madonna von
Capurso ausgestellt.

Marie Sophie, wenn auch ein bißchen verstört durch die
Berührung mit einem Milieu, das so anders war als jenes, in
dem sie aufgewachsen war, nahm gesetzt an diesen extravaganten Liturgien teil. Die bittere Erfahrung der ersten Nacht
(und auch der folgenden, da Franz weiterhin darauf wartete,
bis sie eingeschlafen war, bevor er zu ihr ins Schlafzimmer
ging) schien sie nicht gestört zu haben. Auch wenn Donna
Nina später erzählen wird, daß sie sie oft in Tränen überrascht
hat.

Übrigens fehlte es nicht an Zerstreuungen. In der Tat erlegte
man den Prinzen auf, an den Festen teilzunehmen, um die
Sorgen um die Krankheit des Königs nicht zu verstärken. Am
Abend des 7. Februar wohnte das Herzogspaar von Kalabrien
einer Aufführung zu ihren Ehren im, wie die Chroniken berichten, mit Kerzen beleuchteten und mit Blumengirlanden geschmückten Teatro Piccini, das vor Zuschauern überging, bei.
Die Damen von Bari, die den Damen Neapels den ersten Rang
an Eleganz streitig machten, trugen die letzten Pariser Neuhei-
ten. Im Parkett saßen Prinzen und österreichische Erzherzöge,
die in die Stadt gekommen waren, um der Heiratszeremonie
beizuwohnen, und der Saal blitzte ständig vor glänzenden
Uniformen und wundervollen Abendkleidern. Natürlich waren
alle Augen auf die Herzogin von Kalabrien gerichtet, die sich

zum ersten Mal in der Gesellschaft zeigte. Sie trug ein weißes
Kleid und Diamanten um den Hals und auf dem Kopf. Als sie
an der Seite ihres Gemahls die Königsloge betrat, erhoben sich
die Anwesenden, um ihr zu applaudieren. Sie war gerührt,
jedoch nicht verwirrt, und antwortete auf den Gruß mit einer
mädchenhaften Handbewegung.

Diese Aufführung beschloß die Hochzeitsfestlichkeiten. An
den darauffolgenden Tagen suchten die beiden Eheleute Zerstreuung bei langen Spaziergängen in der Stadt und deren
Umgebung. Marie Sophie wäre lieber ausgeritten, aber Franz
widersetzte sich. Es schien ihm nicht passend zu sein, daß die
Herzogin von Kalabrien in den Sattel stieg. Er erreichte auch
mit Mühe, daß sich die Braut in ihre eigenen Appartements
zurückzog, wenn sie Lust bekam, eine ihrer dünnen Zigarren zu
rauchen. »Mama gefällt dies überhaupt nicht«, hatte er zu ihr
gesagt.

Da sie durch ihren Mann eingeengt war, fühlte sich Marie
Sophie in der Gesellschaft ihrer Schwäger viel wohler. Mit
ihnen konnte sie ihrer Lebhaftigkeit freien Lauf lassen. Besonders mit Luigi, Conte di Trani, mit Alfonso, Conte di Caserta,
und mit Gaetano, Conte di Girgenti. Diese ihr auch altersmäßig
nahestehenden Prinzen hatten in der Tat ein ganz anderes Temperament als der fromme Franz und seine keuschen Schwestern.
Sie waren fröhlich, laut und wild, sie benahmen sich in Bari wie
Studenten auf Ferien. Ihr liebster Zeitvertreib war es, den Edelleuten bei Hofe die ärgsten Streiche zu spielen. Marie Sophie
wurde sehr bald zu ihrer Komplizin und hatte so die Gelegenheit, ihre Melancholie zu vergessen. Die Schwäger nannten sie
vertraut Sofia. »Marien gibt es zu Hause genug«, hatten sie
gesagt. Tatsächlich hießen alle Töchter Ferdinands mit ihren
ersten Namen Maria, die Söhne hießen so mit ihren zweiten
Namen.

Sehr bald wurde auch Franz in die Lausbubenstreiche seiner
Frau und seiner Brüder mit einbezogen. Und das machte ihn

unbefangener und umgänglicher, was die ehelichen Beziehungen immer mehr auftauen ließ.

Marie Sophie, die in kurzer Zeit zur Seele der Gruppe geworden war, erfand neue Spiele zum Zeitvertreib. Eines Tages organisierte sie sehr zur Empörung des Hofes eine Fischfangpartie mit dem königlichen Boot. Sie liefen bei Morgengrauen aus und kamen beladen mit Fischen zurück, obgleich dies einigen Fischern zu verdanken war, die Marie Sophie schlauerweise angeworben hatte. Ein anderes Mal machte sie ihrem Mann und ihren Schwägern den Vorschlag, daß sie selbst ein bayerisches Omelett zum Frühstück zubereiten würde. Sie besorgte sich die Eier, eine Pfanne und ein Kohlenbecken. Marie Sophie machte sich emsig an die Arbeit. Aber das Resultat war furchtbar und sorgte für großes Gelächter. Fast wäre der Palast in Flammen aufgegangen: drei Servietten, ein Teppich und ein Fauteuil verbrannten.

Wie gesagt, hatte die Lebhaftigkeit Sophies einen wohltuenden Einfluß auf den Charakter von Franz. Er suchte ihre Gegenwart, überhäufte sie mit tausend Aufmerksamkeiten und war glücklich, wenn es ihm gelang, sie zum Lächeln zu bringen. Auch ihre Beziehungen in der Intimität des Schlafzimmers wurden fortschreitend besser. Es wurde zum Beispiel bemerkt, daß jetzt der Prinz, bevor er zu Bett ging, nicht mehr wartete, bis seine Gemahlin eingeschlafen war.

Doch wem der Fortbestand der bourbonischen Dynastie von Neapel am Herzen lag, der hatte keinen Grund, sich zu freuen. Das so sehr erwartete Ereignis fand nicht statt. Franz schien überhaupt nicht daran interessiert, sich mit seiner schönen Braut zu vereinigen. Er versuchte nicht einmal schüchterne Annäherungen. Nach den rituellen Gebeten versuchte er nur, sie zu unterhalten, bevor sie einschliefen, indem er ihr komische Szenen im neapolitanischen Dialekt erzählte.

Inzwischen vergingen die Tage, und der Zustand des Herrschers schien sich nicht zu bessern. Außerdem verursachte die verlängerte Abwesenheit des Hofes von der Hauptstadt des Königreiches auch der Regierung Probleme, da diese keine Entscheidungen zu treffen pflegte, ohne sich vorher mit dem König zu beraten. Schließlich war es Ferdinand selbst, der sich zur Abreise entschloß. Er hatte trotz seiner fortschreitenden Krankheit mit bewunderswertem Stoizismus die Staatsgeschäfte weitergeführt. Aber von Bari aus war alles viel komplizierter. Er befragte die Ärzte, diese rieten von einer Rückkehr nach Neapel in der Kutsche ab, daher wurde beschlossen, die Reise auf dem Seeweg zu machen.

Die Abreise fand am 7. März statt. Ferdinand wurde auf den Schultern mit seinem ganzen Bett zum Kai getragen, abgeseilt, an Bord der Fregatte *Fulminante* gehievt und dann unter Deck gebracht, wo eine so gemütlich wie möglich eingerichtete Kabine für ihn hergerichtet worden war. Dies alles ging nicht ohne Stöße ab. »*Vuie me facite cadé!*« (»Ihr laßt mich fallen!«) schrie der Kranke nach einem besonders starken Stoß. Dann, als er in der Kabine untergebracht war, fügte er mit einem bitteren Unterton hinzu: »Das kommt mir wie das Vorzimmer des Grabes vor.«

Doch er hatte seinen Humor nicht gänzlich verloren. Als er sich von den Edelleuten seines Gefolges, die auf dem Landweg nach Neapel fahren sollten, verabschiedete, konnte er sich einige gesalzene Kommentare nicht verkneifen. Der Prinzessin della Scaletta, die darauf bestand, auf dem Schiff zu bleiben, sagte er, da er die Gewohnheit der adeligen Dame kannte, lachend: »Fahren Sie auf dem Landweg, Prinzessin, denn auf dem Meer gibt es keine Tavernen.«

Die Fahrt dauerte 50 Stunden. Marie Sophie blieb fast immer auf Deck. Auf einer Kanonenlafette sitzend rauchte sie ihre Lieblingszigarren, verfolgte interessiert die Schiffsmanöver, ließ sich von den Offizieren manches erklären und schien sich mehr am Anblick des unendlichen Meeres als an der Gesellschaft ihres Gemahls zu erfreuen. Dieser war immer um sie, bot ihr Bonbons an, und fast verstohlen drückte er ihr von Zeit zu Zeit einen leichten Kuß auf Stirn und Haare.

Um 2 Uhr nachmittag des 9. März legte die Fregatte *Fulminante* in La Favorita an. Um halb vier Uhr kam die königliche Familie mit einem Sonderzug in Caserta an. Der König wurde mit seinem Bett von vier Matrosen vom Bahnhof bis zum Königsschloß auf den Schultern getragen.

VI

FRANZ ERBT EINEN WANKENDEN THRON

»Ich habe sie mit meinen eigenen Augen gesehen, Monsignore.«

Pater Eugenio Ferretti, einer der vielen Augustinermönche, denen die Erziehung des Herzogs von Kalabrien anvertraut war, stand neben Donna Nina Rizzo stramm vor seinem Vorgesetzten, das junge Gesicht flammend rot.

»Nur mit einem Auge, Pater, nur mit einem Auge«, korrigierte ihn spöttisch Monsignore Nicola Borrelli. »Die Schlösser haben nicht zwei Löcher.«

Aber der Ton des alten Paters, der die Seelsorge der ganzen königlichen Familie über hatte, war nicht entsetzt und auch nicht sehr streng. Spionieren und an den Türen horchen war ein bei Hofe sehr verbreiteter Sport.

Pater Eugenio hielt den Atem an. Der Gedanke allein, daß seine Loyalität gegenüber dem Prinzen, den er verehrte, in Zweifel gezogen werden könnte, versetzte sein Gemüt in Aufruhr.

»Und nun?« ermunterte ihn Monsignore Borrelli. »Sagt mir also, was Ihr mit Eurem Auge gesehen habt.«

»Es ist unlängst am Abend passiert«, begann der junge Mönch zitternd. »Ich verrichtete gerade meine Gebete, als ich auf seltsame Geräusche aufmerksam wurde, die aus dem Schlafzimmer Ihrer Hoheiten kamen. Geräusche wie beim

Möbelschieben. Schreie, Gelächter. Wahrhaftig ein Höllen-
lärm, Monsignore ...«

»Nun gut, nun gut«, drängte der alte Pater. »Ihr habt diese
Geräusche gehört und habt gedacht: Schauen wir ein bißchen
nach, was da passiert. Und Ihr seid hingegangen, um ein bißchen durchs Schlüsselloch zu schauen. Da ist nichts dabei, Pater.
Im Grunde habt Ihr Eure Pflicht getan. Ich weiß wohl, daß
Ihr nichts Böses im Sinn hattet. Aber sagt mir, was habt Ihr
gesehen?«

»Ich habe gesehen«, sagte Pater Eugenio, immer erleichter-
ter, »ich habe gesehen, wie die beiden Hoheiten miteinander
spielten. Sie waren so zärtlich ...«, betonte er mit einem unschuldigen Lächeln. »Es war schön, ihnen zuzusehen.«

»Aber was machten sie genau?« drängte Monsignore
Borrelli, ein bißchen ungeduldig geworden. »Also, was für ein
Spiel spielten sie?«

»Sie spielten«, wiederholte Pater Eugenio. »Sie spielten. Er
hatte die Krinoline der Prinzessin Marie Sophie angezogen und
tanzte. Er tanzte um sie herum. Sie saß auf dem Boden, klatschte
in die Hände und lachte, lachte ...«

»Und dann«, drängte ihn der andere.

»Und dann nichts mehr. Ich wurde von Donna Nina unterbrochen, die mich in dieser unedlen Haltung, für die ich mich
jetzt noch schäme, überraschte.« Der junge Pater war offenbar
wegen der begangenen Tat verwirrt, nicht wegen der Szene, der
er beigewohnt hatte.

Monsignore Borrelli entließ Pater Ferretti, nachdem er ihm
aufgetragen hatte, das Geheimnis zu wahren, und wandte sich
Donna Nina zu, die dem Gespräch beigewohnt hatte, ohne eine
Silbe zu verlieren. Die beiden schauten sich einen Augenblick
lang stumm an. Der alte Kirchenmann war unschlüssig und
verstört. Es war Donna Nina, die das Schweigen brach. Und sie
versuchte sofort, den dunklen Verdacht, den sie in den Augen
ihres Gesprächspartners las, zu zerstreuen.

»Es handelte sich sicherlich um ein unschuldiges Spiel«, erklärte sie mit Nachdruck. »Ein Kinderspiel. Oder besser«, beeilte sie sich, genau zu sein, »das Spiel eines Knaben. Denn die Prinzessin ist kein Kind mehr. Der Prinz aber ist wirklich ein Kind. Ein unschuldiges Kind.«

»Wollt Ihr sagen, daß ...?«

»Ich will sagen, was Ihr sehr wohl wißt, Monsignore.«

Monsignore Borrelli bejahte verwirrt. Auch er hatte seine Informanten und war darüber auf dem laufenden, was bei Hofe geflüstert wurde. Aber das Thema hatte ihn unvorbereitet überrascht. Wenn es seine Spezialität war, für das Geistliche zu sorgen, lag alles, was Sex betraf, außerhalb seiner Erziehungsrichtlinien. Für diese Probleme existierten keine Richtlinien oder präzise Methoden. Man pflegte der Natur ihren Lauf zu lassen. Bei Hofe wie anderswo arrangierte sich jeder auf seine Art und Weise. Aber jetzt sah er das Problem vor sich, und er mußte irgend etwas sagen.

»Und die Prinzessin?« begann er, indem er die Sache ausführlich anging. »Wie verhält sie sich in einer ... einer solchen Situation? Vertraut sie sich Euch an?«

»Um Gottes willen, Monsignore!« protestierte Donna Nina. »Sie beklagt sich nicht. Sie hält alles in ihrem Herzen verschlossen. Aber ich sehe, daß sie leidet. Sie wird melancholisch. Sie weint oft ohne sichtbaren Grund. Unlängst morgens habe ich sie in Tränen aufgelöst angetroffen, als sie gerade ihre Kanarienvögel versorgte. ›Ich bin unglücklich, Donna Nina‹, hat sie zu mir gesagt. ›Wenn ich Flügel hätte wie sie, würde ich wegfliegen, in mein Land.‹ Versteht Ihr, Monsignore? Sie müssen etwas tun. Laßt es Euch von einer alten Witwe sagen, die die Einsamkeit kennt: Die Prinzessin hat sich etwas ganz anderes von diesem Land der Sonne und der Liebe erwartet ...!«

»Warum habt Ihr Euch an mich gewandt, Donna Nina?«

»Und an wen sonst hätte ich mich wenden können, Monsignore? Ihr seid der Beichtvater Seiner Hoheit. Ihr habt ihn auf die Welt kommen sehen, und es ist Euch nicht nur seine Seelsorge anvertraut ... Und dann«, fügte sie hinzu, »jetzt, wo unser geliebter Herrscher am Ende seines Lebens angelangt ist, hat Ihre Majestät, die Königin, an anderes zu denken ...«

»Aber ist die Königin auf dem laufenden?« informierte sich Borrelli vorsichtig.

»Die Königin ist über alles auf dem laufenden, was unter diesem Dach geschieht«, urteilte Donna Nina hart. Jetzt war der Ton ihrer Stimme nicht mehr flehend. »Ich selbst«, fuhr sie fort, »habe darüber mit ihr gesprochen. Aber die Sache bereitet ihr nicht viel Sorge. Es scheint, daß ...«, und jetzt führte die reife Kammerfrau ihre Hand zum Mund, so als wollte sie das, was sie gerade sagen wollte, zurückdrängen.

»Es scheint was?« trieb sie der andere, der mit einem Schlag aufmerksamer geworden war, an. Monsignore Borrelli war schlau wie ein Fuchs und kannte das Milieu bei Hofe nur zu gut, um nicht zu verstehen, daß Donna Nina fast vor Begierde starb, ihm etwas zu verraten.

»Nur zu, mein Töchterchen«, ermutigte er sie. »Sagt mir alles, was Ihr auf dem Herzen habt. Ihr müßt Vertrauen haben zu mir.«

»Wie bei der Beichte?«

»Wie bei der Beichte.«

Donna Nina spielte die Rolle, gezwungen zu sein, einen Verdacht zu äußern, der sie in der Seele quälte und von dem sie wollte, daß er nicht wahr wäre, sehr gut. Sie faltete die Hände, umfaßte damit ihren großen Busen, blickte um sich, um zu sehen, ob ihr ja niemand anderer zuhörte, dann sagte sie:

»Monsignore, nur unter dem Beichtgeheimnis wage ich es, Euch einen Zweifel, der an mir nagt, zu äußern. Ich fürchte«, fügte sie fast flüsternd hinzu, »daß Ihre Majestät, die Königin, die, wie Ihr sehr gut wißt, Prinzessin Marie Sophie nicht liebt, nicht allzusehr bekümmert wäre, wenn aus deren Ehe mit Prinz Franz der ersehnte Erbe nicht zur Welt käme.« Nachdem sie das gesagt hatte, atmete Donna Nina erleichtert auf, so, als ob sie sich damit einen großen Stein vom Herzen gewälzt hätte.

»Aber wie könntet Ihr etwas Derartiges denken?« rief Monsignore Borrelli aus und heuchelte damit, erstaunt zu sein, was in Wirklichkeit nicht der Fall war. »Ihre Majestät, die Königin, liebt den Prinzen, so, als ob er ihr eigener Sohn wäre!«

»Das ist wahr, Monsignore«, stimmte Donna Nina zu. Aber sofort danach sagte sie mit einem Aufblitzen in den Augen: »Doch er ist nicht ihr Sohn.«

Nach diesem geheimen Gespräch mit der schlauen Kammerfrau Marie Sophies nahm Monsignore Borrelli die Aufgabe auf sich, mit dem Prinzen zu sprechen und ihn über die Pflichten, die ein verheirateter Mann zu erfüllen hatte, zu belehren. Wir wissen nicht, was er ihm sagte, weil es dafür keine Zeugen gibt, aber scheinbar hat er es, wenn auch nicht ohne Schwierigkeiten, irgendwie zustande gebracht. Tatsächlich entgingen den wachsamen Augen Donna Ninas nicht einige Veränderungen, die man im Verhalten der beiden Eheleute bemerkte. Zum Beispiel wurde ihre Intimität lebhafter und zeigte ein größeres gegenseitiges Einverständnis. Außer daß sie gemeinsam zu Bett gingen, hörte sie Donna Nina immer öfter lachen und scherzen.

Aber daß die beiden Eheleute ihre Ehe vollständig konsumiert hätten, ist keineswegs erwiesen. Im Gegenteil, es ist auszuschließen. Außerdem ließ sich Franz, wie wir sehen werden, von der lästigen Phimose erst einige Jahre später, in Rom, während des Exils, befreien.

Im wunderschönen Königsschloß von Caserta verbrachte Marie Sophie abwechselnd Tage voll heiterer Unbeschwertheit und Momente dunkler Melancholie. Doch letztere wurden immer seltener. Franz, der sich immer mehr in sie verliebte, überhäufte sie mit tausend Aufmerksamkeiten, er erfüllte ihr alle ihre Launen und sprang glücklich wie ein Kind um sie herum, wenn er zärtlich über ihre Haare streichen oder ihre

Wangen küssen konnte. Aber zur Enttäuschung Marie Sophies legte der junge Prinz gegenüber seiner strengen Stiefmutter weiterhin ein unterwürfiges Verhalten an den Tag, das wirklich weit das Maß überschritt.

»Mama wird zornig, paß auf, Mama sieht uns«, das waren für gewöhnlich die Empfehlungen von Franz, wenn sich seine Frau eine Zigarre anzündete oder wenn sie wilde Ausritte mit den Schwägern auf den weitläufigen Wiesen des Schloßparks veranstaltete. Marie Sophie wollte jedenfalls nichts davon hören. Auch wenn ihre Schwiegermutter Tiere nicht liebte, umgab sie sich mit Hunden und Vögeln, wie sie es in »Possi« getan hatte. Sie begann auch, mit einer großen Leidenschaft Papageien zu züchten, und vergnügte sich damit, ihnen deutsche Schimpfworte beizubringen. Maria Theresia, die offenbar die einzige war, die diese verstehen konnte, war so böse darüber, als ob dies eine Beleidigung ihrer Person wäre. Sie unterließ es auch nicht, die junge Schwiegertochter darauf aufmerksam zu machen, daß all diese Fröhlichkeit im Park, während der König in seinem Zimmer litt, mit Gleichgültigkeit gegenüber seinem Schmerz verwechselt werden könnte. Aber Ferdinand II. fühlte sich, um die Wahrheit zu sagen, gestärkt, wenn er sah, wie sein »Lasa« (er nannte ihn weiterhin so) glücklich war neben jener jungen Frau, die so voller Leben war. Er wollte sie oft um sich haben. Er sprach mit ihnen über seine Krankheit, aber auch über Staatsgeschäfte.

Denn König Ferdinand, wenngleich er sich bereits in einem mitleiderregenden Zustand befand (er war übersät mit eitrigen Wunden, und zwei Matrosen, die Brüder Criscuolo, hatten die Aufgabe, ihn aufzuheben, damit man stündlich die feuchten Leintücher wechseln konnte), befaßte sich weiterhin persönlich mit den Fragen der Regierung. Minister und Generäle kamen abwechselnd an das Krankenbett des Herrschers, und auch Ärzte, Heilpraktiker, Wunderheiler und Priester. Der Gestank war stark, aber alle ertrugen ihn stoisch. Das königliche Zimmer, wie es jetzt genannt wurde, war nun eine Art Reliquiar geworden, mit allem, was an Religiösem und Abergläubischem im Königreich existierte. Jeden Tag kamen neue Tuniken, neue Wunderwasser, Bilder und Skapuliere, die Ferdinand annahm und mit einem erstaunlichen Glauben berührte und küßte. Bader und Scharlatane experimentierten an ihm ihre Heilpraktiken, während Maria Theresia alles verfolgte (sie lebte praktisch Tag und Nacht in diesem Zimmer, schlummerte auf einem Kanapee) und eine große Liebe zu ihrem Mann und eine beispiellose Bereitschaft zum Verzicht an den Tag legte.

Andererseits war auch Ferdinands Vertrauen zu seiner Frau uneingeschränkt. Er wollte sie immer um sich haben, und nur ihr schenkte er Gehör. So kam es, daß der Königin auch die schwerwiegendsten politischen Nachrichten mitgeteilt wurden, damit sie diese mit der gebotenen Vorsicht ihrem Gemahl mitteilte.

Inzwischen kündigte sich im Norden der Halbinsel Krieg an. Cavour spann sein Komplott von Turin aus. Es war ihm gelungen, Kaiser Napoleon III. auf seine Seite zu bringen, und nun intrigierte er geschickt, um Österreich dazuzubringen, den Konflikt zu eröffnen (das militärische Bündnis zwischen Frankreich und dem Piemont sah die Intervention Napoleons nur vor, wenn das Habsburgerreich angriff).

Ferdinand verfolgte die Aktionen der treulosen »Turiner Verwandten« sehr aufmerksam. Trotz der Krankheit hatte er seinen klaren Verstand nicht verloren und auch nicht seinen politischen Scharfblick. Persönlich vertraute er in die Stärke Österreichs, von dem er glaubte, daß ihm Preußen und Rußland zu Hilfe kommen würden. Aber als der Wiener Botschafter ihm ein militärisches Bündnis im Falle eines Krieges mit Piemont und Frankreich vorschlug, bewog ihn sein politischer Instinkt, abzulehnen. »Geld, soviel Ihr wollt«, erklärte er dem Botschafter, »Soldaten nicht.«

Ungefähr Mitte April jenes zukunftsweisenden Jahres 1859

begannen sich die Ereignisse zu überstürzen. Am 23. stellte die
Regierung in Wien ein Ultimatum, in welchem die Entwaffnung
Piemonts als unabdingbare Bedingung für die Erhaltung des
Friedens gestellt wurde. Am 26. antwortete Napoleon III. durch
Mobilisierung seiner Armee. Jetzt war der Krieg nahe, und
Piemont wurde der Anführer der italienischen Revolution ge-
gen Österreich.

Am Abend des 27. gelangte die Nachricht nach Neapel, daß
Großherzog Leopold von Toskana von der aufständischen
Bewegung gezwungen worden war, aus Florenz zu fliehen. Das
Ereignis verursachte große Bestürzung bei Hofe. Die neapolita-
nische Königsfamilie war, auch durch enge verwandtschaftliche
Bindungen, mit der Großherzogsfamilie von Florenz sehr ver-
bunden. Leopold II. wurde von den kleinen Prinzen in der
Familie »Onkel Popò von Florenz« genannt, um ihn vom an-
deren »Onkel Popò«, dem Bruder des Königs, Leopold Graf
von Syrakus, zu unterscheiden.

Am nächsten Morgen stürmte gegen alle Regeln Prinz Franz
ganz verschreckt in das Zimmer seines Vaters.

»Papa, sie haben Onkel Popò verjagt.«

»Welchen Onkel Popò?« fragte der Herrscher. »Florenz
oder Syrakus?«

»Onkel Popò von Florenz.«

Der König erkundigte sich sofort nach weiteren Nachrichten, die ihm Franz nicht geben konnte. Also ließ er Carafa, den
Regierungschef, kommen, und nachdem er erfahren hatte, daß
Leopold geflohen war, bevor die Revolution ausgebrochen war,
äußerte er sich wütend: »Trottel. Er ist davongelaufen und nicht
wert, dorthin zurückzukehren.«

Am 29. April überschritten die französisch-piemontesischen Truppen die Grenzen von Lombardei-Venetien. Der
zweite Unabhängigkeitskrieg hatte begonnen. Das Ereignis
versetzte alle patriotischen Kreise der Halbinsel in Aufruhr, und
auch in Neapel begann man, auf offener Straße zugunsten

Piemonts zu demonstrieren. Jene Tage waren für Ferdinand ein doppeltes Martyrium. Die Krankheit schritt fort, und die Nachrichten vom Kriegsschauplatz gefielen ihm nicht. Von einem Gefühl der Angst, das er offen zeigte, befallen, versuchte der Herrscher verzweifelt, zu reagieren. Jeden Tag ließ er den Erbprinzen und Marie Sophie (deren Intelligenz er vielleicht mehr vertraute als der seines Sohnes) in sein Zimmer kommen und bemühte sich, sie über die geheimen Angelegenheiten des Königreiches in Kenntnis zu setzen. Er nannte ihnen die wahren und falschen Freunde der Dynastie; er ermahnte sie, der Revolution nicht nachzugeben, aber auch, nicht für Österreich, das er für wankelmütig hielt, Partei zu ergreifen. Sie möchten damit zuwarten, Entscheidungen zu treffen, und möchten dann je nach dem Verlauf, den die Ereignisse genommen haben, entscheiden. Marie Sophie empfahl er, niemals den Turiner »Verwandten« zu vertrauen. »Piemontesi, falsi e cortesi« (»Piemonteser, falsch und höflich«), sagte er wiederholt auf italienisch zu ihr. Den Sohn erinnerte er daran, dem Papst immer nahe zu bleiben. »Der Papst kann schwerlich angegriffen werden«, wurde er nicht müde, immer wieder zu ihm zu sagen. »Der Kirchenstaat ist vor den Mauern unseres Königreiches. Die anderen Grenzen bildet das Meer.« Er riet ihm noch, niemals die allgemeinen Linien der Regierung zu ändern. So zu tun, als ob, wenn nötig, jedoch sich niemals von den Liberalen an der Hand nehmen zu lassen. Dann sprach er mit ihnen über Prinz Filangieri, der zwar liberal war, aber der Dynastie treu. Dieser war nach Ferdinands Meinung die Person, der er aufgrund ihres Verstandes und Mutes vertrauen könnte, aber nur »in größter Not«, also wenn keine andere Möglichkeit geholfen hätte.

In jenen letzten Tagen seines Lebens wollte Ferdinand II. seinem Sohn persönlich sein Testament diktieren, das sich als sehr präzise und detailliert ausnahm. Kurioserweise wurde der Erbprinz auch im Testament immer als »mein lieber Lasa«

bezeichnet. Während die französisch-piemontesischen Armeen in der Lombardei siegreich vorankamen, nahte das Ende Ferdinands. Er starb am 22. Mai 1859, zwei Tage nach dem Sieg über die Österreicher in Montebello und dreizehn Tage vor der entscheidenden Schlacht von Magenta.

Ferdinand II. war 49 Jahre alt. Er hinterließ einen gefährdeten Thron einem Sohn, der absolut unfähig war, zu regieren.

VII

»GOTT, WIE SCHWER IST DIESE KRONE!«

Nachdem Marie Sophie mit 18 Jahren Königin von Neapel geworden war, zeigte sie sofort den stolzen Hochmut der Wittelsbacher, ihre große Lust zu leben und die Erste zu sein, aber auch die niemals gedämpfte Leidenschaft für die sympathischen Extravaganzen, die für alle Mitglieder ihrer vornehmen Familie charakteristisch waren. Es ist unnötig zu sagen, daß zwischen ihr und ihrer Schwiegermutter Maria Theresia sofort Krieg ausbrach.

Die alte Königin (alt nur relativ, denn sie war kaum 43 Jahre alt) war tatsächlich entschlossen, im Schatten weiterhin ihre Rolle als »First Lady« oder, besser noch, als graue Eminenz fortzuführen. Sicher sollte es nicht jenes unerfahrene 18jährige Mädchen sein, das nicht einmal fähig war, neapolitanisch zu sprechen, sie ihrer gut versteckten, aber totalen Macht, die sie immer bei Hofe ausgeübt hatte, zu berauben. Man kann tatsächlich sagen, daß sich im Königreich ohne ihren Konsens kein Blatt bewegte, da niemandes Willen, nicht einmal der Ferdinands II., jemals stärker gewesen war als ihrer.

Von den Liberalen mehr »verabscheut« als ihr Mann, aber stark durch den Konsens, den sie bei der Hofkamarilla und bei der »österreichischen Partei« genoß, änderte Maria Theresia nach der Thronbesteigung ihres Stiefsohnes ihre Gewohnheiten nicht. Sie betrat ohne Anklopfen das Arbeitszimmer des Königs,

sie sagte »du« zu ihm, nannte ihn weiterhin »Lasa« oder
»Franceschino« (so wie dies auch die anderen Prinzen taten), sie
mischte sich in seine Gespräche, seine Entscheidungen und seine
politischen Entschlüsse ein. Franz seinerseits gehorchte ihr
weiterhin. »Ja, Mama, ja, Mama«, stotterte er verschüchtert bei
jedem ihrer Befehle.

Andererseits verfolgte Maria Theresia vielleicht das, was ihr
ihr verschrobener Geist genau vorgeschrieben hatte, um zu
bewirken, daß ihr Stiefsohn in einem Zustand vollständiger
Unterwerfung und mit dem Bewußtsein seiner eigenen physischen und geistigen Minderwertigkeit aufwuchs. Als er König
geworden war, hatte er sein eigenes Verhalten nicht geändert.
Unterwürfig und eifrig hörte er bei jeder Gelegenheit auf seine
Stiefmutter, als ob er so für seine eigene Minderwertigkeit um
Verzeihung bitten wollte. Es war zum Beispiel Maria Theresia,
die ihm als erste Handlung seiner Regierung die unedle Farce
der Amnestie auftrug.

Franz hörte auf den Rat seiner Frau und hatte bei seiner
Krönung nicht nur den Straferlaß für alle politischen Gefangenen wegen der Ereignisse des Jahres 1848 gewährt. Er hatte
mehr getan: Er hatte die Abschaffung der unpopulären Kartei
der »zu beobachtenden Personen«, also der Staatsbürger, die
verdächtigt wurden, Liberale zu sein, angeordnet. Das unerwartete Vorgehen der Justiz hatte es nicht verfehlt, eine Welle der
Zustimmung und der Hoffnung in den fortschrittlicheren bürgerlichen Kreisen zu entfachen, aber er hatte gleichzeitig auch
die »österreichische Partei« und insbesondere Maria Theresia
alarmiert. Diese intervenierte sehr nachdrücklich bei ihrem
Stiefsohn und brachte ihn dazu, ganz im geheimen ein Rund-
schreiben an die Polizeipräfekten zu verbreiten, in welchem
befohlen wurde, in keiner Weise das offizielle Dekret einzuhalten und ganz ruhig damit fortzufahren, die »Verdächtigen« zu
registrieren. Ein Beweis für ihr doppeltes Spiel, welches das
Maß ihres Charakters zeigt.

Maria Theresia intervenierte auch während der großen Studentenmanifestation vom 7. Juni, als die Nachricht über den Sieg von Magenta und die Befreiung der Lombardei von der österreichischen Herrschaft kam. Während die Liberalen am Strand von Chiaia und in Chiatamone vor der französischen und der piemontesischen Botschaft ihre überschäumende Freude kundtaten, gab die alte Königin bei Hofe keine Ruhe. »Strafe sie, Lasa, strafe sie«, sagte sie wütend immer wieder.

Während der junge König beider Sizilien unter Schwierigkeiten seine ersten Schritte tut, hat im familiären Milieu des Königsschlosses Marie Sophie ihren persönlichen Befreiungskampf gegen die unerträgliche Schwiegermutter begonnen. Schlagfertig, bestimmt, intelligent, von unbezähmbarem Charakter, beabsichtigt die junge Königin nicht nur, die Rolle, die ihr zusteht, zu verteidigen, sie will auch (wie sie ihrer Schwester »Sisi« in der umfangreichen Korrespondenz, die zwischen ihnen hin und her ging, anvertraut) ihren Mann vom unseligen Einfluß seiner Stiefmutter befreien. Dieses Unternehmen wird ihr nicht leichtfallen. Der ganze Hof außer den getreuen Nina Rizzo und Marietta steht auf der Seite Maria Theresias, die als der »starke Mann« des Hauses und auch als der einzige Bezugspunkt angesehen wird, da allen die Geistesgaben des Herrschers bekannt sind. Franz ist seinerseits von einander widersprechenden Gefühlen befallen. Einerseits kann er sich an seiner wunderschönen Gemahlin nicht sattsehen, er liebt und bewundert sie wegen ihrer Intelligenz und wegen ihres Mutes, andererseits ist er unfähig, der fast physischen Angst zu trotzen, die er gegenüber seiner Stiefmutter empfindet.

So beginnt im neapolitanischen Königsschloß ein kurioses Spiel, das in manchen Dingen das wiederholt, was schon Jahre vorher am Wiener Kaiserhof geschehen ist, als die junge Elisabeth dort ihren Einzug hielt.

Marie Sophie nützt die Nachsichtigkeit von Franz aus, der immer bereit ist, ihren Launen nachzugeben, so, als ob er sich auch bei ihr für seine Mängel entschuldigen müßte, und beginnt, ihre ganze Lebhaftigkeit offen auszuleben. In Possenhofen hatte sie wegen der prekären finanziellen Lage, in der sich ihre Familie befand, nie genug Geld besessen, jetzt aber verfügt sie über schwindelerregende Summen, die sie fröhlich und verschwenderisch ausgibt. Sie erneuert ihre Garderobe, sie tobt sich aus in der Wahl ihrer Unterwäsche, bei den Morgenröcken, bei den Frisuren. Ihre Schwiegermutter, die ihr gewohntes und unschickes schwarzes Kleid trägt, ist sehr empört darüber, daß sie ihre Toiletten bis zu viermal täglich wechselt. Wenn sie vorher im verborgenen geraucht hat, zündet sie sich jetzt ganz ruhig ihre geliebten dünnen Zigarren auch vor den Familienangehörigen an. Hat Maria Theresia immer Tiere gehaßt? Marie Sophie bevölkert das Königsschloß mit Kanarienvögeln, Hunden und Papageien. Sie verbringt Stunden in der Manege, sie beginnt wieder zu fechten, mit den Schwägern oder mit den Gardeoffizieren, im Reitkleid (einer schamlosen Aufmachung, die Maria Theresia indigniert) macht sie lange Ausritte in Begleitung von ein oder zwei Stallmeistern. In Neapel entdeckt Marie Sophie auch die Photographie und begeistert sich so für diese moderne Kunst, die ihr später, wie wir sehen werden, ernstliche Unannehmlichkeiten bereiten wird. Sie läßt sich in den verschiedensten Posen photographieren: zu Pferde, stehend, sitzend, mit den Schwägern, mit ihrem Gemahl, auf dem Thron mit der Krone auf dem Kopf. Dieses Spiel macht ihr großen Spaß. Ein französischer Photograph, ein gewisser Grillet, der ein Atelier im Palazzo Berio besitzt, hat zu dieser Zeit sehr viel Arbeit bei Hofe.

Als der Sommer kommt, verblüfft Marie Sophie alle, als sie den Wunsch äußert, im Meer zu baden. So etwas ist unerhört. Das Baden im Meer wird als plebejische Gewohnheit betrachtet. Und dann, daß das eine Frau und überdies eine Königin tun will, scheint geradezu ein Sakrileg zu sein.

Aber die Herrscherin erhält auch für diese Extravaganz die

Zustimmung ihres gefügigen Gemahls. Seit jenem Tag wird der »Zompo«, also der Sprung der Königin in das damals ganz klare Wasser des Militärhafens, eine Attraktionsnummer für das Personal und die Soldaten der Garde.

Die junge Königin von Neapel ist ganz nach dem Diktat der Pariser Mode gekleidet, wird immer schöner und raffinierter und wird sehr bald eine, wie man heute sagen würde, Illustriertenpersönlichkeit. Ihre Photographien erschienen immer öfter in den Zeitungen, und die Gesellschaftschronisten bezeichnen sie als eine herausragende Dame, dazu bestimmt, die beiden meistbewunderten Frauen Europas: Kaiserin Elisabeth von Österreich und Kaiserin Eugénie, die Gemahlin Napoleons III., in den Schatten zu stellen.

Als das Bild Marie Sophies zum ersten Mal im *Journal des Dames* neben dem ihrer beiden »Rivalinnen« veröffentlicht wurde, ging Maria Theresia die Galle über, und sie zerriß wütend die betreffende Seite. Ihren ersten Sieg aber erringt Marie Sophie an der Tafel – ganz wie ihre Schwester Elisabeth seinerzeit mit ihrem »Handschuhskandal«. Seit jeher ist es auf Wunsch Maria Theresias Sitte, daß kein Tier den Speisesaal betreten darf. Marie Sophie verletzt auch dieses Tabu. »*Mon cher*«, fragt sie eines Tages ihren Mann während des Essens, »*est-ce que tu permets que vienne Lyonne?*«

Franz – unfähig, dem gewinnenden Lächeln seiner Frau zu widerstehen – beeilt sich, zu bejahen. »*Oui, ma chérie*«, antwortet er, diesmal den strengen Blick seiner Stiefmutter ignorierend.

Lyonne, eine wundervolle Terranova-Hündin von kolossalem Ausmaß, hält ihren triumphalen Einzug in den Speisesaal, begleitet von drei oder vier Jungen, die sofort zwischen den Beinen der Tischgesellschaft Fangen spielten.

Maria Theresia beendete an diesem Tag nicht ihr Mittagessen, aber sie mußte sich damit abfinden, die Speisen in Gesellschaft jener lästigen Tiere einzunehmen.

Marie Sophie war jedenfalls kein rebellisches, kapriziöses und aufbrausendes Mädchen wie ihre Schwester Elisabeth. Sie hatte Temperament, gute Nerven, klare Ideen und Mut für drei. Die Gelegenheiten, diese ihr eigenen Tugenden zu zeigen, werden nicht fehlen.

Die erste dieser Gelegenheiten ergab sich einige Wochen nach ihrer Krönung, am 7. Juli, als zum großen Schrecken der Neapolitaner die Revolte der »Titò« ausbrach.

»Titò« hießen die in vier Regimenter aufgeteilten Schweizer Söldner, die den Kern des Bourbonenheeres bildeten. Roh und heftig, gut für den Kampf ausgebildet, hatten sich diese Söldner des persönlichen Schutzes des alten »Re Bomba« (»Bombenkönigs«) erfreut, der sie insbesondere dazu benützte, die Volksaufstände im Keim zu ersticken. Aber jetzt lag die Sache anders. Sie hegten keinerlei Achtung für den neuen Herrscher und zeigten ihre Mißachtung ganz offen. »Ferdinand war unser Vater«, sagten sie. »Dieser ist ein Makkaroni-König.«

Als die Schweizer Regierung, dazu entschlossen, die Schande des Söldnertums abzuschaffen, ihnen befahl, von ihren Fahnen die kantonalen Symbole zu entfernen, und ihnen androhte, ihnen auch die Staatsbürgerschaft wegzunehmen, richteten diese ihren Unmut gegen Franz, den man beschuldigte, ihre Rechte nicht verteidigen zu können.

Die Revolte lag also schon seit geraumer Zeit in der Luft, aber als sie ausbrach, traf sie gänzlich unvorbereitete Polizeitruppen an. Am Abend des 7. Juli verließen die »Titò« unter dem dumpfen Schlag der Trommeln schwerbewaffnet die Kaserne del Carmine, mit den Kantonsymbolen auf den Mützen, jedoch ohne Kommandanten. In Neapel verlebte man Stunden der Panik. Viele der Söldner waren betrunken. Sie schossen in die Luft und stießen laute Drohungen gegen den Makkaroni-König aus.

Um Mitternacht, nachdem sie Geschäfte und Wirtshäuser geplündert hatten, stellten sich die Rebellen vor dem Königsschloß von Capodimonte auf, wo sich die königliche Familie befand. Im Inneren des Palastes verlebte man dramatische Stunden. Maria Theresia, überzeugt, daß sie es mit einer Militärrevolte zu tun hatte, befahl sofort, die treuen »Titò« zu rufen. Aber als ihr erklärt wurde, daß gerade diese die Aufständischen waren, wurde sie von einer Krise der Angst gepackt. Sie holte ihre jüngsten Kinder aus dem Bett, suchte die wertvollsten Sachen zusammen und bereitete sich auf die Flucht vor.

Franz war verwirrt und verängstigt, wartete die Ereignisse ab und ging einstweilen, um sich dort im Gebet zu sammeln, in das »Zimmer der Heiligen«. So hieß das Zimmer, in dem seine Mutter Marie Christine gestorben war und das er in eine Art Heiligtum verwandelt hatte.

In diesem allgemeinen Fluchtgetümmel konnte nur Marie Sophie ihr kühles Blut bewahren. Im Schlafrock rannte sie auf die Terrasse, um zu sehen, was passierte. Obwohl sie sich der Gefahr einer Gewehrsalve aussetzte, gelang es der jungen Herrscherin, die die Schreie auf deutsch hörte, die Motive des Aufstands zu verstehen. Dann rief sie einige Offiziere und befahl ihnen, mit den Aufständischen zu unterhandeln. Die Gemüter schienen sich zu beruhigen, und die Verhandlungen kamen zu einem guten Ende. Aber als sich die Aufständischen vom Königsschloß entfernten, näherten sich einige treu gebliebene Schweizer Bataillone. Diese hatten den Befehl erhalten, die Kollegen zu entwaffnen, jedoch in dieser Verwirrung verstanden die beiden Gruppen einander nicht. Wegen des Betrugs laut schreiend, eröffneten die Rebellen das Feuer, und darauf folgte eine wilde Schießerei, die ein Blutbad anrichtete. Bei Morgengrauen lagen auf dem Schlachtfeld ungefähr zwanzig Tote und Hunderte Verletzte.

Das Verhalten der Königin machte bei Hofe und bei der Bürgerschaft einen großen Eindruck. »Die Wittelsbacher scheinen sich nur in schwierigen Situationen wohl zu fühlen«, kommentierte eine Zeitung. Franz hatte, obwohl er jungenhaft stolz

war auf den Mut, den seine Frau gezeigt hatte, für seinen Teil
die Ereignisse auf seine Weise interpretiert.

»Es ist meine heilige Mutter gewesen, die das Wunder
vollbracht hat«, erklärte er. Die Gewißheit, daß Gott einge-
schritten war, verstärkte sich bei ihm noch mehr zwei Tage
nachher, als unglaublicherweise gleichzeitig aus Rom die Nachricht eintraf, daß die Kirche Königin Marie Christine seliggesprochen hat. Dieses Ereignis trug dazu bei, den bigotten Hof
von Neapel die blutige Revolte der Söldner vergessen zu lassen.
Es folgten Tage voller religiöser Zeremonien und Dank-
gottesdienste.

Nur Marie Sophie behielt den Boden unter den Füßen.
Obwohl sie mißmutig an den Feiern teilnahm, überzeugte sie
ihren Gemahl, daß er sich von den treulosen Schweizer Söld-
nern befreien und sie durch bayerische Regimenter ersetzen
müsse. Ihr Onkel, König Maximilian, beeilte sich, diese ins
Königreich zu entsenden.

Beim Tod Ferdinands II. war im ganzen Königreich eine
offizielle Trauer von 60 Tagen verordnet worden. Aus diesem
Grund war die Thronbesteigung Franz' II. nicht mit Festen und
Jubel gefeiert worden. Die Trauer war so streng, daß den
Hofdamen ausdrücklich verboten wurde, sich mit bunten Edel-
steinen zu schmücken. Sie durften nur Perlen und Diamanten
tragen. In jenen ersten Sommertagen z. B. wurde sogar von den
weißen Gilets abgeraten. Leute, die welche trugen, wurden als
»Verdächtige« registriert.

Aber am 24. Juli endete endlich die offizielle Trauer, und es
begannen die Krönungsfestlichkeiten.

Die Herrscher gingen am selben Morgen das erste Mal
öffentlich aus und besuchten pflichtgemäß die San-Gennaro-
Kapelle. Der Dom war ganz prächtig geschmückt, und das
ganze Domkapitel der Hauptstadt mit Kardinal Riario Sforza
in seiner Mitte wartete beim Eingang auf die erlauchten Besu-

cher. Nach der Messe und dem Tedeum ging das Königspaar zur heiligen Reliquie, und obwohl zu diesem Zeitpunkt das Haupt San Gennaros auf dem Altar ausgestellt war, verflüssigte sich trotzdem das in den Ampullen gesammelte Blut. »Ein unerhörtes Ereignis seit Menschengedenken«, wird das *Giornale Ufficiale* schreiben; »von allen mit Wohlgefallen vernommen und mit Recht als glückliches Vorzeichen betrachtet.«

Am nächsten Tag fand bei Hofe nach den Regeln der strengen Etikette die Zeremonie des Handkusses statt. Es war ein langweiliges Ereignis; Marie Sophie gelang es immerhin, ein bißchen Heiterkeit hineinzubringen. Mit ihren grellbunten Galauniformen defilierten Militärs, Diplomaten, Aristokraten, Damen und Würdenträger an Franz vorbei, der seine gewohnte Uniform eines Husarenobersten trug, und vor der mit Mantel und Krone bekleideten Königin. Aber plötzlich zeichnete sich inmitten dieser bunten Menge ein langer schwarzer Zug ab, der sich langsam und gravitätisch zum Thron hinbewegte. Das war die Richterschaft des Königreiches, in Toga und einem Hut à la Don Basilio. Der Kontrast zwischen diesen traurigen Gestalten und dem übrigen Saal hatte auf Marie Sophie eine unwiderstehliche und ziemlich komische Wirkung. In der Tat begann sie in jugendlicher Aufrichtigkeit zu lachen, was für alle Anwesenden ansteckend wie eine Epidemie war und bei den gestrengen und ahnungslosen Richtern große Verwirrung und Überraschung stiftete.

Inzwischen hatten sich bei Hofe und im Land zwei Strömungen gebildet oder, wenn man so will, zwei Parteien. Die erste, die »österreichische«, hatte die Königinmutter zum Oberhaupt und den Adel, die hohen Militärs und die Kirche hinter sich. Die zweite, die wir nicht gerade »liberal« nennen können, aber vielleicht reformistisch oder konstitutionell, setzte ihre Hoffnungen in Marie Sophie und hatte Prinz Carlo Filangieri di Satriano in ihren ersten Reihen.

Der »Mann der versäumten Augenblicke«, wie ihn Ferdinand II. vor seinem Tod genannt hatte, war auf Drängen seiner Gattin von Franz berufen worden, das Steuer der Regierung zu übernehmen, nachdem diese infolge des franko-piemonte-sischen Sieges von Magenta in Unordnung geraten war.

Zwischen dem alten Prinzen und der jungen Herrscherin war schon bei ihrer ersten Begegnung blitzartig ein Funke der Zuneigung und menschlicher Sympathie übergesprungen. Filangieri besaß außerdem alle Eigenschaften, die der Wittels-bacher Kämpferin gefielen. Als ganz junger Mann hatte er tapfer unter Napoleon gekämpft, er war an zahlreichen Duellen beteiligt gewesen, und bei einem hatte er General Franceschi, der es gewagt hatte, schlecht über Neapel und die Neapolitaner zu reden, getötet. Er war ein heldenhafter Kommandant, er war bei der Brücke des heiligen Ambrosius bei Modena während des unglücklichen Feldzuges Murats von Schüssen durchsiebt worden. Er war außerdem ein vor Talent sprühender energi-scher und bestimmter Mann. Aber er war kein Liberaler. Im Gegenteil, während der Volksaufstände in Sizilien von 1848 hatte er Messina bombardieren lassen und die Demonstratio-nen des Volkes gewaltsam unterdrückt. Er war jedenfalls den Bourbonen treu ergeben, durch seinen Soldateneid, nicht durch gemeinsame Ansichten. Er war aber auch davon überzeugt, daß eine entschiedene Wendung des Steuerruders in Richtung Modernisierung notwendig wäre, um das Königreich vor dem Sturm, den er herannahen sah, zu retten.

Wie sie später ihrer Schwester Elisabeth berichten sollte, war Marie Sophie von Filangieri wegen der Offenheit, mit welcher er über die Dinge der Regierung sprach, erobert wor-den. »Majestät«, hatte er eines Tages zu ihr gesagt, als ihr gegenseitiges Vertrauen sich schon vertieft hatte, »die Könige müssen vor allem danach trachten, daß man sich vor ihnen fürchtet, dann, wenn möglich, daß man sie auch liebt. Aber unserem Herrscher«, hatte er bitter geendet, »gelingt weder das eine noch das andere.«

Trotz der heftigen Gegnerschaft Maria Theresias und auch Monsignore Borrellis, der auf den König einen starken Einfluß ausübte, war es der jungen Herrscherin jedenfalls gelungen, ihr Ziel zu erreichen. Franz hatte Filangieri zum Regierungschef ernannt, wenn er auch dazu gezwungen war, ihm Minister zur Seite zu stellen, die von der Königinmutter ausgewählt worden waren.

Die Personalpolitik des Königs wird übrigens immer so sein. Er versuchte, es allen recht zu machen, und stellte niemanden zufrieden. Die Wahl Filangieris hatte er, wie die Chronisten schrieben, unter dem Einfluß der Liebe, aber auch der Angst vor weiteren öffentlichen Aufständen getroffen. Im übrigen war die ganze Situation zu diesem Zeitpunkt zweideutig und voller interner Widersprüche bei Hofe und bei der Regierung.

Marie Sophie war zum Beispiel für eine konstitutionelle Regierung, aber sie wollte nichts von Verträgen mit den verhaßten Savoyern hören und wies natürlich auch nur jede Möglichkeit eines Konfliktes mit dem Land, dessen Kaiserin ihre Schwester Elisabeth war, zurück. Filangieri hingegen liebäugelte mit der Idee einer Wiederannäherung an Napoleon III., an England und auch an Piemont.

Eine komplizierte Situation, wie man sieht, erschwert durch die Tatsache, daß der König nicht im geringsten beabsichtigte, einen genauen Standpunkt einzunehmen. Schicksalergeben und resigniert lavierte er zwischen den beiden »Parteien« und vermied es, sofern das möglich war, irgendwelche Verantwortungen zu übernehmen. Wie es ihm in schwierigen Momenten passierte, flüchtete er immer öfter zum Beten ins »Zimmer der Heiligen«. Andererseits war er ernstlich davon überzeugt, daß die Geschicke seines Königreiches ausschließlich von der göttlichen Vorsehung abhingen. Und ihr vertraute er vor allem und zeigte sich immer eifriger in seinen religiösen Praktiken, bis hin zu echter Bigotterie.

»Ich gebe nichts aufs Leben und auch nicht auf das Königreich«, vertraute er eines Tages Carlo Filangieri an. »Ich glaube an das, was geschrieben steht: *Dominus dedit, Dominus abstulit,* das heißt Gott gibt, Gott nimmt.«

Die Rolle des Königs gefiel ihm nicht. Sie war für ihn nur eine schmerzliche Pflicht. »Gott, was wiegt diese Krone schwer!« wiederholte er oft. »Gott, wie sind diese Ehren lästig.«

Wenn er nicht mit Marie Sophie, die er weiterhin tief, wenn auch nur ganz platonisch, liebte, beisammen war, fand Franz nur Erleichterung, wenn er sich in asketische Lektüren vertiefte. Er las keine anderen Bücher. Geschichte, zum Beispiel, war ihm »mündlich« von Pater Ferretti beigebracht worden. Es war deshalb unvermeidlich, daß er, trotz des Einflusses seiner Gattin, weiterhin unter der geistigen Herrschaft seines Beichtvaters, Monsignore Borrellis, stand, der ihm, inspiriert von der Königinmutter, gegenüber allen Andersdenkenden vorsätzliche Unversöhnlichkeit und sogar Mißtrauen einprägte.

Gerade diese Unterwerfung gegenüber seinen konfessionellen und österreichfreundlichen Beratern ließ Franz eine historische Gelegenheit versäumen, die es ihm ermöglicht hätte, sein Königreich zu retten und sogar die Entwicklung des Risorgimento zu ändern.

Um besser zu verstehen, was geschah, wird es günstig sein, sich daran zu erinnern, daß zu diesem Zeitpunkt, während der zweite Unabhängigkeitskrieg mit der Gewißheit eines franko-piemontesischen Sieges seinem Ende zuging, die expansionistischen Ambitionen der Turiner Regierung noch auf den mittleren Norden der Halbinsel beschränkt waren. Die Idee, ganz Italien zu einem einzigen unabhängigen Staat zu vereinigen, wurde nur als Traum der üblichen von den Worten Mazzinis und Garibaldis begeisterten Utopisten betrachtet. Viel realistischer trieb Camillo Benso di Cavour seine eigenen Ambitionen nicht weiter als bis südlich der Toskana. Er plante hingegen die Schaffung von nur drei unabhängigen und untereinander verbündeten Staaten auf der Halbinsel: das savoyische

Königreich, den Kirchenstaat und das Königreich von Neapel. Nach der Thronbesteigung Franz' II. und vor allem nach der Ernennung Prinz Filangieris zum Regierungschef, dessen Ideen und die persönliche Freundschaft, die ihn mit Napoleon III. verband, er kannte, hielt Cavour den Augenblick für gekommen, seinen Plan zu verwirklichen. Ohne Zeit zu verlieren, sandte er also als seinen persönlichen Vertreter Graf Salmour, einen geschickten Diplomaten, der die französische Sprache beherrschte und französisch erzogen worden war und dem der piemontesische Staatsmann blind vertraute, nach Neapel.

Das »Paket« mit den Vorschlägen Cavours, das Graf Salmour auftragsgemäß dem König von Neapel überreichen sollte, kann kurz folgendermaßen geschildert werden. Im Vorwort wurden die künftigen Grenzen des neuen Italien gezogen und dem Königreich von Neapel die Städte Perugia und Ancona (die damals zum Kirchenstaat gehörten) angeboten. Dann kamen folgende Bedingungen: enge Gemeinschaft im Denken und im Tun zwischen den Höfen von Neapel und Turin; Beteiligung, wenn auch nur formell, der Neapolitaner am Unabhängigkeitskrieg, der noch gegen Österreich im Gange war; Bildung einer Angriffs- und Verteidigungsliga mit gegenseitiger Zusicherung der Integrität der beiden Staaten; Gewährung von gerechten und liberalen Reformen, um die Erwartungen der Untergebenen zu befriedigen; Amnestie für die politischen Verbannten; daß die Verfassung von 1848 gültig bleiben, jedoch erst bei Kriegsende in Kraft treten sollte; Neutralisierung der Exkönigin Maria Theresia und ihrer österreichfreundlichen Minister.

Der erste, der den Inhalt des »Pakets« kennenlernen sollte, war Carlo Filangieri, der, wenn ihm auch die Schwierigkeiten seines Gelingens nicht verborgen blieben, seine Mitwirkung mit Unterstützung der Minister Frankreichs und Englands, die das Projekt schon kannten, versprach.

»Der Punkt, der mir die meisten Sorgen bereitet«, sagte

Filangieri zu Salmour, »ist der Vorschlag, gegen Österreich Krieg zu führen. Vergeßt nicht, daß unser König der Schwager Franz Josephs ist und daß Königin Marie Sophie ihrer Schwester Elisabeth sehr zugetan ist.«

»Auch unser König ist mit den Habsburgern verwandt«, konterte Salmour sofort. »Dennoch ...« Für den zynischen Gesandten des noch zynischeren Cavour stellte bei Staatsgeschäften die Blutsverwandtschaft der Gegner kein Problem dar.

»Ihr kennt unseren König nicht«, meinte der alte Prinz resigniert.

Es war jedenfalls nicht die Hypothese, gegen Österreich Krieg zu führen, die das ambitionierte Projekt Cavours zum Scheitern brachte. Es genügte das Vorwort. Als Franz den Vorschlag hörte, daß er die Grenzen seines Königreiches über den Tronto hinaus erweitern sollte, riß er die Augen weit auf, als ob er eine Gotteslästerung gehört hätte. Er sprang aufgeregt und heftig auf, dann sagte er: »Was sagt Ihr? Das gehört dem Papst!« Dann lehnte er mit einer solchen Verachtung das »Paket« Cavours ab, daß sich Filangieri verpflichtet sah, ihm stante pede seine Abdankung zu präsentieren.

Das Schicksal des Königreiches Neapel war besiegelt. Graf Salmour kehrte geschlagen nach Turin zurück, keineswegs getröstet durch die hohe Auszeichnung mit dem San-Gennaro-Orden, den ihm Franz II. vor seiner Abreise verliehen hatte.

Durch einen persönlichen Brief des Königs als Regierungschef zurückberufen, nimmt der Prinz von Satriano jedenfalls seine schwierige Arbeit wieder auf. Er ist noch überzeugt davon, daß es ihm gelingen würde, irgend etwas zuwege zu bringen, auch wenn er sehr viel mehr auf die Mitwirkung Marie Sophies als auf die des naiven Franz hofft. So gelingt es Filangieri trotz der bereits offenen Feindlichkeit der »österreichischen Partei«, einige lobenswerte Aktionen der Regierung zu verwirklichen. Er lockert den polizeilichen Zugriff, er wagt einige Reformen, und als guter Militärfachmann versucht er auch, das Heer zu reorganisieren. Aber sogar auf diesem Gebiet wird die Opposition der hohen Militärränge sofort fühlbar. Es nützt nicht einmal, daß Marie Sophie zur Unterstützung des Versuchs des Premierministers eigenhändig die neue Standarte der Garde stickt und daß sie anläßlich der Übergabe betont, daß nur ein nationales Heer, ohne Söldner, die Verteidigung der Grenzen des Königreiches sicherstellen kann.

Es ist ein stummer Kampf, der in jenem Sommer 1859 bei Hofe gekämpft wird. Stumm und hart. Die »österreichische Partei«, das ist Maria Theresia, erlebt immer alarmierter die langsame, aber fortschreitende Eroberung des Gemüts des Herrschers durch die Königin. Marie Sophie steht mit Filangieri im Bund zum Entwurf eines Verfassungsprojektes, das die wirkliche Macht in Händen des Königs belassen sollte. Ihre Übereinkunft sollte geheim bleiben, doch, wie wir wissen, haben die Wände des Königsschlosses Augen und Ohren. Die Komplotte häufen sich deshalb.

Marie Sophie, die auch in diesem Fall Geschicklichkeit im Schmieden von Komplotten zeigte, überzeugt ihren Mann mit Erfolg. »In meinem Land, in Bayern«, erklärt sie Franz, »ist die Verfassung seit elf Jahren in Kraft, und trotzdem geht alles gut. König Maximilian wird geliebt und gefürchtet. Andererseits«, fügt sie hinzu, »ist die Monarchie eine zu starke Institution, als daß sie das Parlament fürchten müßte, während es die Verfassung gestatten würde, auch die Fortschrittlichen um den Thron zu scharen und so zu verhindern, daß der Konstitutionalismus ein Monopol der Savoyer bleibt.«

Franz schien schließlich überzeugt zu sein. Glücklich über das Ergebnis teilt Marie Sophie Filangieri mit, daß der Augenblick gekommen ist, ihm das von ihm vorbereitete Projekt vorzustellen.

Aber nun überstürzen sich die Ereignisse. Maria Theresia ist nicht untätig geblieben. Sie hatte sich keineswegs damit abgefunden, die Macht zu verlieren, und hat ein Komplott geschmiedet, das die Absetzung Franz' und die Thronbesteigung ihres Erstgeborenen, Luigi Graf von Trani, vorsieht. An der Verschwörung, deren genauere Ziele auf Franz' eigenen Wunsch niemals geklärt werden sollten, waren Generäle, Würdenträger des Hofes und viele Kleriker beteiligt. In einigen Städten tauchten auch bedrohliche Mauerinschriften auf, die den neuen König »Luigi I.« verherrlichten.

Franz wird über die Vorfälle am Morgen des 4. September informiert, am selben Tag, an dem ihm Filangieri offiziell den Verfassungsentwurf hätte überreichen sollen. Seine Reaktion ist die eines verängstigten Kindes. Als Prinz von Satriano mit dem Dokument erscheint, weist er dieses, ohne es zu lesen, zurück.

»Papa hatte wirklich recht«, meint er: »Verfassung ist gleich Revolution.«

Marie Sophie gibt nicht auf. Wie immer scheinen schwierige Situationen ihr natürliches Element zu sein. Sie ruft Filangieri zu sich und befiehlt ihm, die Beweise für die Beteiligung der Königinmutter an der Verschwörung zu sammeln, was der Regierungschef bereits besorgt hatte. Also läßt sie sich den Akt geben und stürzt in das Arbeitszimmer ihres Gemahls.

»Hier sind die Beweise für Madames Verrat«, schreit sie und wirft die Papiere auf den Tisch.

Franz ist sehr bleich. Er möchte dringend ins »Zimmer der Heiligen« flüchten, aber er muß der jungen und wütenden Gemahlin die Stirne bieten.

»Beruhige dich, Sofi. Beruhige dich«, stammelt er. Sie aber wirft ihm flammende Blicke zu.

»Aber das war ein Komplott, François«, erwidert sie wütend. »Madame wollte ihren Sohn Luigi an deinen Platz stellen!« Er will nicht verstehen. Er ist verängstigt, erschüttert und geht schwerfällig im Zimmer herum.

»Und nun, Sofi?« fragt er gestikulierend. »Sag mir, was ich tun soll ...«

»Bestrafe sie, Lasa, bestrafe sie!« ruft sie, den Akzent der Schwiegermutter nachäffend. Franz reißt bestürzt die Augen auf, faltet die Hände und blickt zur Decke hinauf.

»Jesus, Jesus«, stammelt er. »Aber wie kann ich so etwas tun, Sofi? Sie ist die Frau meines Vaters!« Dann sammelt er die auf dem Tisch verstreuten Papiere ein und wirft sie in den Kamin.

Von diesem Moment an wurde über das Komplott nicht mehr gesprochen. Franz verfügte tatsächlich, daß keine Untersuchung durchgeführt werden sollte. Natürlich wurde auch vom Verfassungsentwurf, den Filangieri vorbereitet hatte, nicht mehr gesprochen. Die »österreichische Partei« hatte gesiegt.

An den darauffolgenden Tagen beschwerte sich Maria Theresia beim König über das Vorgefallene und schwor ihm unter Tränen, daß die gegen sie erbrachten Beschuldigungen teuflische Verleumdungen waren, von den Liberalen erfunden, um den Zusammenhalt in der königlichen Familie zu schwächen. Franz schenkte ihr wahrscheinlich Glauben. Es war nicht sehr schwer, ihn zu täuschen. Nachdem sie sich auf dieser Seite abgesichert hatte, versäumte es die alte Königin nicht, Nutzen daraus zu ziehen. Als sie Filangieri im Königsschloß traf, tat sie so, als würde sie ihm ins Gesicht spucken, dann ließ sie ihm die Türe ins Gesicht fallen.

Besiegt und enttäuscht präsentierte der alte Prinz von Satriano dem König seine Abdankung. Dieses Mal unwiderruflich. Er zog sich in der Tat endgültig in seine Villa in Pozzopiano zurück. An seine Stelle berief Franz den Prinzen von Cassano, einen Reaktionär und persönlichen Freund Maria Theresias.

Marie Sophie beschränkte sich darauf, die verhaßte und intrigante Schwiegermutter nicht mehr zu grüßen.

VIII

DIE LANDUNG DER TAUSEND KAM NICHT ÜBERRASCHEND

»Majestät, das Schiff sinkt, doch niemand macht sich Sorgen darüber«, hatte Carlo Filangieri im Augenblick des Abschieds zu ihr gesagt. »Warum sollte ich armer Mann es tun?«

»Aber der König braucht Euch, Prinz«, hatte Marie Sophie insistiert. »Ihr könnt ihn nicht allein lassen mit diesen …«

»Der König braucht alle und niemanden«, hatte der alte Minister untröstlich geantwortet. »Er hört auf zu viele Leute, er versucht, es allen recht zu machen, und macht es so niemandem recht.« Filangieri hätte gerne mehr hinzugefügt. Zum Beispiel, daß er den Sturm herannahen sah und daß er dieses Kind auf dem Thron für absolut unfähig hielt, diesem zu begegnen. Für ihn war in der Tat das Schicksal des Königreichs besiegelt. In Anbetracht der allgemeinen Lage gab es seiner Meinung nach keine Möglichkeit mehr, diese zu ändern. Aber diese Betrachtungen behielt Filangieri für sich, um sie dann seinem Tagebuch anzuvertrauen.

»Leider«, beschränkte er sich darauf, beim Abschiednehmen zu sagen, »hat Franz nicht das Temperament seines königlichen Vaters.«

Marie Sophie war bekümmert, daß sie der einzige Freund, dem sie vertraute, verlassen hatte. Aber auch in dieser Bedrängnis siegte ihr jugendlicher Überschwang. Eingedenk der nicht gerade väterlichen Ratschläge, die ihr der »gute Herzog

Max« von Kind an in den Kopf gesetzt hatte, versuchte die junge Herrscherin, im Prunk des Hoflebens die Schatten der Melancholie, die politischen Enttäuschungen und die Verbitterung über ihre Ehe zu ertränken.

Glänzend, verführerisch, immer schöner stand die jungfräuliche Königin (denn das war sie noch ein Jahr nach ihrer Hochzeit) im Mittelpunkt des aufblühenden Gesellschaftslebens, das man in Neapel auf Wunsch des verdrießlichen Ferdinand und vor allem der düsteren Maria Theresia vergessen hatte. Empfänge, Galavorstellungen, Bälle und öffentliche Zeremonien wechselten sich in dichter Folge in der Hauptstadt ab, ohne daß jemals die königliche Familie und ihr zahlreiches Gefolge dabei gefehlt hätten.

Wie Michele Topa, einer der aufmerksamsten Historiker auf bourbonischer Seite, erzählt, war die Antwort auf die politische Unbeweglichkeit, welche die kurze Regierung Franz' II. charakterisierte, diese Explosion des Gesellschaftslebens. Gleichsam, als ob nicht nur die unzufriedene Königin, sondern auch der ganze parthenopeische Adel sich betäuben und die dunklen Vorzeichen, die über der Zukunft des Königreichs lagen, aus den Gedanken vertreiben wollten.

Auch der bigotte Herrscher zeigte sich dem Wiederaufblühen des Hoflebens geneigt und befolgte diesbezüglich, aber nur hier, nicht die strengen Prinzipien, die seinem Vater eigen gewesen waren. Es ist auch leicht, sich vorzustellen, mit welcher Freude diese Rückkehr zur alten Festtradition von denen, die gravitätisch um den Thron herumstolzierten, begrüßt wurde.

Es war in diesem kurzen Zeitabschnitt, daß im San Carlo die berühmtesten Tänzerinnen der Zeit Furore machten, wie die Steffenoni, die Spezia, die Salvini und die Boschetti, die vielen jungen Männern und nicht jungen Patriziern die Herzen entflammten. In Amina Boschetti, eine Carla Fracci ihrer Zeit, verliebte sich rettungslos der Graf d'Aquila, der Onkel des Königs und ein berühmter *homme à femmes*, der einige Monate später auch versuchen wird, den naiven »Franceschiello« vom Thron zu verdrängen.

Da in Hofkreisen alle über die »geringe« Männlichkeit des Herrschers auf dem laufenden waren, ließen natürlich Indiskretionen und Tratschereien in bezug auf die äußerst lebhafte Marie Sophie, die immer öfter, umgeben von jungen ehrerbietigen und galanten Offizieren, in der Öffentlichkeit erschien, nicht auf sich warten. Die erste, die schlecht über sie sprach, war die Königinmutter gewesen. Maria Theresia hatte nie ein Geheimnis daraus gemacht, daß sie den Lebenswandel der jungen Schwiegertochter, ihre kecke Koketterie und ihre bedauerliche Gewohnheit, lange in Gesellschaft der wenigen mutigen Kavaliere, denen es gelang, mit ihr Schritt zu halten, auszureiten, mißbilligte.

In Wirklichkeit hatte Marie Sophie außer einigen unschuldigen Flirts während der neapolitanischen Zeit keine Geliebten, auch wenn man ihr einen ganz besonders andichtete: den Botschafter Spaniens, Don Salvador Bermúdez de Castro.

Dieser war ein Militär außer Dienst, sehr kaltblütig und wahnsinnig stolz und hielt sehr viel auf seine eigene Person. Obwohl er bescheidener Herkunft war, hatte er sich auf den Schlachtfeldern Ruhm und Reichtum erkämpft. Königin Isabella hatte ihn zum Marquis von Lema ernannt, dann hatte sie ihn als Vertreter der spanischen Krone nach Neapel geschickt.

Sympathisch, lebhaft, ein bißchen prahlerisch hatte es Bermúdez, der auch sehr geschickt darin war, seine eigenen Interessen zu verfolgen, nicht verfehlt, die Bewunderung Franz' für sich zu gewinnen, dessen persönlicher Freund er schon vor dessen Thronbesteigung geworden war. Nach seiner Proklamation zum König wollte Franz ihn für seine Freundschaft belohnen und ernannte ihn zum Herzog von Ripalta. Nun war der Marquis-Herzog Bermúdez de Castro mit noch nicht 40 Jahren einer der einflußreichsten Männer bei Hofe und einer der meistbewunderten in der Gesellschaft.

Marie Sophie, die in ihrem langen Leben immer die Gesellschaft von Tatmenschen der von Intellektuellen und Dichtern vorziehen sollte, konnte nichts anderes als Sympathie fühlen für diesen heißblütigen Hidalgo, der immer die Hand am Griff des Säbels zu haben schien, um ihn beim Herannahen des geringsten Unrechts zu ziehen.

»Bermúdez hat das Zeug zum Freibeuter«, sagte sie für gewöhnlich, um ihre Bewunderung zu rechtfertigen.

Die Königin achtete nicht auf das Gerede, weil sie sicher war, ihrem Gemahl, der Bermúdez blind vertraute, nicht zu mißfallen, und erfreute sich der Gesellschaft des verführerischen Ministers von Spanien, genoß seine antikonformistische Konversation, empfing ihn gerne bei Hofe und kreuzte oft mit ihm das Florett oder zog ihn als Begleiter bei ihren langen befreienden Ausritten vor.

Waren sie auch ein Liebespaar? Wahrscheinlich nicht. Nur daß man der jungen Königin eine offen gesagt übermäßige Freizügigkeit der Sitten nachsagen muß. Einige Zeit später wird Bermúdez tatsächlich während des römischen Exils eine stürmische Liebesgeschichte mit der Schwester Marie Sophies, Gräfin Mathilde, erleben, die inzwischen die Gattin des Luigi von Trani, des Stiefbruders von Franz, geworden war. Marie Sophie wird Zeugin und Komplizin dieser ehebrecherischen Beziehung sein und gleichzeitig ihre Freundschaft mit dem feurigen südländischen Verführer aufrechterhalten.

Am 1. Januar 1860, wenige Monate vor der Katastrophe, erlebte Neapel einen festlichen Tag. Im Schloß fand die »Handkuß-Zeremonie« statt, und die Straßen, die zum Schloß führten, sowie der Platz davor waren voller Menschen. Eine ungeheure und laute Menschenmenge schaute voll Bewunderung zu, wie die Galakarossen vorbeifuhren, die Minister und Diplomaten, Prälaten und Offiziere zum Hofe brachten. Franz und Marie Sophie saßen im Thronsaal und nahmen lächelnd und höflich die Ehrerbietung der Honoratioren des Königreiches entgegen. Das Fest fand am Abend seinen Abschluß im San Carlo, wo eine großartige Aufführung gegeben wurde, über die das *Giornale Ufficiale* den folgenden Bericht schrieb: »Bei ums Fünffache verstärktem Kerzenlicht war es schön, in allen Logenrängen und im ganzen glänzenden Parkett prächtige Toiletten, Uniformen, Orden, kostbaren und unendlich verschiedenartigen Schmuck, mit dem sich der Rang, der Prunk, die sozialen Unterschiede, die Mode, die Würde, die Schönheit bei solchen Anlässen pompös ausdrücken, zu sehen.«

Am 16. Januar fand in Neapel ein weiteres Fest statt; man feierte den Geburtstag Seiner Majestät Franz' II., der 24 Jahre alt wurde. Und noch ein großes Fest wurde zwei Tage später in Castellamare di Stabia zum Stapellauf der *Borbone*, einer ganz modernen, mit 60 Kanonen bewaffneten Dampffregatte, gefeiert. Franz und Marie Sophie, die sehr elegant gekleidet war und immer mehr bewundert wurde, waren anwesend. Die Zeremonie war wundervoll, auch wenn die klassische Champagnerflasche, die erst beim zweiten Versuch zerbrach, einiges Gemurmel und die üblichen Bannungsgesten hervorrief. Jedenfalls bewunderten alle das wunderschöne Schiff, das ins Meer gelassen wurde, um das bereits mächtige neapolitanische Schiffsgeschwader zu verstärken. Niemand konnte sich in diesem Augenblick des großen Jubels vorstellen, daß einige Monate später die *Borbone* unter dem neuen Namen *Garibaldi* ihre Kanonen gegen die Festung von Gaeta, den letzten Zufluchtsort von Franz und Marie Sophie, richten würde.

Besonders feierlich wurde in diesem Jahr auch die Karwoche begangen. Das Königspaar und die Prinzen, alle in Trauer, gingen zu Fuß vom Schloß in die Basilika von San Francesco di Paola, wo der König mit eigenen Händen die Fußwaschung an Armen vornehmen wollte. Mit einer Demut, die seinem Glauben entsprach, wusch der fromme Franz vor den Augen der sichtlich angeekelten Marie Sophie einem Dutzend Bettlern sorgfältig die Füße. Nach über einem Jahr des ehelichen Zusammenlebens war es der Königin noch nicht gelungen, diesen seltsamen Gemahl, der so anders war als der Mann, den zu heiraten sie sich erträumt hatte, zu verstehen. Heuchlerisch durch Erziehung, durch sein Naturell zum Doppelspiel neigend, war Franz für seine junge Frau ein Rätsel. Jedoch resignierte sie nicht – wie es Filangieri getan hatte – und gab ihn nicht für unwiederbringlich verloren.

»Es war Schicksal«, wird in diesen Tagen »Zi Popò« von Syrakus, der Bruder Ferdinands, sagen, »daß die Dynastie Carlo III. mit einem Trottel enden mußte.« Marie Sophie dachte nicht so, und deshalb wuchs in ihrem Herzen von Tag zu Tag die Mißbilligung für jenen Mann, der ihrer Meinung nach nur unfähig war, sich von seinem Zögern und seinen Vorurteilen wegen eines Fehlers, den sie für unverzeihlich hielt, nämlich die physische Angst, zu befreien.

Franz war schüchtern, ängstlich, ausweichend und undurchdringlich, er war wirklich kein Trottel, als den die Geschichtsschreibung des Risorgimento ihn immer zu zeichnen versucht hat. Oder jedenfalls nicht blöder als andere Herrscher seiner Zeit, die ja auch glücklich regierten. Im geeigneten Augenblick wird er auch Lichtstrahlen von Intelligenz und Mut, wenn auch immer durch seine resignierte Ironie verhüllt, zeigen. Also, das wirkliche Problem des Königreiches von Neapel war nicht Franz, sondern die Menschen, die ihn umgaben. Außer Filangieri erblickte man nicht einen, der, sagen wir nicht, das Zeug zum Staatsmann, aber doch wenigstens ein unverzichtbares Minimum, das von einem Mann der Regierung gefordert wird, oder Kultur, Intelligenz, Loyalität gehabt hätte. Franz war umgeben von einer Menge von Höflingen und Generälen, die ungebildet waren, unfähig, korrupt, zynisch und bereit zum Verrat, um sich selbst zu retten. »Denen darfst du nicht den Orden von San Gennaro verleihen«, wird seine Gemahlin zu ihm sagen, während er eifrig darum bemüht ist,

Orden zu verteilen, als die Gefahr schon nahe ist,»sondern den Orden des Rette sich, wer kann!«

Inzwischen ist das übrige Italien am Siedepunkt angelangt. Piemont, dessen König (von seinem Intelligenzquotienten her nicht viel besser als sein neapolitanischer Cousin) das Glück hat, einen Staatsmann wie Cavour zur Seite zu haben, ist völlig in einer Expansionsphase begriffen. Nach der militärischen Besetzung der Lombardei hat es sich nun mit getürkten Volks-abstimmungen auch ganz Mittelitaliens bemächtigt. Die Annexion der Toskana, der Emilia und der Romagna hat in der Diplomatie viel Aufsehen erregt. Papst Pius IX., eines Teils seiner Territorien enteignet, hat die Usurpatoren exkommuniziert.

Mehr als die Erweiterung der Grenzen des sardischen Königreiches war es der Akt der Exkommunikation, der Franz am meisten beeindruckt hat. Jetzt hat er noch einen Grund, die *Antichristen* des Nordens zu hassen. Doch was ihn aus seiner religiösen Einstellung aufrüttelte, war, daß Mitte März hämmernder Glockenklang aus dem Kloster Grancia in Palermo zu ihm drang. Es handelte sich um einen Revolutionsversuch von den sizilianischen Liberalen unter der Führung eines Mannes aus dem Volk, Francesco Riso, und eines Intellektuellen, Rosalino Pilo, der zu diesem Zweck aus der Schweiz gekommen war, wo Giuseppe Mazzini sein Hauptquartier errichtet hatte. Die Aufstände verbreiten sich auf der ganzen Insel, aber der Polizei, die von zwei Spionen informiert worden war, gelingt es, sie blutig zu unterdrücken. Bei dieser Gelegenheit findet der schwache Franz die traditionelle bourbonische Unbarmherzigkeit wieder. Auf seinen Befehl hin werden 13 Patrioten nach einem oberflächlichen Prozeß erschossen. Dann antwortete er dem Präfekten von Palermo, der ihm die Listen mit den »Verdächtigen« überreichte und diejenigen, die der König begnadigen könnte, bezeichnete, brüsk:»Ich will nur drei Listen: die, die ins Zuchthaus geschickt werden sollen, diejenigen, die bis zu

Marie Sophie, Prinzessin in Bayern und spätere Königin von Neapel-Sizilien, in jungen Jahren.

(ÖNB)

Elisabeth, Kaiserin von Österreich,
die Schwester und engste Vertraute Marie Sophies.

(Verlag Styria)

Herzog Maximilian in Bayern, der gute Herzog Max.
Der Vater Marie Sophies residierte in Possenhofen
am Starnberger See.

(Verlag Styria)

Maximilian II. Joseph, König von Bayern 1848–1864,
war ein Förderer von Kunst und Wissenschaft.

(Verlag Styria)

*Erzherzog Franz Karl mit seiner Gattin Erzherzogin Sophie,
die eine wichtige Position am Wiener Hof einnahm.*

Erzherzog Ferdinand Maximilian,
dessen Abenteuer als Kaiser von Mexiko 1867
tragisch endete.

(ÖNB)

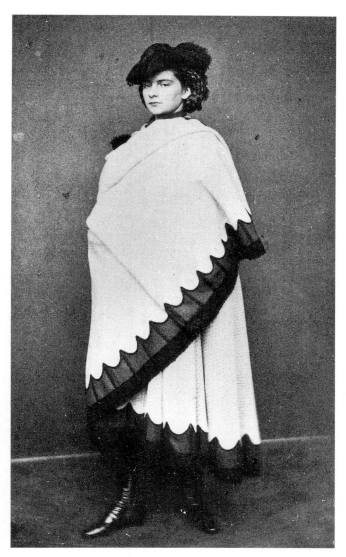

Marie Sophie, die Heldin von Gaeta.
Porträtaufnahme um 1860.

(Archiv für Kunst und Geschichte, Berlin)

Die französische Kaiserin Eugénie, Gattin Napoleons III.,
spielte eine glanzvolle und politisch bedeutsame Rolle.

(ÖNB)

einem neuen Befehl in den Kerker kommen sollen, und die, die ins ewige Exil geschickt werden sollen!« In der Folge, als er einen Polizeibericht erhält, nach welchem ein Richter aus Palermo sich zu einigen Worten des Tadels über das grausame Vorgehen der Agenten hatte hinreißen lassen, schreibt er eigenhändig unter das Dokument: »Man arrestiere ihn, man lege ihm Handschellen an und begleite ihn zu Fuß nach Trapani, wo er dann eingeschifft werden und auf die Insel Pantelleria gebracht werden soll.«

Die sizilianischen Aufstände sind nur das Vorspiel des Sturmes, der sich gerade auf der Insel entfesselt. Aber es ist nicht wahr, daß ihn die neapolitanische Regierung nicht vorausgesehen hätte. Franz war bis in jede Einzelheit informiert über die Vorbereitungen, die Garibaldi in Ligurien mit der diskreten Unterstützung der Regierung von Turin traf. Er kannte ungefähr das Datum, an welchem die Landung der Tausend stattfinden sollte, er wußte um das Bestehen der Bande der »Filibustieri« (Freibeuter – so werden später die Garibaldianer in den offiziellen Akten genannt) und sogar den Ort, wo Garibaldi zu landen beabsichtigte. Gedrängt von der Königinmutter und Marie Sophie, einmal in der Verfolgung eines gemeinsamen Ziels verbündet, übernimmt Franz persönlich die Leitung der Verteidigungsmaßnahmen. Die von ihm diktierten Verfügungen in bezug auf die Truppenbewegungen und die Schiffswachdienste zeigen vernünftige Überlegung und militärische Kompetenz. Wenn dann, wie wir wissen, diese Verfügungen von den Kommandos nicht beachtet werden, kann man ganz gewiß dem jungen König keine Schuld daran geben.

Wenigstens auf der Karte hatte der König beider Sizilien gute Gründe, ruhig den sich nähernden Ereignissen entgegenzusehen. Die Überwachung der Küsten war gesichert, die in Sizilien stehenden Militärverbände befanden sich in Alarmstufe. Außerdem hatte Franz zu diesem Zeitpunkt das oberste Kommando über das Heer, das zahlreicher war als das irgendeines

anderen italienischen Staates einschließlich des piemontesischen: 93.000 Mann, ohne die schweizerischen und bayerischen Regimenter mitgezählt. Er verfügte auch über die mäch-
tigste Flotte des Mittelmeeres: elf Fregatten (darunter die ganz
moderne *Borbone*), fünf Korvetten, sechs Brigantinen und
weitere kleine dampfbetriebene Einheiten sowie zwei Schiffe
mit 84 Kanonen, zwei Briggs mit 18 Kanonen und viele Segel-
schiffe verschiedener Typen. Das Geschwader hatte seinen
Schwager Luigi, den Grafen von Aquila, zum obersten Befehls-
haber, der sich jedoch mit allem befaßte (besonders mit Amina
Boschetti), nur nicht mit Dingen der See …

Um dieses imposante Heer, dem das Schicksal des größten
italienischen Staates anvertraut ist, anzugreifen, lichten am
5. Mai 1860 in Quarto bei Genua zwei Dampfschiffe mit der
heterogensten »Brancaleone-Armee«, an die sich die Geschichte
erinnert, die Anker. Bei der Abfahrt singen sie eine para-
phrasierte ironische Hymne *(Wir waren einmal dreihundert,*
wir waren jung und stark …). Sie sind tatsächlich 1089 einschließlich ihres Anführers. Sie kommen vor allem aus Ber-
gamo, Genua, Brescia und Pavia, aber es sind auch 46 Neapolitaner dabei und ungefähr 50 Sizilianer. Unter ihnen ist nicht
ein Bauer, dagegen zählt die »Armee« 150 Anwälte, 100 Medi-
zinstudenten, 100 Kaufleute, 50 Ingenieure, 20 Chemiker, ungefähr 30 Kapitäne, Grundstückseigentümer, Karrierebeamte,
Schriftsteller, Journalisten und sogar drei aus dem Priesterstand
ausgetretene Priester. Es fehlen nicht die Vertreter des Auslan-
des: Da gibt es tatsächlich Ungarn, Polen, Engländer und sogar
einen Türken. Nur 150 von ihnen tragen das rote Hemd, die
anderen sind bürgerlich gekleidet, viele haben einen Zylinder
auf. Die Kasse der Tausend enthält bei der Abfahrt von Quarto
50.000 Lire. Bei der Ankunft werden noch 20.000 übrig sein!
Die ganze Überfahrt kostet 30.000 Lire! Weder Offiziere noch
Mannschaft hatten ein Recht auf Bezahlung. Jeder sorgte für
sich selbst. Die Genueser und Bergamasker hatten das meiste

Geld und halfen den ärmeren Kameraden. Auch die Bewaffnung war gering. Außer den beiden berühmten von Orbetello abgezogenen Artilleriestücken waren die »Filibustieri« mit alten Vorderladern (sie brauchten zwei bis zehn Kapseln für einen einzigen Schuß) bewaffnet. Nur die 200 Genueser Carabinieri unter Mosto und Bixio besaßen moderne Karabiner.

So beginnt das garibaldianische Abenteuer, ein modernes *Chanson de geste* mit einem absolut unvorhersehbaren Ausgang.

IX

»VOILÀ L'ARMÉE
DU ROI DE NAPLES EN SICILE!«

»Da sieht man, was sie von unserem ruhmreichen Heer halten!« rief Marie Sophie erzürnt und zeigte auf eine im *Charivari*, einer kleinen satirischen Zeitung, die in jenen Tagen der großen Verwirrung in Neapel verbreitet wurde, veröffentlichte Karikatur.

Bevor er das Bild ansah, schluckte Franz mißmutig das letzte in Milch getauchte Biskuit. Sie aßen gerade ihr gewohntes leichtes Frühstück. Beide aßen sehr wenig: sie, weil sie besessen war von der schlanken Linie, er wegen andauernder Magenprobleme.

Die vom *Charivari* veröffentlichte Karikatur war grausam, jedoch nicht unverdient. Unter dem Titel *Voilà l'armée du roi de Naples en Sicile!* wurde eine Armee gezeigt, in der die Soldaten Löwenköpfe hatten, die Offiziere Eselsköpfe, und die Generäle waren überhaupt kopflos.

»Wer von diesen Idioten weiß schon, wer der General Landi ist«, meinte Franz mit bitterer Ironie.

»Er kann nicht dabei sein«, erwiderte Sophie. »Er folgt der Armee in der Kutsche.«

»Landi ist alt, Sofi«, versuchte Franz ihn zu rechtfertigen. »Er ist 72 Jahre alt.«

»Und es kommt dir richtig vor, das Kommando über das

Heer einem General anzuvertrauen, der so alt ist, daß ihn seine Prostata sogar daran hindert, ein Pferd zu besteigen?«

»Er war an der Reihe, Sofi«, erklärte ihr Franz resigniert. »In meinem Heer verschafft einem das Alter den Rang.«

»Du warst an der Reihe, Franz«, betonte Marie Sophie hart. »Die Wittelsbacher«, fügte sie mit einer jähen Anwandlung von Stolz hinzu, »erobern ihre Throne und verteidigen sie zu Pferd mit dem Schwert in der Hand!«

»Aber ich bin kein Wittelsbacher«, entschuldigte sich der Herrscher lächelnd. »Ich bin ein Bourbone ...«

»Besteige ein Pferd, Franz«, drängte Marie Sophie. Ihr Ton war nun fast flehend. »Ich werde mit dir kommen. Ich werde an deiner Seite reiten. Deine Anwesenheit wird die Soldaten elektrisieren, und diese verfluchten ›Filibustieri‹ werden ins Meer zurückgejagt werden!«

Franz war diese Rede gewöhnt. Seit dem 11. Mai, als ein Telegramm des Prinzen von Castelcicala dem König die Landung der Garibaldianer in Marsala angekündigt hatte, wurde Marie Sophie nicht müde, es zu wiederholen. Aber er war nicht dieser Meinung.

»Ich kann Neapel nicht verlassen, Sofi«, erwiderte Franz müde. »Alle meine Minister denken so. Sie sagen, daß der Weltuntergang ausbrechen würde.«

Marie Sophie schüttelte untröstlich den Kopf. »Höre nur weiter auf diese Feiglinge«, zischte sie. »Wir werden die ›Filibustieri‹ bei uns unter dem Bett finden.« Dann verließ sie das Speisezimmer, ohne die Königinmutter, die der Szene still und versteinert beiwohnte, eines Grußes zu würdigen.

In jenen Tagen war alles mögliche passiert. Die tausend »Filibustieri« Garibaldis waren in Marsala ohne Blutvergießen gelandet. Und doch hatte es sich nicht um eine Überraschung gehandelt. Die Landung war tatsächlich vorausgesehen worden. 14 Einheiten der neapolitanischen Flotte kreuzten entlang der Küste, während die 25.000 auf der Insel stationierten Männer in verschiedene Züge aufgeteilt und in Richtung der wahrscheinlichen Landepunkte in Bewegung gesetzt worden waren. Der stärkste Zug (3000 Mann und vier Haubitzen), dem Kommando des Generals Landi anvertraut, hatte den Befehl erhalten, »eine Landung von Emigranten zu verhindern, die laut Gerüchten entlang des Küstenstreifens zwischen Mazzara und Capo San Vito stattzufinden beabsichtigt wurde«, das heißt, im Gebiet, wo die Garibaldianer landen sollten. Nur, als der Zug, mit Abstand von Landi gefolgt, auf den Anhöhen von Calatafimi ankam, war Garibaldi schon seit zwei Tagen in Marsala gelandet.

So begann eine Reihe stürmischer Ereignisse, mit denen sich die außerordentliche Unternehmung des Risorgimento und vielleicht der ganzen italienischen Militärgeschichte vollenden sollte: die Eroberung eines Königreiches durch tausend »Filibustieri«.

Wie bekannt ist, wird die Geschichte nicht mit »wenn« gemacht. Aber wenn an Stelle des unkriegerischen Generals Landi ein Militär mit auch nur ein bißchen mehr Niveau gewesen wäre, wäre das garibaldianische Unternehmen schon zu Beginn gescheitert. Aber es war Landi da, der, obwohl er über eine enorme Überzahl und die günstigeren Stellungen (die Anhöhen von Calatafimi) verfügte, als er am 15. Mai mit den Garibaldianern in Berührung kam, anstatt einen alles mitreißenden Angriff zu starten, es vorzog, sich auf die Verteidigung einzustellen. Nach und nach, nach den ersten Zusammenstößen, die es nicht verfehlten, die Garibaldi-Truppen in eine Krise zu versetzen (Garibaldi sprach niemals den berühmten Satz »Hier wird Italien gemacht oder gestorben«, aber er repräsentiert gut die Situation), beschloß Landi, da sich die Rothemden nicht zum Rückzug entschlossen, sich selbst zurückzuziehen ... »Indem ich den Rückzug erwog«, wie er dann in seiner naiven Selbstverteidigung schreiben wird, »den besten Sieg ...«

Diese paradoxe Schlacht von Calatafimi bekam so einen entscheidenden Wert für das Los der ganzen Insel. Und es ist natürlich, daß in der Folge in diesem Milieu starker Leidenschaften und entfachter Gegensätze mehr als nur von Feigheit, sondern von Verrat gesprochen wurde. Aber Landi, um die Wahrheit zu sagen, war kein Verräter. Er hat sich nicht an den Piemont verkauft, wie dies später viele seiner Kollegen tun werden. Er war nur ein unfähiger Mann, den Fortuna, die Freundin der Tapferen, Garibaldi entgegengeschickt hatte.

Als die Nachricht von der Niederlage von Calatafimi in Neapel eintraf, waren die Panik und die Verwirrung sicherlich dem Ausmaß des Ereignisses nicht angemessen. Auch wenn sich schon die ersten Feuer einer Guerilla auf der unruhigen Insel ankündigten, hätte ein tatkräftiger Mann an der Macht keine allzu große Mühe gehabt, die Situation wieder auf gleich zu bringen. Aber die Gründe für die Katastrophe, zu der sich die bourbonische Regierung hinbewegte, lagen an ihrer Ordnung sowie an den Männern, die die Ämter mit der höchsten Verantwortung bekleideten. Man hätte nur eine Regierung allein gebraucht, während es zwei gab, eine in Neapel, eine in Palermo. Es wäre ein einziger und wirklich fähiger Kommandant nötig gewesen, während so viele kommandierten, alle unfähig, alle korrupt, von denen jeder den anderen verdächtigte. Wer in diesem Meer von Tratsch und giftiger Eifersucht die einzige ernstliche Initiative ergriff, war Marie Sophie.

»Laß Filangieri rufen«, riet sie ihrem Mann. »Er ist unsere letzte Hoffnung.«

»Aber er ist älter als Landi!« sagte Maria Theresia, die den Prinzen von Satriano nicht leiden konnte, ironisch.

»Ja«, gab die Königin zu, ohne die verhaßte Schwiegermutter anzusehen, »aber er hat etwas, das die anderen nicht haben.«

Franz, der Ratschläge des Vaters eingedenk, nahm den Rat

seiner Frau an und schickte einen Boten, um Filangieri zu rufen. Dieser jedoch lehnte die Einladung ab. »Ich bin alt und krank«, ließ er sagen. Franz ging also persönlich in die Landvilla, in die sich Filangieri zurückgezogen hatte. Und es wird erzählt, daß der alte Prinz, den man über die Ankunft des Herrschers in Kenntnis gesetzt hatte, sich vollkommen bekleidet unter die Decken gesteckt haben soll, um seine Lüge zu bekräftigen. Schließlich und endlich jedenfalls, aber nur auf das Drängen Marie Sophies hin, der er tief ergeben war, begab sich Filangieri an den Hof.

»Der Mann der versäumten Augenblicke« hatte seine geistige Klarheit und sein finsteres Gesicht nicht verloren. Nachdem er das Angebot, mit unbeschränkter Vollmacht nach Sizilien zurückzukehren, abgelehnt hatte, soll er jedoch bereit zur Mitarbeit gewesen sein, aber zu folgenden Bedingungen: Es mußte sofort die Verfassung ausgerufen und dann ein Heer von 40.000 Mann unter der Führung des Herrschers selbst in Messina konzentriert werden. Er war bereit, das Amt des Chefs des Generalstabes zu übernehmen. »Aber das Kommando über das Heer muß der König haben«, betonte der alte General nachdrücklich.

Die Worte des Prinzen von Satriano fielen schwer wie Steine im königlichen Ratssaal. Nur Marie Sophies Augen leuchteten vor Aufregung.

»Ich werde an deiner Seite sein, Franz«, rief sie enthusiastisch aus. Und in ihrer jugendlichen Phantasie sah sie sich schon an der Spitze ihrer Soldaten reiten.

Aber die anderen im Saal blieben stumm. Franz seinerseits beschränkte sich darauf, einen Satz zu murmeln, den er oft sagte: »Gott, wie schwer ist diese Krone!«

Nachdem sich weder der König noch seine Minister dem von Filangieri empfohlenen Plan geneigt gezeigt hatten, kehrte dieser erleichtert in sein Landhaus zurück, während bei Hofe wieder die Beratungen aufgenommen wurden, um einen neuen

Kommandanten zu finden. Die vertrauenswürdigsten Generäle wie Ischitella und Nunziante wiesen den Auftrag ebenfalls zurück, so daß man schließlich das oberste Kommando General Lanza, einem alten Mann von 73 Jahren, anvertraute. Um ihn vorzustellen, genügt es, daran zu erinnern, daß er, kaum hatte er den Auftrag erhalten, seinem Sohn schrieb: »Verkauf alle unsere Pferde, jetzt stehen uns die des Heeres zur Verfügung.«

Es folgten Tage voller Intrigen jeder Art: Verdächtigungen und Ängste von seiten der Reaktionäre unter der Führung der Königinmutter, Hoffnungen und Ängste bei den liberalen Elementen des Hofes, die sich um Marie Sophie scharten. Obwohl sie enttäuscht war wegen der Weigerung ihres Gemahls, stand die junge Königin in diesem schwierigen Augenblick immer dem Herrscher zur Seite. Und man muß sagen, daß, wenn Franz II. auch nicht den Mut dazu hatte, persönlich eine militärische Aktion durchzuführen, wie er später während der Belagerung von Gaeta beweisen sollte, seine Richtlinien, die er den sizilianischen Kommandos schickte, wenigstens auf dem Papier zweckmäßig und vernünftig waren. Aber diese Richtlinien, an welchen, wie ein bourbonischer Historiker zugibt, »die Königin nicht unbeteiligt ist«, kamen leider zu Kommandanten, die unfähig waren, sie anzuwenden. Außerdem waren jene Chefs untereinander gegenteiliger Meinungen und quälten sich mit Eifersüchteleien, Groll und Verleumdungen. Wie konnte man sich irgend etwas Gutes von Generälen erwarten, denen es nicht einmal in dieser letzten Minute gelang, persönlichen Verdruß und die Kleinigkeiten dem Karrieredenken zu opfern.

Unter dem Druck zwischen Ehefrau und Stiefmutter, die von ihm verschiedene Dinge verlangten, unfähig, mit seinem eigenen Kopf zu denken, entschloß sich Franz, die Meinung des anerkannten Oberhauptes des Hauses Bourbon, des Herzogs von Chambrod, Thronanwärter Frankreichs, einzuholen. Aber auch von Chambrod bekam er eine kalte Dusche.

»Im Moment, wo Catilina vor den Toren steht«, hatte ihm

das Oberhaupt des Hauses Bourbon geantwortet, »ist keine
Zeit für Konzessionen und Reformen. Der König muß sein
Pferd besteigen und seine Truppen gegen den Feind führen.«

»Immer mit diesen Pferden!« hatte Franz gejammert und
seiner Gattin den Brief gezeigt. »Alle wollen, daß ich aufs Pferd
steige!«

»Aber das ist es, was du tun mußt«, hatte sie beharrt. »Es
bleibt dir nichts anderes übrig!«

Franz war damit nicht einverstanden gewesen. Er wollte
absolut nicht auf ein Pferd steigen. Er begann jedoch, sich den
Reformen zuzuwenden. Aber gerade da wurde er krank. Ner-
vöses oder von der Galle herrührendes Fieber, sagten die Ärzte.
Ans Bett gefesselt, rief Franz, der immer mehr die Orientierung
verloren hatte, Monsignore Borrelli an sein Krankenbett.

»Die Königin und ihre Berater«, sagte er zu ihm, »wollen,
daß ich die Verfassung gebe. Was denkst du darüber?«

»Wenn Ihr die Verfassung gewährt«, antwortete der super-
reaktionäre Borrelli, »ist dies das letzte Mal, daß ich die Hand
des Königs von Neapel küsse.« Darauf verabschiedete er sich.

Noch Stunden und Tage streßreicher Spannung: Der arme
»Lasa« wußte nicht mehr, welchem Heiligen er ein Gelübde
ablegen sollte. Marie Sophie stand ihm immer liebevoll zur
Seite. Sie brachte ihm Zerstreuung, tröstete ihn, schmeichelte
ihm, doch sie wich um keine Handbreit von ihren Überzeugun-
gen ab: Franz mußte die Verfassung gewähren und dann auf ein
Pferd aufsitzen. Das wird ihr nur hinsichtlich ihrer ersten Absicht gelingen.

Was Franz zur Entscheidung brachte, war jedoch ein
Schreiben Pius' IX., das am 24. Mai 1860 im Königsschloß von
Caserta eintraf. Heimlich mit einem persönlichen Brief Marie
Sophies (der es offensichtlich nicht an Initiative mangelte) darum ersucht, teilte der Papst Franz mit, daß er der Verfassung
gegenüber günstig gestimmt sei, aber er riet ihm, sich nicht zu
sehr an Piemont zu binden.

Das Wort des Papstes war für Franz ein göttlicher Befehl. Er wurde sofort gesund, fand seine Kräfte wieder und auch den Mut, an dem es ihm immer gefehlt hatte. Am nächsten Tag berief er einen außerordentlichen Staats- und Familienrat nach Portici und teilte mit, daß er fest entschlossen sei, die Verfassung zu gewähren.

Die Ankündigung des Herrschers entfesselte einen wahren Skandal. Maria Theresia beschimpfte Marie Sophie, beschuldigte die liberalen Berater, im Sold der Savoyer zu stehen, sie griff Franz in ihrem harten österreichisch-neapolitanischen Jargon an, behauptete, daß es ihm an Mut und Vernunft fehle, daß er unfähig sei, zu regieren, und, als ob dies alles nicht schon genügt hätte, zieh ihn des Meineides gegenüber seinem Vater, dem er versprochen hatte, niemals die Verfassung zu gewähren.

Die Tirade Maria Theresias war lang und erbarmungslos. Sie sprach ihren Stiefsohn höhnisch mit »du« an und nannte ihn bei seinem Namen. Und er, Franz, hörte mit gesenktem Blick und einer Ohnmacht nahe zu. Niemand hatte den Mut, dieser entfesselten Furie zu widersprechen – außer Marie Sophie.

Sie verlor nicht die Kontrolle über ihre Nerven, sie beschimpfte die Schwiegermutter nicht, aber sie verstand es, ihr ebenfalls ihre Meinung zu sagen.

»Eure Worte entehren Euch«, sagte sie zu ihr. »Und dann«, fügte sie hinzu, »habt Ihr nicht das Recht, in diesem Ton mit Seiner Majestät zu reden. Er ist auch Euer König. Respektiert das. Und hört damit auf, ihn mit seinem Namen anzureden, als ob er ein Untergebener von Euch wäre.«

Die harten Worte Marie Sophies ließen alle erstarren. Maria Theresia verstummte. Franz blickte seine Frau dankbar und voll Bewunderung wegen soviel Mutes an. Dann erhob sich Maria Theresia und gab ihren Söhnen und Beratern ein Zeichen, ein Gleiches zu tun. Ihr letzter Pfeil wurde in Franz' Richtung abgeschossen:

»Ich werde Euch niemals Majestät nennen, Hoheit.«

Und »Hoheit« war von diesem Moment an der von Maria Theresia gebrauchte Titel, wenn sie die Absicht hatte, sich an den König zu wenden. Eine feine hierarchische Unterscheidung, um zu verstehen zu geben, daß sie ihn nicht als König anerkannte.

Erschöpft, aber entschlossen verkündete Franz II. an diesem Tag das folgende königliche Edikt:

Mit dem Wunsch, Unseren vielgeliebten Untertanen einen Beweis Unseres Allerhöchsten Wohlwollens zu geben, haben Wir Uns entschlossen, die konstitutionelle und repräsentative Ordnung des Reiches im Einklang mit den italienischen und nationalen Prinzipien zu gewähren, um die Sicherheit und den Wohlstand in Zukunft zu garantieren und immer mehr die Verbindungen zu festigen, welche Uns mit den Völkern vereinen, die zu regieren Uns die Vorsehung berufen hat.

Heute sind Wir zu den folgenden Bestimmungen gelangt:

1. Wir gewähren eine Generalamnestie für alle bis zum heutigen Tag begangenen politischen Verbrechen;

2. Wir haben Commendatore D. Antonio Spinelli mit der Bildung eines neuen Ministeriums beauftragt, welches so bald wie möglich die Artikel der Statuten aufgrund der italienischen und nationalen Institutionen verfassen wird;

3. Es wird mit Seiner Majestät, dem König von Sardinien, ein Bündnis für die gemeinsamen Interessen der beiden Kronen in Italien geschlossen;

4. Unsere Fahne wird von nun an mit den nationalen Farben in drei vertikalen Streifen (rot, weiß und grün) geschmückt sein und weiterhin in der Mitte das Wappen Unserer Dynastie beibehalten;

5. Was Sizilien betrifft, gewähren Wir analoge repräsentative Institutionen, welche dem Bedarf der Insel gerecht werden; und einer der Prinzen Unseres Königshauses wird dort Vizekönig sein. Unterfertigt: Franz. Portici: 25. Juni 1860.

Die Kundmachung der so mühsam zustande gekommenen Verfassung entfachte nicht die von Franz und Sophie erwartete Begeisterung. Andererseits war es das vierte Mal, daß die Bourbonen ihren Untertanen Versprechungen von Freiheit und Reformen machten. Das erste Mal im Jahr 1812, um der postnapoleonischen Restauration die Tore zu öffnen, dann noch 1820 und 1848, um die revolutionären Bewegungen zu beruhigen. Und niemals waren jene Versprechungen eingehalten worden. Es war daher nicht verwunderlich, wenn die Aufnahme des königlichen Edikts, offensichtlich feindselig von seiten der Reaktionäre (die vor allem gegen den Plan waren, die weiße Fahne mit der Lilie der Bourbonen durch die Trikolore zu ersetzen), von seiten der Liberalen, die es für eine vierte, von der Notwendigkeit, die von den Ereignissen in Sizilien aufgebrachten Gemüter zu beruhigen, als diktierte Pflanzerei gehalten wurde, alles andere als enthusiastisch war.

Daß das Edikt des Herrschers die Lage nicht verändert hatte, stellte die Herrscher von Neapel am nächsten Tag, als sie im offenen Wagen nach Neapel zurückkehrten, persönlich fest. Die Willkommensbezeigungen der Bevölkerung waren wohl respektvoll und korrekt, aber weit entfernt von der Wärme, welche die königliche Familie gewöhnt war. Im Gegenteil, an diesem Tag, als unter den Salven der Schiffe die Trikolore mit der Lilie auf den Segelstangen und den Forts gehißt wurde und schon für den 28. eine große Gala und die übliche Festbeleuchtung der Stadt zur Feier der Verfassung angekündigt worden war, brachen in den Bezirken Neapels die ersten Tumulte los, die an den darauffolgenden Tagen, als die Nachricht vom triumphalen Einzug Garibaldis in Palermo eintraf, immer ärger wurden.

In Neapel entpuppte sich die Situation sofort als unhaltbar. Viele Patrouillen der sogenannten »Wilden« wurden von den Revolutionären angegriffen, viele Polizeikommissariate wurden angezündet, es gab Feuergefechte zwischen Reaktionären und

Liberalen. Dann wurde ein bekannter Polizeispitzel von der Menge gelyncht, während einige Reaktionäre mit nägelbeschlagenen Knüppeln den französischen Botschafter Brémier, den sie für den Urheber der gewährten Verfassung hielten, angriffen.

In dieser dramatischen Bedrängnis, als die Stadt am Rande des Chaos stand, während die reichen Bürger eiligst in ihre Landvillen flüchteten, rief die Regierung den Belagerungszustand aus. Und in diesem Moment betrat eine dunkle Gestalt die Szene, die sehr bald diese konfuse Lage beherrschen sollte: Liborio Romano.

Als Anwalt apulischer Herkunft wird Don Liborio Romano Mitglied der neuen Regierung als Polizeiminister. Als skrupelloser Mann, jedoch nicht ohne Mut und Schlauheit, erkennt Romano, der Neapel gut kennt, sofort, daß es nach Auflösung der alten Polizei in der Stadt nur eine Organisation gibt, die imstande ist, die Ordnung wiederherzustellen: die Camorra. Wenn die Mafia – dies ist seine Meinung – Garibaldi in Sizilien unterstützt hat, kann sich die Camorra dabei nützlich machen, in Neapel den Respekt vor dem Gesetz wiederherzustellen.

Das Paradoxe wird wahr. Einige Männer der Camorra hatten sich bei der Stadtwache gemeldet: Michele 'o Chiazziere, Mastro Tredici, Toe 'e Crescenzio, 'o Schiavetto und viele weitere häßliche Kerle, mit dem Trikolorebuschen auf dem Hut und der Knotenpeitsche in Händen, stellten in der Stadt die Ordnung wieder her, indem sie Schläge austeilten, egal, ob sie Reaktionäre oder Liberale trafen. Das Zurückgreifen auf das Gesindel hat also Früchte getragen. Neapel ist nicht in die Anarchie verfallen, aber dies bedeutet nicht, daß die Situation sich sehr verbessert hätte. Andererseits kann sich die Regierung sicherlich nicht diesen improvisierten Ordnungshütern anvertrauen, die sich in der ihnen verbleibenden Zeit weiterhin ihren verbrecherischen Aufgaben widmen: Raub, Erpressung, Schmuggel und so weiter ... Es muß nicht erst gesagt werden,

daß von diesem Augenblick an viele gute Bürger, obwohl sie
dem Herrscher ergeben waren, anfingen, ihre Hoffnungen in
die Einheit mit dem Hause Savoyen zu setzen, und wenn, nur
deshalb, um das Land vor seinem Zusammenbruch zu bewahren.

Als die Stunde der Entscheidung heranrückte, war es gerade
die königliche Familie, die das schlechteste Beispiel an Zwietracht und Feigheit gab. Anstatt sich um den König zu versammeln und mit ihm, der die Kontinuität der Dynastie verkör-
perte, gemeinsame Sache zu machen, teilte sich die Familie in
zwei Lager. Den Startschuß zur Spaltung gab natürlich die
Königinmutter. Entrüstet über die erlittene politische Niederlage und wegen der Tumulte in Neapel verängstigt, überließ
Maria Theresia »Seine Hoheit« Franz seinem Schicksal und
flüchtete mit ihren Kindern eiligst nach Gaeta. Es folgten ihr
ihre Ratgeber, die abgesetzten Minister, der unerläßliche Monsignore Borrelli, Funktionäre und niedere Ränge der aufgelösten Polizei. So entstand in Gaeta ein zweiter Hof, eine wahre
Brutstätte von Reaktionären, wo weiter gegen den König
intrigiert und gegen die Reformen und die Verfassung Propaganda gemacht wurde.

Es war natürlich unvermeidlich, daß diese überstürzte
Übersiedlung der Königinmutter nach Gaeta in der Hauptstadt
und beim neapolitanischen Hof selbst einen peinlichen Eindruck machte. Es begann das Gerücht umzugehen, daß auch
Franz sich anschickte, sich in die berühmte befestigte Stadt zu
begeben, und verstärkte so die Verwirrung und die Angst.
Vergeblich versuchte Franz, allen zu versichern und zu erklären,
daß er niemals aus Neapel abreisen würde.

In dieser Umgebung voller Ängste, Schwächen und Feigheit
war die junge Königin die einzige, die Mut und Ausgewogenheit
bewies. Endlich befreit von der unerträglichen Anwesenheit
ihrer verhaßten Schwiegermutter führte Marie Sophie ihr gewohntes Leben weiter und bot so auch Gelegenheit für manche

Kritik wegen ihres in Anbetracht der schweren Zeit, in der sich ihr Land gerade befand, extravaganten Verhaltens. Sie machte zum Beispiel weiterhin jeden Morgen ihren »Zompo« in das klare Wasser des Militärhafens und verzichtete nicht auf ihre gewohnten Ausritte im Park von Capodimonte in Gesellschaft des bereits unzertrennlichen Bermúdez.

Auch der König deutete in diesen Tagen eine Besserung seines Charakters an. Franz war ruhiger, lächelte öfter, vielleicht dank der Abwesenheit seiner düsteren Stiefmutter, stand unter dem wohltuenden Einfluß seiner jungen Frau und zeigte eine größere Bestimmtheit auch bei den Staatsgeschäften. Aber er schenkte ihr weiterhin kein Gehör, wenn sie ihn mit echt deutscher Hartnäckigkeit beharrlich dazu aneiferte, daß er in den Sattel steigen und an ihrer Seite reiten sollte. In diesem Punkt mußte Marie Sophie auch gegen die Minister und Generäle kämpfen, die fast einmütig der Ansicht waren, daß, wenn Franz Neapel verließe, die Revolution ausbrechen würde und er nie wieder einen Fuß dorthin setzen hätte können.

So vergingen die Tage in jenem schicksalhaften Sommer, ohne daß irgendeine Entscheidung getroffen worden wäre. Es war eine alte Welt, die ihrem Ruin zuging, und einem 19jährigen Mädchen allein konnte es nicht gelingen, sie zu retten.

Auf den Rat Filangieris hin hatte Franz angeordnet, alle seine auf der Insel befindlichen Truppen in Messina zu konzentrieren. Er beabsichtigte, einen Brückenkopf zu errichten, von wo aus er, wie dies schon bei der Revolution 1848 geschehen war, im geeigneten Moment ganz Sizilien zurückerobern hätte können.

Von den liberalsten Ministern der neuen Regierung ermutigt, hatte sich Franz schließlich davon überzeugt, daß der einzige Rettungsanker des Königreiches in der Allianz mit Piemont bestand. Auch in Turin, dachte er, waren diese garibaldianischen »Filibustieri«, die jenem subversiven Mazzini gehorchten und drohten, die italienische Republik auszurufen, nicht gerne gesehen.

Seine Überlegung war nicht gänzlich falsch. Alle regierenden Häuser Europas verfolgten alarmiert das siegreiche Vordringen jener Bande von Rothemden, die das Symbol der Revolution geworden war. Auch in Turin, wie Franz richtig dachte, wurde das Garibaldi-Epos in den Kreisen, die der Krone am nächsten standen, nicht gerne gesehen. Aber in Turin war auch Cavour. Der gerissene, skrupellose »Anstifter« verfolgte seit geraumer Zeit einen geheimen Plan, der ihm, wie wir wissen, schließlich gestattet hätte, auch die garibaldianische Revolution zum Vorteil des sardischen Königreiches zu benutzen. Es war tatsächlich er, der die verspätet von der Regierung Neapels vorgebrachten Vorschläge bezüglich einer Allianz zurückwies. Es war ihm ganz genau bekannt, in was für einem katastrophalen Zustand sich das Gefüge, welches das bourbonische Reich aufrechterhielt, befand. Seine Agenten, die in Neapel operierten, hatten schon begonnen, Minister und Generäle zu bestechen. Liborio Romano selbst hatte sich bei Cavour gemeldet und ihm seine zweifelhaften Dienste angeboten, während der bourbonische General Nunziante ihn persönlich gebeten hatte, die Bündnisvorschläge des Königs von Neapel zurückzuweisen, da auch er überzeugt war, »daß die Dynastie fürwahr nicht mehr von jemandem, der das Gefühl hätte, ein Vaterland, das er lieben und respektieren müsse, aufrechterhalten werden könnte ...«

Für das Königreich gab es nach der Meinung von Cavour keine Hoffnung mehr. »Wenn«, schrieb er in jenen Tagen, »das Volk, während es freigebig ist mit Konzessionen, von den aus den Zuchthäusern herausgekommenen Gespenstern verschreckt wird, wenn das Gefüge des Heeres durch Spionage, von dem Mißtrauen gegenüber den Chefs und von der Demütigung durch die den Söldnertruppen gewährten Vergünstigungen korrumpiert ist, wenn sich die Soldaten seit zwei oder drei

Generationen niemals mit anderen Feinden außer ihren eigenen Mitbürgern gemessen haben, stürzt das Gebäude ein, nicht aus Ermangelung der materiellen Stärke, sondern wegen des absoluten Fehlens jeglichen Gefühls der Großzügigkeit, jeglicher moralischer Stärke.«

Eine schreckliche Diagnose, in höchstem Grade genau für einen Staat, den die junge Marie Sophie verzweifelt zu retten versuchte.

X

DER SOMMER DES »RETTE SICH, WER KANN«

Dieser Sommer des Jahres 1860 in Neapel ist von den Historikern »der Sommer der Angst« genannt worden. In Wirklichkeit war er viel ärger. Der Sommer der Feigheit, des Transformismus, des Verrates, der Täuschungen und des doppelten und dreifachen Spiels. Es war der Sommer des »Rette sich, wer kann«. Also, es passierte in Neapel genau das, was in einem Sommer 83 Jahre später, im Jahr 1943, in Rom passieren sollte, als (ah, die historische Nemesis!) die Savoyer in eine Lage kamen, die nicht viel anders war als die der Bourbonen.

Es ist nicht leicht, jene Tage zu rekonstruieren, denn der Zusammenbruch eines Staates bringt viele außerordentliche, paradoxe und widersprüchliche Ereignisse mit sich.

Während Garibaldi, der jetzt Herr über Sizilien ist, sich drohend der Meerenge (der Straße von Messina) nähert, lebt in Neapel, wo dank der Verfassung die Pressefreiheit verrückt spielt, die Bevölkerung in einem andauernden Zustand der Spannung. Alle haben Angst vor allen: die Liberalen vor den Reaktionären, die Anhänger Cavours vor denen Garibaldis, das Militär vor den Zivilen und umgekehrt. Die Regierung ihrerseits hat Angst vor allen, ohne irgend jemandem angst zu machen.

»Franceschiello, Gott segne dich«, wie sie ihn jetzt spöttisch nennen, hat von allen am meisten die Orientierung verloren. Da er nicht wußte, welchem Heiligen sonst als dem Schutzpatron seiner Hauptstadt er ein Gelübde ablegen sollte, ist er so weit gegangen, San Gennaro zum »König von Neapel« auszurufen, mit einer solchen offiziellen Zeremonie, daß er der Statue Zepter und Krone mit überdies einem goldenen Kelch im Wert von 4000 Dukaten zu Füßen legte. Franz fleht um ein Wunder, aber der Heilige antwortet nicht. Die erwartete Verflüssigung des Blutes erfolgt nicht.

In der Zwischenzeit hat sich die Diplomatie schon in Bewegung gesetzt, um das Danach vorzubereiten. Da das Ende des Königreichs bereits als »todsicher« galt, betraten die europäischen Mächte nachdrücklich die Spielfläche, jede mit einem eigenen autonomen Plan. Österreich, seit jeher jeglichem Ereignis, das die 1815 vom Wiener Kongreß (dem Jalta des 19. Jahrhunderts) hergestellte Ordnung bedroht, feindlich gesinnt, unterstützt die reaktionäre Bewegung und bezeichnet Piemont als Hauptelement der Störung. Andererseits fürchtet man in Wien, daß die »Sizilianische Revolution« (denn so wird in der Diplomatensprache das Unternehmen Garibaldis bezeichnet) die anderen Völker, die sich an die seinerzeit von Metternich errichteten Grenzen schwer anpassen, angesteckt werden könnten.

Auch Napoleon III., der in die Tuilerien gesetzte ehemalige »Karbonaro«, beginnt, obwohl er »ein alter Freund« der Italiener ist, sich wegen der Entwicklung der Ereignisse Sorgen zu machen. Er wünscht sich keine Schaffung eines einheitlichen italienischen Staates, da er die Gefahren wittert, die sich daraus für Frankreich ableiten könnten. Er plant vielmehr ein Bündnis zwischen einem erweiterten Piemont in ganz Norditalien, dem Kirchenstaat und einem südlichen Königreich, das man möglicherweise einem Nachkommen Napoleons, zum Beispiel Napoleon-Lucien Murat, dem Erben Gioacchinos, des kurzzeitigen Königs von Neapel zur Zeit des Kaiserreiches, anvertrauen könnte.

England seinerseits ist seit jeher am Mittelmeer interessiert, der einzige Staat, der Garibaldi zur Verfolgung des Planes ermutigt, ein großes einheitliches Italien zu schaffen, das dazu bestimmt ist, der natürliche Verbündete Londons und das Gegengewicht zur französischen Macht über das Meer, das die Römer *mare nostrum* nannten, zu sein.

In dieser Konfliktsituation bewegt sich Camillo Benso di Cavour wie ein Fisch im Wasser. Ohne sich jemals zu kompromittieren, hat er mit großer Geschicklichkeit das Unternehmen der Tausend gelenkt. Vor Garibaldi hat er keine große Hochachtung, er betrachtet ihn als einen Pfuscher, aber gleichzeitig zögert er nicht, ihn auszunützen, wenn ihm die Ereignisse eine günstige Gelegenheit dazu bieten. Costantino Nigra, dem Botschafter in Paris, der ihm den Rat gibt, sich nicht zu rühren, bis der König von Neapel durch Garibaldi oder durch sein Volk gestürzt sei (»Es ist besser zu warten. Lassen wir Garibaldi nach Neapel kommen und mischen wir uns nicht ein. Lassen wir die Makkaroni kochen ...«), antwortet Cavour zynisch: »Die Makkaroni sind noch nicht gar, aber die Orangen stehen vor uns auf dem Tisch, und wir sind fest entschlossen, sie zu essen.« Die Orangen spielen offensichtlich auf Sizilien, das Garibaldi bereits erobert hat, an.

Tatsächlich hat Cavour die Absicht, auch die »Makkaroni« zu verspeisen, aber er will nicht, daß der, der sie kocht, Garibaldi ist. Seit geraumer Zeit arbeiten seine Agenten in Neapel mit der Absicht, einen Volksaufstand zu provozieren, der den König absetzen und den Einzug der piemontesischen Truppen gestatten soll, um die Ordnung wiederherzustellen.

In den ersten Augusttagen wirft das piemontesische Schiffsgeschwader unter dem Kommando von Admiral Carlo Pellion di Persano, das seit geraumer Zeit im Tyrrhenischen Meer kreuzt, die Anker vor Neapel, wo sich schon französische, englische und spanische Schiffe befinden. Die offizielle Entschuldigung für die Anwesenheit Persanos in den parthenopeischen Gewässern ist die, daß er die Schiffe der Gräfin von Syrakus, einer geborenen Savoia Carignano, im Bedarfsfall zu Verfügung stellen will. »In Wirklichkeit«, schreibt Cavour in seinem Brief an den Admiral, »müßt Ihr Euch in voller Übereinstimmung mit dem Botschafter Sardiniens, Villamarina, um einen Aufstand in Neapel ohne Einschreiten Garibaldis bemühen. Die Hauptdarsteller«, geht Cavours Brief weiter, »müssen der Innenminister Liborio Romano und General Nunziante sein, mit denen Ihr durch Baron Nisco in Verbindung gebracht werdet. Ich glaube, auf sie zählen zu können, weil der Minister ein alter Liberaler ist. Was den General betrifft, hat er so viele Beweise in unseren Händen gelassen, daß man ihn aufhängen lassen könnte, falls dies notwendig sein sollte ...«

Der Plan Cavours ist klar. Er will sich des Königreiches von Neapel bemächtigen, ohne gänzlich in die Schuld des »heldenhaften Abenteurers«, als den er Garibaldi wertet, zu geraten. Um dieses Ziel zu erreichen, das Piemont in den Augen der Welt vor der Anschuldigung, Komplize der »Filibustieri« im roten Hemd zu sein, zu retten, erreicht Cavour, daß Viktor Emanuel dem General einen Brief schickt, in dem er ihn auffordert, »darauf zu verzichten, mit seiner heldenhaften Truppe auf das neapolitanische Festland überzusetzen, wenn der König von Neapel sich dafür einsetzt, die Insel zu evakuieren und den Sizilianern die Freiheit läßt, selbst über ihr Schicksal zu entscheiden«.

Aber Garibaldi hört nicht auf den Befehl des piemontesischen Herrschers und setzt am 8. August mit seinen Streitkräften über die Meerenge und gibt der Invasion in Kalabrien freie Bahn. Handelt es sich vielleicht um eine Rebellion? Keineswegs: Es ist die Komödie der Täuschungen, die weitergeht. Viktor Emanuel, der auch eine eigene persönliche Politik ohne Wissen seines Premierministers verfolgt, hat dem offiziellen Brief, den ihm Cavour aufgetragen hatte, eine persönliche und geheime Nachricht an den General hinzugefügt, in der er ihm im typischen zweideutigen Stil der Herrscher unter anderem auftrug, »im Namen seiner Pflichten gegenüber Italien vorzugehen«. Garibaldi, der überhaupt nicht naiv ist und der aus tiefstem Herzensgrund die Antipathie, die ihm der große »Intrigant« entgegenbringt, erwidert, hat so die Täuschung mit einer anderen Täuschung, mit der verschwiegenen Bürgschaft der Unterstützung des Herrschers, beantwortet.

Durch die Initiative Garibaldis ausgetrickst, versucht Cavour fieberhaft, das Tempo des spontanen Aufstandes der Neapolitaner zu beschleunigen, aber die Intrigen des Verräters Nunziante bewirken nichts, während Don Liborio weiterhin sein Doppelspiel betreibt, um sich einer Art Regierungsamt im neapolitanischen Königreich zu versichern.

Am 12. August faßt Cavour die Lage so zusammen: »Die Krise ist nahe. In Neapel ist Belagerungszustand, in Sizilien das Statut: Garibaldi versucht, in Kalabrien vorzurücken, wir versuchen, eine Revolution zu machen. Österreich, unterstützt von Rußland und Preußen, droht; England drängt Garibaldi nach Süden und hält uns im Norden fest; Napoleon III. ist irritiert über die Ergebnisse seiner unsicheren und schlauen Politik. Wie kann man aus so vielen Schwierigkeiten herauskommen? Entweder fällt Franz unter der Aktion Garibaldis, und dann voran um jeden Preis! Oder Franz schlägt Garibaldi, und dann müssen wir den Ratschlägen der Diplomaten allergrößte Aufmerksamkeit entgegenbringen.«

Während sich das Bourbonenheer trotz seiner enormen Überzahl zum Spielball einer Handvoll Garibaldianer machen läßt, gärt es überall verstärkt, aber vor allem in den Reihen der neapolitanischen Armee selbst, wo die einfachen Soldaten, die fast alle der Krone treu sind und kämpfen wollen, beginnen, lärmend ihre unkriegerischen Kommandanten abzulehnen. Dagegen zeigt auf den Straßen Neapels die mit piemontesischem Gold bezahlte Propaganda Wirkung. Die unitarischen Manifestationen häufen sich, und die Verteilung der Waffen

und der Munition erfolgt fast offen. Gleichzeitig hat es das
sardische Geschwader im Golf nicht versäumt, Verstärkung zu
holen. Jetzt sind einige piemontesische Schiffe mit ungefähr
3000 Soldaten, von Marineinfanteristen bis zu Schützen, gekommen und haben ihre Anker sogar direkt im Hafen gewor-
fen. Die sardischen Soldaten hatten sich nicht versteckt: Sie
gehen wiederholt in kleinen Gruppen an Land und spazieren
ostentativ durch die Straßen der Hauptstadt.

Um ein genaues Bild des Neapel jener Tage zu zeichnen, gibt
es auch eine kleine, einigermaßen kuriose Episode: Vom 1. bis
zum 15. August hat das größte Geschäft der Stadt 6000 Porträts
von Garibaldi, 400 von Viktor Emanuel, 200 von Franz und
150 von Marie Sophie verkauft, die standhaft inmitten des
Sturmes täglich das Ritual des »Zompo« vor den aus den
ausländischen Schiffen auf sie gerichteten Feldstechern voll-
führt.

Und doch wäre die Lage noch nicht verzweifelt, wenn es nur
einen energischen Mann gäbe, der fähig wäre, das Kommando
zu übernehmen. Es klingt eigenartig, doch die bourbonischen
Soldaten entpuppen sich von Tag zu Tag als immer kampf-
lustiger. Die Furchtsamkeit ihrer Kommandanten hat ihren
Stolz und Korpsgeist angefacht. Sie fordern die Anwesenheit
ihres Königs und zögern nicht, bei mehreren Anlässen die
Offiziere zu töten, die ihnen den üblichen Rückzug befehlen.

Bei soviel Ungewißheit, Unruhe und Fahnenflucht war in
Franz inzwischen der Entschluß gereift, Neapel zu verlassen
und nach Gaeta zu übersiedeln und das Heer und den Rest der
Flotte, die sich noch nicht an die Piemontesen verkauft hatte,
einzuberufen. Er plante, seine Streitkräfte zwischen Gaeta und
Capua zu konzentrieren und eine Verteidigungslinie zwischen
den beiden Festungen, entlang dem Volturno und dem
Gargliano, zu errichten. Der Norden des Königreiches war
relativ ruhig dank der sicheren Grenzen zum Kirchenstaat,

außerdem kam es niemand in den Sinn, daß in knapp mehr als einem Monat das sardische Heer in die Abruzzen eindringen und so die Grenzen der beiden Staaten verletzen würde, um dem Sieger, General Garibaldi, zu Hilfe zu eilen. In der Folge hätte Franz mit den beiden gut für den Krieg gerüsteten Festungen und den treu gebliebenen Milizen einen langen Widerstand leisten und Zeit gewinnen können, um neue Kräfte zu sammeln und schließlich den Eindringling zu schlagen. Eine einzige Niederlage, und das Prestige Garibaldis wäre sicherlich dahin gewesen.

Den umsichtigen Rat (der ihm scheinbar aus Wien zugekommen war) vertraute Franz nur seiner Frau an und ließ diesbezüglich alle Minister, denen er nicht mehr traute, im dunkeln tappen. Nach dem Fall von Salerno hatten die mehr oder weniger beteiligten Generäle und Minister in der Zwischenzeit begonnen, Druck auf den König auszuüben, damit er die Hauptstadt verlassen möge, um ein »Blutbad« in Neapel zu verhindern. In diesem Sinne intervenierte auch Kardinal Riario Sforza, der, wie er sagte, um das Schicksal der 180 neapolitanischen Klöster besorgt war. In bezug auf das Reiseziel des Herrschers waren die Meinungen geteilt: manche rieten ihm, nach Spanien zu fahren, manche, nach Wien, und manche, beim Heiligen Stuhl um die Erwiderung der Pius IX. zur Zeit der Römischen Republik angebotenen Gastfreundschaft anzusuchen.

Doch Franz teilte seinen Entschluß, nach Gaeta zu übersiedeln, überraschend am Nachmittag des 4. September mit. Er forderte niemanden dazu auf, ihm zu folgen, außer das Heer und die Flotte. Noch am gleichen Tag begannen die Truppenbewegungen. Über 40.000 Mann und rund 4000 Pferde verließen das Königreich vor Garibaldi, der nur noch über wenige tausend Freiwillige verfügte.

Am Nachmittag des darauffolgenden Tages, während bei Hofe eifrig die Reisevorbereitungen getroffen wurden, wollte

Marie Sophie ausgehen, um sich von der Stadt zu verabschieden. Kühn und impulsiv wollte sie an der Seite ihres Gemahls
ausreiten, um sich dem Volk zu zeigen und die Gemüter wieder
aufzurichten. Franz widersetzte sich nicht dem riskanten
Wunsch seiner Gemahlin, aber da er eben nun einmal keine
Lust hatte, ein Pferd zu besteigen, wählte er eine offene Kutsche.

Dies war ihr letzter Kontakt mit der Bevölkerung, die sich
ruhig und respektvoll verhielt. Man hörte keinerlei Schreie oder
Ausrufe. Die Passanten grüßten das königliche Paar, indem sie
den Hut abnahmen, Franz antwortete mit Neigen des Kopfes
und Marie Sophie mit ihrem gewohnten reizenden Lächeln. Sie
schienen beide ganz ruhig zu sein. In der Via Chiaia ereignete
sich auch eine kuriose Episode. An einer bestimmten Stelle
mußte die Karosse wegen eines Staus mit Wagen vor der Königlichen Ignone-Apotheke anhalten. Eine an die Mauer ge-
lehnte Leiter behinderte die Durchfahrt. Der König stand auf
und sah zwei Arbeiter, die gerade eilig die bourbonischen Lilien
vom Schild abmontierten. Mit einem bitteren Lächeln machte
er Marie Sophie auf das vorsichtige, vom Apotheker Ignone,
der sich immer als einer der am treuesten ergebenen Untertanen
bezeichnet hatte, veranlaßte Vorgehen aufmerksam. Auch die
Königin lächelte, dann gebot sie einem Edelmann des Gefolges,
der mit gezogenem Säbel dem Verräter eine Lektion erteilen
wollte, Einhalt. Die Kutsche setzte sich wieder in Bewegung.

Die Nacht vom 5. auf den 6. September war die letzte, die
Franz und Marie Sophie im Königsschloß von Neapel verbrachten. Gabriele d'Annunzio beschreibt sie in *Le Vergini delle
rocce* (Die Felsenjungfrauen) mit seiner bilderreichen Sprache
so: »Ah, letzter Abend im beinahe verlassenen Königsschloß
verbracht, verlassen von den Höflingen, vom Meere her durch-
lüftet, wo die wehenden Vorhänge knirschende Geräusche er-
zeugten und so unbestimmte Ängste hervorriefen, während die
auf den Tischen, gedeckt mit tristen Speisekarten, mit welchen
die ergebensten Diener in der Stunde der Agonie Abschied

genommen hatten, stehenden Lichter flackerten und verloschen!«

D'Annunzio zollte wie viele andere Dichter und Schriftsteller der heldenhaften Marie Sophie Bewunderung, er versäumte nicht, auf diesen Seiten auch für jenen »jungen König, der nicht dazu geschaffen war, männliche Entscheidungen zu treffen, und auch nicht auf der Höhe des Dramas, das aufgeführt wurde, stand«, Mitleid zu zeigen. »Und doch hätte er alles haben können: die gebieterische Stärke des alten Namens, die Jugend, die verführt und mitreißt ... ein prunkvolles Königsschloß ... eine leidenschaftliche Gefährtin, deren katzenhafte Nasenflügel in einem heldenhaften Traum zu atmen und vor Lust zu beben schienen, als würden sie Blitze in einem Gewittersturm erzeugen ...«

Kehren wir zur Prosa zurück. Am Morgen des 6. begannen zahlreiche Wagen, beladen mit Gegenständen und Dokumenten, die der König mitnehmen wollte, die Stadt zu verlassen. Obwohl er alle Zeit zur Verfügung hatte, vernachlässigte Franz die wertvollen Dinge. Enorme Mengen von goldenem Geschirr verblieben im Palast. Marie Sophie ließ ihre gesamte Garderobe zurück, während es der König sogar verschmähte, sein persönliches Vermögen von der Bank abzuheben, ungefähr elf Millionen Dukaten, plus fünfzig Millionen Goldfranken, die König Ferdinand vorsichtigerweise in den Kassen der Bank von England deponiert hatte und die Franz als »patriotische Geste« wieder in die Heimat zurückkommen hatte lassen. Die riesige Summe wird dann von Garibaldi beschlagnahmt und später von der piemontesischen Regierung abgehoben werden.

Franz wollte sich hingegen nicht von seinem religiösen Inventar trennen: 66 Reliquiaren, einer Urne mit den Überresten der heiligen Iasonia, einer naturgetreuen, reichgekleideten Wachsfigur, und einer großen Menge von Bildern mit religiösen Themen. An wirklichem Wert nahm er nur ein Bild von

Raffael mit, das er dann Bermúdez als Zeichen der Dankbarkeit schenken sollte.

Um 4 Uhr nachmittags erschienen die Minister im Königsschloß, um sich vom abreisenden Königspaar zu verabschieden. Marie Sophie erklärte, daß sie keine Absicht hätte, sie zu sehen, und bevor sie ihren Gemahl allein ließ, scherzte sie mit ihm und empfahl ihm, die Besucher mit dem *Orden des »Rette sich, wer kann«* auszuzeichnen.

Beim Abschiedsbesuch der Minister war der lächelnde und fast zum Scherzen aufgelegte Franz ziemlich mitteilsam. Er grüßte jeden einzeln, dankte ihnen für ihre Mitarbeit und gab ihnen allgemeine Empfehlungen. Nur mit Liborio Romano, dem die wichtigste Aufgabe verblieb, nämlich die Aufrechterhaltung der öffentlichen Ordnung, sprach Franz in Rätseln.

»Don Libò, achten Sie auf Ihren Kopf«, sagte er zu ihm und drückte ihm die Hand.

Und der andere: »Sire, ich werde alles tun, ihn so lange auf dem Rumpf zu behalten wie möglich.«

Über diesen Witz des Königs kursierten in der Folge verschiedene Auslegungen. Die verbreitetste war die, daß der König vom Doppelspiel Kenntnis hatte, welches der Innenminister betrieben hatte. Wie auch immer, wenige Stunden später telegraphierte Don Liborio an Garibaldi: »Mit der größten Ungeduld erwartet Neapel Ihre Ankunft, um Sie als Erlöser Italiens zu begrüßen und die Macht des Staates und sein Schicksal in Ihre Hände zu legen.«

Die königliche Familie verließ den Palast um 5 Uhr nachmittags. Der König trug Uniform, Marie Sophie ein Reisekleid und einen großen, mit Blumen geschmückten Hut. Sie war wunderschön und zeigte keine Gemütsbewegung. »Wir werden bald zurückkommen«, sagte sie immer wieder zu den Dienern, die sich vor ihr verbeugten, um ihren Rocksaum zu küssen. »Wir werden bald zurückkommen.« Dann gingen sie zu Fuß zum Hafen.

Um genau 6 Uhr stach die *Messaggero* mit dem Königspaar und ungefähr zwanzig Personen an Bord, die sich entschlossen hatten, ihnen zu folgen, darunter Donna Nina Rizzo und die ergebene Marietta, in See. Die kleine Einheit stand unter dem Kommando von Vincenzo Criscuolo, einem niedrigrangigen Exmatrosen, den König Ferdinand wie ein »Familienmitglied« behandelt hatte und der den Bourbonen zutiefst ergeben war. Sofort nach der Abreise befahl Franz Criscuolo, den anderen Schiffen des Geschwaders den Befehl zu signalisieren, ihm nach Gaeta zu folgen, aber die königlichen Schiffe rührten sich nicht, außer dem Segelschiff *Partenope*. Die Kommandanten hatten sich schon alle an Piemont verkauft, nachdem sie von Admiral Persano das Versprechen erhalten hatten, daß sie mit ihren Dienstgraden und Gagen der königlichen sardischen Marine einverleibt werden würden. Dieselbe Szene wiederholte sich im Kanal von Procida, als die *Messaggero* auf den Rest der Flotte traf.

Von Bord der *Maria Adelaide* aus verfolgte Admiral Persano zufrieden die Szene mit dem Fernrohr. Jemandem, der ihn auf den Verrat der *Partenope* aufmerksam machte, antwortete der zukünftige »Held von Lissa«, sie weiterfahren zu lassen. »Wir werden sie uns zur rechten Zeit nehmen«, fügte er zynisch hinzu.

Als sie den Kanal von Procida verlassen hatten, fuhren zwei weitere Schiffe im Kielwasser der *Messaggero*. Sie waren mit der spanischen Flagge beflaggt. Bermúdez de Castro hatte sein Versprechen, Franz und Marie Sophie nach Gaeta zu begleiten, gehalten. Während der Überfahrt gab es an Bord keine heiteren Gespräche. Gegen 22 Uhr zog sich die Königin in den kleinen Kommandostand zurück, wo sie in einem Fauteuil einschlummerte. Franz ging weiter mit geneigtem Haupt auf der Brücke spazieren. Ungefähr um Mitternacht rief er Criscuolo, damit er ihm ein bißchen Gesellschaft leiste. Die Desertion seines Schiffsgeschwaders hatte ihn kein bißchen überrascht.

»Alle haben mich verraten, Vincenzino«, klagte er. Criscuolo antwortete ihm, um ihn zu trösten, daß er seine Besorgnisse nicht teile.

»Viele Neapolitaner sind Euch noch treu«, sagte er, wissend daß er log. Er selbst hatte auf Drohungen zurückgreifen müssen, um zu verhindern, daß ein Teil der Besatzung der *Messaggero* desertierte.

Der König sagte noch: »Die Neapolitaner haben mich nicht nach dem wirklich Gesehenen beurteilen wollen. Ich aber habe ein gutes Gewissen, immer meine Pflicht getan zu haben. Aber den Neapolitanern«, fügte er hinzu, »werden die Augen nur zum Weinen bleiben.«

Später fragte er: »Wo ist die gnädige Frau?«, und nachdem er erfahren hatte, daß sie in diesem kleinen Kämmerchen schlief, machte er sich Sorgen.

»Sie wird frieren«, sagte er.

Nachdem er in der Kabine angelangt war und gesehen hatte, daß die Königin tief schlief, hatte er nicht den Mut, sie zu wecken. Um sie vor der Kälte zu schützen, nahm er den Mantel, den er um die Schultern gehängt hatte, und breitete ihn vorsichtig über sie. Marie Sophie schlief weiter. Es war zwei Stunden nach Mitternacht.

Im Morgengrauen des 7. September fuhr die *Messaggero* im Hafen von Gaeta ein, und drei Stunden später ging das Königspaar an Land. Beim Ausschiffen empfingen sie die Königinmutter mit ihren Kindern und der unvermeidliche Padre Borrelli.

»Padre«, sagte Franz zum Priester, während sich dieser vor ihm verneigte und seine Hand küßte, »erinnert Ihr Euch, daß Ihr mir am Tag des heiligen Johannes sagtet, daß dies das letzte Mal wäre, daß Ihr dem König von Neapel die Hand küßtet?«

»Wenn Eure Majestät«, antwortete Monsignore Borrelli, »nicht mehr ein großer König auf Erden ist, kann sie noch ein großer Heiliger im Himmel sein.«

Franz war durch diese auf unbestimmte Weise unheilvollen Worte nicht verstört. Marie Sophie aber machte eine zornige Handbewegung und zeigte mit dem Zeigefinger und dem kleinen Finger, die in der klassischen neapolitanischen Beschwörungsgeste ausgestreckt waren, zu Boden.

XI

Die Schlacht am Volturno

»Jene nennen es Risorgimento. Aber was bedeutet Risorgimento?« schien Franz sich zu fragen, als er das erste Band einem jungen Fähnrich an die Brust heftete. »Risorgimento«, fuhr der Herrscher fort, während er weiter die »Bänder« an die vor ihm aufgereihten Fähnriche verteilte, »das sagt man von einer Sache, die es bereits gegeben hat. Aber ist es euch«, fügte er mit lauterer Stimme hinzu und wandte sich direkt an die Umstehenden, »vielleicht bekannt, daß es Italien schon gegeben hat?«

»Nein!« schrien die Jungen, die noch den Staub des Schlachtfeldes an sich hatten, begeistert.

»Nein«, bestätigte Franz und deutete ein blasses Lächeln an. »Italien hat nie existiert, seitdem die Welt besteht, und wie kann es dann wiedererstehen? Das, was wiedererstehen wird«, schloß er, »ist unser Königreich. Das es immer gegeben hat und das es immer geben wird!«

»Es lebe der König!« schrien die Fähnriche. Sie waren alle Burschen unter zwanzig, ehemalige Zöglinge des Militärkollegs, die aus Neapel geflohen waren, um zu ihrem Herrscher zu kommen, und Franz hatte sie alle im Feld zu Fähnrichen ernannt.

»Es lebe der König!« war der erste Ruf gewesen, der bei Tagesanbruch die in ihren Vorposten vor dem Kapuzinerfriedhof geduckten Garibaldianer überrascht hatte. Dann, mit diesem Schrei, waren die neapolitanischen Soldaten aus dem Nebel aufgetaucht und hatten mit einer solchen Gewalt angegriffen, daß alle Batteriestände fielen und die Garibaldianer in Richtung Santa Maria Capua Vetere in die Flucht gejagt worden waren. Gleichzeitig hatte sich die ganze Front längs des linken Ufers des Volturno in Bewegung gesetzt, und die Artillerie hatte das Feuer eröffnet. Zum ersten Mal machten die Neapolitaner Ernst.

So begann eine Schlacht (die einzige dieses seltsamen Krieges, die es verdient, als solche bezeichnet zu werden), die innerhalb weniger Stunden Garibaldi in eine kritische Lage versetzen und Franz die Möglichkeit zeigen sollte, daß man die Situation umkehren könnte.

Natürlich, es war Montag. Montag, der 1. Oktober 1860. Seit geraumer Zeit waren es die Garibaldianer gewohnt, über die Tatsache zu scherzen, daß der Montag der gefährlichste Tag der Woche wäre, weil die Bourbonen, elektrisiert von den Segnungen und den Sonntagspredigten der Kapläne, mehr Mut und größeren Kampfgeist zeigten. Aber das war jedenfalls ein Montag, der sehr verschieden von den anderen war.

In diesen letzten drei Wochen hatten sich viele Dinge auf der bourbonischen Seite verändert. Nach dem Fall Neapels, dem Verrat der Generäle und den aufsehenerregenden Massendesertionen war bei den verbliebenen Truppen der Kampfgeist merklich gewachsen. Viele waren beispielhaft für die Treue und Anhänglichkeit zur Krone gewesen. Außer den Jungen vom Militärkolleg, außer den »ausländischen« Regimentern von Mechel waren ganze Abteilungen mit aufgerollter Fahne und in perfekter Ordnung zur neuen, zwischen Capua und Gaeta aufgestellten Verteidigungslinie gestoßen.

In diesem euphorischen Milieu, das für ihn absolut neu war, hatte Franz schließlich jenen Zustand dunkler Resignation, der seit geraumer Zeit charakteristisch für ihn war, abgeschüttelt.

Weit weg von den Intrigen des neapolitanischen Hofes, um-
geben von Offizieren, an deren Treue zu zweifeln er keinen
Grund hatte, und angespornt von einer Ehefrau, die sich in
dieser heldenhaften Atmosphäre endlich wohl fühlte, schien
Franz ein anderer Mensch zu sein. Die tägliche Berührung mit
der Truppe, welche ihm bei jeder Gelegenheit Zuneigung und
Ergebenheit bekundete, hatte sein Verhalten günstig beeinflußt.
Die Hoffnung hatte seinen resignierten Fatalismus besiegt.
Auch, weil er in der Zwischenzeit durch diplomatische Quellen
informiert worden war, daß die europäischen Großmächte
dabei waren, ein entscheidendes Eingreifen zu vereinbaren, um
das von der triumphierenden Revolution bedrohte monarchi-
sche Prinzip zu verteidigen.

In Beantwortung des von Garibaldi lancierten Aufrufs an
die Neapolitaner hatte er mit einer an seine Soldaten gerichteten
Proklamation zurückgeschlagen, in der er, nachdem er mit
bewegten Worten seine feste Absicht ausgedrückt hatte, seine
Krone bis zum letzten Augenblick zu verteidigen, um mit einer
leidenschaftlichen Aufforderung, sich fest »um die alte Fahne
mit der Lilie, die zurückgekehrt war, um die kurzlebige Trikolore zu ersetzen«, zu schließen. Dann hatte er seinen Worten
Taten folgen lassen. Immer in Begleitung seiner Gemahlin hatte
sich Franz persönlich der Neuordnung der Reste seines Heeres
gewidmet.

Um die Moral der Soldaten wieder anzuheben, sparte er
nicht an Geschenken, Beförderungen, öffentlichen Belobigungen und Belohnungen jeder Art. Wegen der Auszeichnungen traf er hingegen auf Probleme, weil in Gaeta die Medaillen
knapp waren und niemand imstande war, neue zu prägen. Aus
dieser Verlegenheit erlöste ihn Marie Sophie, die die Idee hatte,
die Medaillen durch bunte Bändchen zu ersetzen, die sie eigenhändig anfertigte. Von da an werden in einigen Monaten fast
alle Soldaten von Gaeta »das Band der Königin« an die Brust
geheftet haben.

Marie Sophie war, wie sie später bekennen wird, nie so glücklich wie in jenen Tagen. Sie hatte sich durch Kombinieren des Reitkleides mit der kalabresischen Tracht eine eigene, persönliche Uniform zurechtgemacht. Über dem schwarzen Kostüm im Herrenschnitt trug sie den schwarzen Mantel der Berglandbewohner, weit und schwer, den sie im Scherz als »meinen schönsten Königsmantel« zu bezeichnen pflegte. Sie trug schwarze hohe Stiefel mit doppelten Sohlen, niedrigem Absatz und plumpen Sporen. Sie bedeckte ihr dichtes Haar mit einem schwarzen konischen und breitkrempigen Hut, wie ihn die Bauern Kalabriens verwendeten. In dieser Aufmachung erschien die junge Königin schöner, als wenn sie sich in einer ihrer zahlreichen Pariser Toiletten zeigte, die sie freiwillig in den Schränken des Königspalastes zurückgelassen hatte. Dank ihres neuen »*Looks*« als Soldatenkönigin wird das von Marie Sophie in den damaligen Zeitungen verbreitete Bild bald in der Phantasie vieler junger Männer zum Symbol für den bourbonischen Widerstand.

In wenigen Tagen waren drei Infanterie- und Kavalleriedivisionen wieder aufgestellt worden, während fieberhaft die dringendsten Verteidigungsarbeiten vollendet wurden. Aber da war immer noch das Problem des Feldkommandanten zu lösen. Franz, wenn er sich endlich dazu entschlossen hatte, ein Pferd zu besteigen und mit der Truppe seiner Soldaten zu reiten, hatte keine Lust, das Kommando zu übernehmen. Trotz des erneuten Drängens Marie Sophies hat er noch einmal den Auftrag zurückgewiesen. Und es war ein Fehler, denn das Heer liebte ihn jetzt, während es vor keinem der neapolitanischen Generäle Respekt hatte. Aber Franz war nun einmal so. Nicht einmal in diesem Augenblick, als er dabei war, das Königreich und die Krone endgültig zu verspielen, fand er die Kraft, vor der Geschichte die höchste Verantwortung für das Kommando zu übernehmen, welches nach verschiedenen fehlgeschlagenen Versuchen dem alten Marschall Ritucci, einem ehrenwerten

Soldaten, der nicht mit allzu vielen militärischen Tugenden begabt war, anvertraut wurde.

Während des Monats September elektrisierten zwei kleine militärische Erfolge die Reihen des bourbonischen Heeres. In Wahrheit hatte es sich um zwei kleine Scharmützel gehandelt, doch die Tatsache, daß die Neapolitaner zum ersten Mal seit der Landung in Marsala die davonlaufenden Garibaldianer von hinten sahen, wurde mit einem großen Sieg verwechselt.

Um Franz zu überzeugen, daß sich die Lage zu seinen Gunsten entwickelte, trug außer den beiden kleinen militärischen Erfolgen, außer den ermutigenden Nachrichten, die aus Wien kamen, merklich auch ein abergläubisches Element bei, wie zum Beispiel das Angebot der »Wundertätigen Fahne« von seiten Pius' IX. Die Sache darf nicht überraschen. Im neapolitanischen Königshaus war der Aberglaube geregelt wie eine exakte Wissenschaft. König Ferdinand verfügte über eine Beschwörung für jede besondere Gelegenheit: ob das nun ein Krieg war oder einfaches Bauchweh. Sein Sohn stand ihm um nichts nach. Seine Religiosität, die sehr stark an Bigotterie grenzte, brachte ihn dazu, an das Übernatürliche zu glauben, ohne auch nur einen Schatten von ironischer Skepsis, den sein Vater oft nicht zu verbergen vermochte.

Jene persönlich vom Papst gesegnete Fahne wird dann vervielfältigt und schließlich auch von den Briganten, die später die südlichen Regionen verwüsten sollten, verwendet werden. Es handelt sich um die klassische karierte bourbonische Fahne mit einigen zusätzlichen besonderen Einzelheiten. Doch hier die Beschreibung von einem piemontesischen Offizier, der die Gelegenheit hatte, eine zu beschlagnahmen:

»Es war ein großartiges Quadrat aus weißer Seide, sehr geeignet für eine Prozession. Auf einer Seite sah man Marie Christine (die Mutter Franz' II. und savoyische Prinzessin) vor einer Madonna kniend, die gerade das Savoyerkreuz zertritt. Auf der anderen Seite war die Unbefleckte Empfängnis. Diese

Standarte war vom Papst gesegnet worden, und sie erwarteten sich Wunder von ihr ...«

Wie auch immer, Ende September hielt man den Moment für günstig, die Generaloffensive gegen das Heer Garibaldis zu starten, umso mehr, als es durch das bedrohliche Näherrücken der piemontesischen Truppen an die Grenzen des Kirchenstaates notwendig wurde, sich zu beeilen. Auf der Karte schien die Lage für die bourbonischen Streitkräfte günstig zu sein. Franz verfügte über 28.000 Mann mit 42 Stück Artillerie. Die Garibaldianer waren 23.000 Mann mit 24 Kanonen. Überdies standen die garibaldianischen Streitkräfte in unvorteilhaften Stellungen und waren gezwungen, sich auf einer Linie von über 21 Kilometern auszudehnen.

Die Schlacht begann, wie gesagt, am Montag, dem 1. Oktober, und entwickelte sich zu einer sehr harten Auseinandersetzung. Mehrmals waren die Garibaldianer gezwungen, zurückzuweichen. Auf beiden Seiten wurden heldenhafte Episoden registriert. Franz wurde mehrmals gesehen, als er in der vordersten Linie ritt und sich an der Seite Marschall Rituccis und seiner beiden ältesten Brüder, des 20jährigen Grafen von Trani und des 17jährigen Grafen von Caserta, dem Feuer aussetzte.

Das Hauptziel der Offensive war, die garibaldianischen Verteidiger der Linien vor Capua in die Zange zu nehmen. Um Mittag herum schien dieses Ziel fast erreicht zu sein, und Franz versäumte es nicht, die »Gesegnete Fahne«, die ein Fähnrich vor ihm flattern ließ, zu küssen.

Das war für die Garibaldianer der dramatischste Moment. Garibaldi selbst riskierte zu sterben oder gefangengenommen zu werden. Der General war von den Neapolitanern angegriffen worden, die sein Pferd töteten, und war so tatsächlich gezwungen, sich mit Säbelhieben einen Weg zu erkämpfen, um die eigenen Linien zu erreichen.

Inzwischen hatten die Schweizer und die Truppen von

General Mechel-Bayern die Garibaldianer von Bixio, welche die Höhen besetzten, vertrieben. Nino Bixio selbst war zur Flucht gezwungen worden. Bei diesem Kampf wurde der Jägerleutnant Emil von Mechel, der einzige Sohn des Generals, der an der Seite seines Vaters kämpfte, getötet. Der arme Vater blieb nur einen Augenblick lang – so erzählt die Legende – neben dem Leichnam seines Sohnes stehen. Er grüßte ihn mit dem Ruf *Vive le roi!* und ritt weiter, hinter den flüchtenden Garibaldianern her. In Wirklichkeit scheint es, daß dies nicht ganz so gewesen ist: Von Mechel hielt länger als notwendig an, vielleicht, um die Seinen ausruhen zu lassen, vielleicht, weil er vom Schmerz gebrochen war, wo er hingegen leicht Maddaloni erreichen und die Garibaldianer in die Zange hätte nehmen können.

Nachdem das den »ausländischen« Regimentern mit dem Kommandanten von Mechel anvertraute Umzingelungsmanöver fehlgeschlagen war, war die Schlacht jedenfalls noch nicht zur Gänze entschieden. In den ersten Nachmittagsstunden dauerten die Kämpfe weiter an. Vor Santa Maria Capua Vetere verlebte man dramatische Stunden. Franz ging dorthin, wo die Schlacht am heftigsten war, und lieferte so eine unerwartete Mutprobe. In einem günstigen Augenblick war er es, der mit dem schicksalhaften Ruf »Die Garde vor!« entscheidend eingriff.

Leider aber hatte die königliche neapolitanische Garde nichts gemeinsam mit der ruhmreichen napoleonischen Garde, die im geeigneten Moment eingriff, um das Schicksal der Schlacht zu entscheiden. Die Männer der Garde waren Soldaten, die schön anzusehen waren (Ritucci wird darauf bestehen, daß sie wegen ihres physischen Aussehens und nicht wegen ihrer Qualität ausgewählt würden), die daran gewöhnt waren, geschlossen bei den Paraden von Piedigrotta zu marschieren, aber keinerlei Kriegserfahrung hatten, und trugen so dazu bei, die Lage zu verschlechtern. Bei den ersten Gewehrschüssen der Garibaldianer hörte die Garde tatsächlich auf, anzugreifen, ließ die Pferde kehrtmachen und brachte bei der Flucht die ihr folgenden bourbonischen Truppen durcheinander und stiftete Verwirrung. Vergeblich stürzte sich der König persönlich unter seine Männer und rief sie dazu auf, den Kampf wiederaufzunehmen. Jetzt war der Zauber gebrochen.

Garibaldi seinerseits erfaßte intuitiv die Krise, in die der Feind schlitterte, schickte sofort die Reserven, die er mit großer Eile aus Caserta dank der Eisenbahnstrecke, die einmal der Stolz des bourbonischen Königreiches gewesen war, kommen hatte lassen, in die Schlacht. Für die neapolitanischen Soldaten wurde der Traum zunichte. Um 5 Uhr nachmittag gab, mit dem Einverständnis des Königs, Marschall Ritucci das Zeichen zum allgemeinen Rückzug, der jedoch sehr geordnet durchgeführt wurde. Die Soldaten erreichten die Unterkünfte in Capua, von wo sie im Morgengrauen aufgebrochen waren, ohne daß die Garibaldianer es gewagt hätten, sie zu stören.

Die Schlacht vom Volturno endete so mit einem überraschenden Sieg der Garibaldianer und einer sehr ehrenvollen Niederlage der Neapolitaner. Für einen Großteil des Tages waren die Bourbonischen dem Sieg sehr nahe gewesen. Zum Nachteil gereichte ihnen die Minderwertigkeit ihrer Kommandanten gegenüber der strategischen Geschicklichkeit Garibaldis, der, obwohl er zum ersten Mal an einer echten Feldschlacht teilnahm, diese schließlich glücklich zu Ende führen konnte. Es bleibt die Tatsache, daß die Anzahl der toten und verwundeten Garibaldianer um sehr viel höher war als die der Neapolitaner. Insgesamt verlor Garibaldi bei diesem Zusammenstoß ungefähr 20 Prozent seines kleinen Heeres.

Am Abend des 1. Oktober verteilte Franz in Capua »Bänder« und Belobigungen. Er war betrübt, jedoch nicht entmutigt. Der ungestüme Kampfgeist seiner Soldaten, die dem Tod entgegensahen mit dem Ruf »Es lebe der König!« hatte ihn überrascht und gerührt. Andererseits hatte diese Schlacht, wenn auch verloren, gezeigt, daß die neapolitanischen Soldaten zu kämpfen verstanden. In den Reihen herrschte tatsächlich noch viel Aufregung, und der Wunsch nach Vergeltung war groß, die jüngeren Offiziere zeigten offen ihre Überzeugung, daß, wenn die Schlacht am nächsten Morgen wiederaufgenommen würde, die Garibaldianer besiegt werden würden. Und sie hatten recht: In diesem Moment befanden sich Garibaldis Freiwillige wirklich in einer Krise. Alle Historiker behaupten, daß eine neuerliche Offensive der Bourbonen zu einem Zeitpunkt, wo Garibaldi noch keine Zeit gehabt hätte, seine Reihen neu zu ordnen, ihn den entscheidenden Schlag versetzt hätte. Auch Franz dachte in Wahrheit so, aber beim am selben Abend zusammengetretenen Kriegsrat wirkte sich seine angeborene Unsicherheit fatal aus. Er ließ sich in der Tat vom alten Marschall Ritucci überzeugen, daß es unmöglich wäre, am nächsten Tag die Offensive wiederaufzunehmen. Als Franz jedoch in derselben Nacht nach Gaeta zurückgekehrt war und von seiner Frau, die sofort verstanden hatte, daß eine ähnliche Gelegenheit nie mehr kommen würde, dazu getrieben wurde, änderte er von neuem seine Meinung und telegraphierte an Ritucci den Befehl, ohne Zögern anzugreifen. Leider war Ritucci nicht von denselben kriegerischen Gefühlen beseelt. Er war alt, müde und vor allem in seinem Herzen überzeugt, daß die Partie schon seit langem verloren war. Er setzte dem Befehl des Königs seine übliche passive Resistenz entgegen, indem er neuerliche Schwierigkeiten in Aussicht stellte, sich über das Fehlen von Informationen über den Feind beklagte und die Möglichkeit einer garibaldianischen Gegenoffensive befürchtete. So vergingen kostbare Stunden, ohne daß eine Entscheidung getroffen wurde.

Inzwischen überstürzten sich die Ereignisse. Am 3. Oktober übernahm Viktor Emanuel II. das Oberkommando über das Heer und rückte durch den Kirchenstaat in Richtung Neapel vor, ohne auch nur durch Vorlage einer üblichen Kriegserklärung die Form zu wahren. Das bewaffnete Einschreiten wurde von Cavour mit der Notwendigkeit, die von der Revolution bedrohte Ordnung in Süditalien wiederherzustellen, gerechtfertigt.

Die von der Regierung in Turin ausgespielte Karte war sehr riskant, und es fehlte nicht viel, daß durch sie ein europäischer Krieg ausgebrochen wäre. Der piemontesische Handstreich versetzte die Kanzlerämter in der Tat in Aufruhr. Spanien und Frankreich brachen die diplomatischen Beziehungen zu Turin ab, während Österreich, einmütig mit Preußen und Rußland, mit seinen Truppen zum Mincio rückte. Das Risiko war also groß. Von einem Augenblick zum anderen konnte der Traum der Einheit wie ein Kartenhaus einstürzen.

Es war England, das bewerkstelligte, das Gewitter, das sich über Europa zusammenbraute, zu besänftigen. Die englische Regierung, die, wie bekannt ist, der Schaffung eines einheitlichen italienischen Staates im Mittelmeer günstig gesinnt war, intervenierte mit Druck mittels eines drohenden Telegramms, welches der Außenminister, Lord Russell, an alle europäischen Staatskanzleien schickte. Der Text, der, wie man erzählt, Graf Cavour vor Freude hatte weinen lassen, besagte: »Die Regierung Ihrer Britischen Majestät ist gezwungen, anzuerkennen, daß die Italiener am besten ihre eigenen Interessen beurteilen können. Nach den erstaunlichen Ereignissen, denen wir beiwohnten, ist es schwer zu glauben, daß der Papst und der König beider Sizilien das Herz ihrer Völker besitzen. Die Regierung Ihrer Britischen Majestät sieht keinen ausreichenden Grund, der den strengen Tadel rechtfertigt, mit welchem Österreich, Frankreich, Preußen und Rußland die Akte des Königs von Sardinien belegt haben.«

Viktor Emanuel hatte also freie Bahn. Niemand konnte ihn mehr aufhalten, ohne sich einer Reaktion des mächtigen britischen Reiches auszusetzen. Nachdem es am 12. die neapolitanische Grenze über den Tronto überquert hatte, rückte das piemontesische Heer im Eilmarsch über die Abruzzen in Richtung Neapel vor, wo Garibaldi für den 21. die Volksabstim-

mung für die Einheit des Königreiches von Neapel mit Piemont
unter dem Zepter der Savoyer anberaumt hatte.

Man kann sich sicherlich leicht die Bestürzung, die Wut und
die Verwirrung vorstellen, welche dieses Aufeinanderfolgen von
dramatischen Ereignissen auf der bourbonischen Seite hervorriefen. Der arme Franz, den es zwischen verschiedenen Meinungen hin und her riß und der wie gewöhnlich unfähig war, für
irgendeine Initiative die volle Verantwortung zu übernehmen,
schien die Orientierung verloren zu haben und kopflos zu sein.
Schließlich ließ er sich von seiner Frau und den tapfersten
Offizieren überzeugen, die Offensive mit Neapel als direktem
Ziel, das sie vielleicht vor dem für die Volksabstimmung festgesetzten Datum erreichen könnten, wiederaufzunehmen. Aber
dann änderte er noch einmal seine Meinung, nachdem er
Ritucci angehört hatte, der es für absurd hielt, in Richtung
Neapel vorzugehen, während das piemontesische Heer hinter
ihnen vorrückte. Folglich wurde überhaupt keine Entscheidung
getroffen außer der, gegen das Heer Viktor Emanuels Widerstand zu organisieren. Das aber schlug am 19. Oktober ohne
Schwierigkeiten die neapolitanischen Truppen unter dem Kommando von Marschall Douglas Scott, der mit seinem ganzen
Generalstab vom IV. Armeekorps unter dem Kommando Cialdinis gefangengenommen wurde, in die Flucht.

Zwei Tage später, am 21., stimmte die Bevölkerung des
Reiches beider Sizilien für die Annexion »an das Italien König
Viktor Emanuels und seiner legitimen Nachkommen«, mit
einer riesigen und verdächtigen Mehrheit: 1,034.258 »ja«
gegen 10.327 »nein«. Am 26. Oktober traf sich Garibaldi bei
der kleinen Brücke von San Cataldo, wo die Caianellostraße
eine Biegung in Richtung Teano macht, mit Viktor Emanuel
und begrüßte ihn als »König von Italien«.

In der Zwischenzeit war Ritucci, der Anhänger der Politik
des Abwartens, von Franz durch den kühneren General Salzano
ersetzt worden, der sofort Offensivoperationen einleitete. Bei

den Zusammenstößen mit den Piemontesern verhielten sich die Neapolitaner ehrenvoll, aber die Ungleichheit der Streitkräfte entschied gegen sie. Am 2. November war die Festung von Capua gezwungen, zu kapitulieren, während die piemontesische Flotte, die ganz nahe zur Küste gestoßen war, mit ihrer Artillerie die bourbonischen Verteidigungsstellungen längs des Garigliano außer Gefecht setzte. Es war nötig, den Rückzug nach Gaeta zu verfügen. Ein Teil des neapolitanischen Heeres ging in päpstliches Territorium, der andere bereitete sich auf die Verteidigung der Festung vor.

XII

Ein Ruhmesstrahl auf dem Bollwerk von Gaeta

Wenn, wie es die bessere Rhetorik verlangt, wenigstens ein Ruhmesstrahl den Untergang einer Dynastie erhellen soll, verdienten ihn sich Franz II. und Marie Sophie auf dem Bollwerk von Gaeta. Denn wenn es wahr ist, daß ein König und eine Königin sich in den entscheidenden Augenblicken als solche zeigen sollen, entpuppten sich die letzten Herrscher von Neapel bei dieser Gelegenheit als bewunderungs- und respektwürdig. Heute, im Licht der Geschichte, nimmt ihr Verhalten in Gaeta sogar die Bedeutung eines Vorzeichens an. In der Tat wird kein »Ruhmesstrahl« auf den Urenkel des »Invasorenkönigs« fallen, wenn auch er 86 Jahre später gezwungen sein wird, ins Exil zu gehen.

In Gaeta wurde auch das letzte verzweifelte Aufbäumen der alten Welt registriert, die nicht ohne Kampf untergehen wollte. Die legitimistische Welt, die noch den von der Französischen Revolution hinweggefegten absolutistischen Prinzipien verhaftet war, wollte tatsächlich in Gaeta den letzten Widerstand gegen das unausweichliche Vordringen der modernen Welt leisten. Das Umfeld, dem dieses Opfer gebracht wurde, liefert ein weiteres Bild, das Bände sprach. Die alte aristokratische Welt kann durch die mittelalterlichen Befestigungsanlagen jener seit Jahrhunderten uneingenommenen Festung symbolisiert werden; die neue durch die modernen Kanonen »mit gezogenem Lauf« Cialdinis, die sie in Trümmer schossen.

Von dieser ominösen Belagerung ist zuviel oder zuwenig gesprochen worden. Unsere Geschichte, wie gewöhnlich von den Siegern geschrieben, tut sie als sekundäre Episode ab, macht sich über die armen kleinen Soldaten »Franceschiellos« lustig und ignoriert fast zur Gänze das heroische Verhalten Marie Sophies. Die legitimistischen Historiker ihrerseits hoben auf übertriebene Weise die Tugenden jener jungen Herrscherin hervor, die in ganz Europa als »Heldin von Gaeta« berühmt werden sollte. Sie besangen sie so, daß Marie Sophie in der Folge selbst zum Symbol des Legitimismus oder, wenn man so will, der »Anti-Garibaldi«-Bewegung der Reaktion wurde. So ist es wahr, daß, um ihr leuchtendes Bild zu verdunkeln, die Presseagenten des Risorgimento, wie wir sehen, nicht zögern werden, gegen sie Skandalkampagnen zu organisieren, indem sie sich der schändlichsten Methoden bedienten.

In der Tat wird Marie Sophie seit dem ersten Tag ihrer Ankunft in Gaeta zum Symbol der Belagerung. Ihr von den Zeitungen verbreitetes Image als romantische Heldin erregt die Aufmerksamkeit ganz Europas. Wie von »Buschtrommeln« herbeigerufen beeilen sich die kühnsten Sprosse der höchsten Adelshäuser, nach Gaeta zu kommen, um der jungen Königin ihr Schwert und oft auch ihr Herz anzubieten, während die Damen des europäischen Adels wetteifern, ihr konkrete Zeichen ihrer Bewunderung für diejenige, die sich nun anschickte, die berühmteste der sogenannten Wittelsbacher Schwestern zu werden, zukommen zu lassen. Ihrerseits begegnet Marie Sophie dieser dramatischen Bedrängnis mit einem Gefühl der Befreiung. Später sollten ihre Apologeten ihre königlichen Tugenden besingen, ihren Opfermut und sie (so tat es Daudet in einem von ihr inspirierten Roman) als *reine de tragédie* an der Seite eines *roi d'opérette* darstellen. Nichts von alldem. Marie Sophie ist nur ein romantisches Mädchen von 19 Jahren, das in diesem

Ausnahmezustand, wo alle geheuchelten höfischen Gewohnheiten verbannt worden waren und das einfache Kasernenleben
notwendig wurde, endlich den idealen Ort findet, um voll seinem Überschwang freien Lauf zu lassen und das Abenteuer zu
erleben, wovon es immer geträumt hatte.

Marie Sophie erlebte also auf Gaeta die aufregendsten Tage
ihres Lebens und wird diese nie vergessen. Sie erlebte auch die
schönsten Momente ihrer unglücklichen ehelichen Verbindung.
Denn das Königspaar war jetzt vereint wie nie zuvor. Auch
Franz reagierte in der Tat auf die Belagerung mit würdiger
Festigkeit. Im Gegenteil, seine gewohnte Schüchternheit verwandelte sich bei mehr als einer Gelegenheit geradezu in Kühnheit. Stolz auf das Verhalten seiner Gemahlin, die jetzt endlich
an seiner Seite im Rauch der Schlacht reiten konnte, machte der
letzte König von Neapel, wenn es jetzt auch zu spät ist, die
Schuld und die Fehler einer untergehenden Dynastie wieder gut.

Gaeta ragt dreieckig auf einem Vorgebirge empor, das sich
über eineinhalb Kilometer lang ins Tyrrhenische Meer erstreckt
und bis zu 167 Meter über dem Meeresspiegel liegt. Eine flache
Bodensenke, der Isthmus von Montesecco genannt, verbindet
das Vorgebirge mit dem Festland und steigt dann stufenweise
in einer Reihe von Anhöhen an. Dank dieser Lage wurde Gaeta
immer schon als natürliches Fort genutzt, welches die
Befestigungskunst der Menschen mit der Zeit in eine praktisch
uneinnehmbare Festung verwandelte. Die Belagerungen, denen
sie durch Jahrhunderte hindurch ausgesetzt war, waren tatsächlich zahlreich. Die, die am 4. November 1860 durch die
piemontesischen Truppen unter dem Kommando General
Enrico Cialdinis, des zukünftigen Herzogs von Gaeta, ihren
Anfang nahm, war die vierzehnte.

Zu diesem Datum befanden sich in der Festung ungefähr
12.000 Soldaten und 900 Offiziere, denen man die ungefähr
3000 Einwohner des antiken Borgo (Weilers) hinzuzählen muß.

Die Festung verfügte über insgesamt 500 Geschütze verschiedenen Kalibers und verschiedenen Alters, aber wirklich wirksame gab es nur wenig mehr als 300, in acht Batterien aufgeteilt, deren wichtigste Torre d'Orlando, Transilvania, Trinità, Regina und Philipstadt hießen.

Die Belagerungsarmee Cialdinis bestand aus 15.500 Mann und 808 Offizieren, die über eine weitaus geringere Anzahl an Geschützen verfügten (nicht viel mehr als 160 Stück, wenn man auch die später von der hinzugekommenen sardischen Marine zur Verfügung gestellten hinzurechnet). Aber mit einem grundlegenden Unterschied: Die piemontesischen Kanonen hatten alle »einen gezogenen Lauf«, das heißt, sie waren innen mit jenen Windungen ausgestattet, was einen erheblichen Vorteil in bezug auf die Schußweite (sie konnten treffen, ohne getroffen zu werden), größere Treffsicherheit, Durchschlagskraft und eine heftige, bis dahin unerwartete Wirkung auf die Verteidigung gestattete.

Den Belagerten standen nur wenig mehr als ein Dutzend Kanonen »mit gezogenem Lauf« zur Verfügung, denen man weitere vier plus einer Haubitze hinzufügen mußte, deren »Lauf«, so gut es eben ging, mit echt südländischer Findigkeit unter Anwendung einer Maschine (Vorrichtung), die für die Herstellung von Schrauben benützt wurde, »gezogen worden war«. Alle anderen waren antiquierte Kanonen mit glattem Lauf und kurzer Schußweite oder mit ungewisser Treffsicherheit.

In den ersten zwei Novemberwochen schwiegen die Kanonen jedenfalls. Auf der einen und auf der anderen Seite wurde intensiv daran gearbeitet, die Angriffs- und Verteidigungsarbeit vorzubereiten, während gleichzeitig die französische Diplomatie unter Drängen besonders seitens von Kaiserin Eugénie, die sich das Schicksal Marie Sophies sehr zu Herzen nahm, vergeblich irgendeine Lösung des Problems zu finden suchte.

Die Lage im Inneren von Gaeta wurde von Tag zu Tag

schwieriger. Die Verpflegung und auch die Ausrüstung der wegen des Hinzukommens von Freiwilligen und verstreuten Soldaten vermehrten Anzahl der Menschen bereiteten der Garnison Sorgen. Moderne Waffen zu kaufen war außerdem schwierig geworden, weil Bargeld fehlte. Franz hatte so Gelegenheit, sofort zu bereuen, daß er »patriotisch« sein ganzes Vermögen und den Staatsschatz auf den Banken von Neapel gelassen hatte. Diesbezüglich ließ sich die piemontesische Regierung auch in einen ziemlich unklaren Versuch verwickeln, den König selbst zu bestechen, und zwar mittels eines sizilianischen Anwalts namens Goritte. Dieser behauptete, imstande zu sein, vom neapolitanischen Königspaar die friedliche Übergabe von Gaeta als Gegenleistung für die Rückgabe des persönlichen Eigentums und der Bankeinlagen zu erreichen. Eine viel oberflächlichere Kenntnis von Franz' Charakter hätte schon genügt, um zu verstehen, daß der Plan keinen Erfolg haben konnte: Er stellte tatsächlich seine Ehre über jedes irdische Gut, während Marie Sophie zu stolz war, sich herbeizulassen, mit dem Feind zu paktieren.

Cavour ließ sich jedoch von dieser günstigen Gelegenheit in Versuchung führen und billigte den Versuch mit dem Kommentar: »Schlagt König Franz nur goldene Brücken. Der Fall Gaetas ist unbezahlbar.«

Rechtsanwalt Goritte, gut ausgestattet mit »Schwarzgeld« (Fonds, Deckungen), schickte sich so zu diesem Unternehmen an, das aber keinerlei Ergebnis zeigte, auch wenn sich sicherlich irgendwer bereicherte.

Inzwischen verschärften sich die Lebensbedingungen im Inneren der Festung immer mehr. Über 15.000 Personen drängten sich in jener kleinen Stadt, die zu normalen Zeiten nicht mehr als 3000 beherbergte. Dann gab es hier mehr als 1000 Pferde, die zu nichts nütze waren und für die es kein Futter gab. Die armen Tiere streunten, zu Skeletten abgemagert, durch die Stadt und rupften die letzten Grasbüschel aus den Mauern. Die

Männer besaßen fast alle keine Decken, es fehlte das Stroh für die Strohsäcke, und sie waren gezwungen, auf dem nackten Boden, unter beängstigenden hygienischen Umständen, zu schlafen. Die Gefahr einer Epidemie war nicht geringer als die, welche der Feind darstellte, und die pünktlich, in kurzer Zeit, zur Wirklichkeit wurde.

Die erste, die den Brandgeruch verspürte, war Königinmutter Maria Theresia, die bei den ersten Kanonenschüssen mit ihren kleinsten Kindern an Bord eines spanischen Schiffes nach Rom fuhr. Auch alle Mitglieder des diplomatischen Korps, die in einem ersten Moment der Euphorie die schöne Geste vollführen wollten, dem König in sein Exil zu folgen, verließen Gaeta. Das Verlassen der Diplomaten erfüllte Franz merklich mit Traurigkeit; er hatte, um zu verbergen, daß dies in Wirklichkeit eine Flucht war, akzeptiert, sich zu der List herzugeben und vorzutäuschen, daß er selbst es war, der ihnen die Abreise riet. Um seine Rolle ganz auszuspielen, überreichte der König beim Abschied jedem den Orden von San Gennaro (des heiligen Januarius). Aber Marie Sophie gegenüber machte er einen bitteren Kommentar. »Die Ratten verlassen das sinkende Schiff«, sagte er. Von allen Diplomaten blieben nur der unbeugsame Botschafter Spaniens, Bermúdez de Castro, und der bayerische Militärattaché in Gaeta.

Um der Garnison Erleichterung zu verschaffen, dachte man auch daran, eine gewisse Anzahl treuer Männer, die dazu verwendet werden konnten, die »Reaktion« in den Abruzzen und an den Grenzen des Kirchenstaates zu verstärken, aus der Festung gehen zu lassen. Seit geraumer Zeit langten tatsächlich aus den verschiedenen Zentren des Königreiches Nachrichten über die Aktivität der bourbonischen Partisanen, die aus eigener Initiative den Kampf gegen das Besatzungsheer wiederaufgenommen hatten, ein. Zusammen mit zahlreichen Soldaten verließen so Oberst Luvarà und Graf de Christen, ein französischer Legitimist, Gaeta mit dem Auftrag, den Widerstand im Land zu organisieren. Die Pläne de Christens zu vereiteln, daran dachte der piemontesische General de Sonnaz, dem es nach einem heftigen Zusammenstoß in der Marsica gelang, den Zug der Rebellen durcheinanderzubringen. Das Feuer jedoch war gelegt worden. Von da an wird dem piemontesischen Heer die Notwendigkeit obliegen, außer der Belastung durch die Belagerung Gaetas auch die sich erhebende Brigantenbewegung, die einige Jahre lang die Provinzen des ehemaligen Königreiches verwüsten wird, zu unterdrücken.

Während die Belagerung immer härter wurde, hatte es Marie Sophie übernommen, begeistert eine große und ungewohnte Tätigkeit zu verrichten: Besuche der Verbände in den Kasernen, Besichtigungen an Ort und Stelle der Befestigungs- und Verteidigungsarbeiten, der Einrichtungen für den Beistand der Verwundeten und Kranken, direkte Begegnung mit der Zivilbevölkerung, bei der die junge Königin sehr bald sehr populär wurde. Ihre natürliche Kühnheit, vereint mit einer guten Portion jugendlichem Überschwanges, trieb sie an die Orte, wo die Gefahr am größten war. Sie besuchte die exponiertesten Artilleriestellungen und brachte den Soldaten, die sie natürlich als ihr Idol anbeteten, ihr strahlendes Lächeln und ein Wort der Ermutigung mit.

Der legendäre Heiligenschein, der um sie herum entstand, verfehlte es nicht, die Linien zu überschreiten und die piemontesischen Stellungen zu erreichen. Die Offiziere der Belagerung gewöhnten sich daran, die Feldstecher auf die feindlichen Batterien zu richten, wo der schwarze Fleck eines Mantels die Anwesenheit dieser Frau verriet, die als wunderschön beschrieben wurde, die herumritt, ohne sich um die Gefahr zu kümmern. Später sollte erzählt werden, daß einige nicht sehr romantische piemontesische Artilleristen ihre Kanone auf sie gerichtet hätten, um die Hauptanimateurin des Widerstandes zu liquidieren. Aber das sind nur von legitimistischen Historikern aufgelesene Gerüchte und daher wahrscheinlich nicht wahr.

Andererseits fehlte es im Bereich der fortgesetzten Beziehungen zwischen Belagerten und Belagernden mit Austausch von Botschaften oder von Unterhändlern nicht an sympathischen, galanten Äußerungen. Zum Beispiel, als das Bombardement intensiver wurde, fügte General Cialdini, als er das Ansuchen des Festungskommandanten, die drei mit einer schwarzen Fahne gekennzeichneten Spitäler (eine alte Gewohnheit bei kriegerischen Auseinandersetzungen) zu verschonen, der Antwort aus eigenem folgendes hinzu: »Ich halte es für die Pflicht der militärischen Höflichkeit, Euer Wohlgeboren aufzufordern, eine vierte Fahne, größer als die anderen, auf dem Palast, in welchem die Königin wohnt, die durch Rang und Geschlecht jede Rücksicht von mir verdient, aufzuziehen.«

Aber wenn Cialdini dachte, mit dieser des 18. Jahrhunderts würdigen Ritterlichkeit bei Marie Sophie Eindruck zu machen, täuschte er sich sehr.

»Antwortet dem General«, sagte die Königin, »daß in einem solchen Fall die Fahnen sehr zahlreich sein müßten, denn ich beabsichtige, überall dort zu sein, wo einer meiner Soldaten kämpft.«

Die offizielle Antwort, die Cialdini erhielt, lautete jedoch anders und viel diplomatischer. Sie besagte: »Obwohl Ihre Majestät, die Königin, die ritterliche Höflichkeit Euer Wohlgeboren sehr wohlwollend aufgenommen hat, hat sie jedoch den Wunsch geäußert, daß, anstatt eine vierte Fahne an ihrem Wohnort aufzuziehen, diese auf dem Heiligtum des heiligen Franziskus, einem staatlichen Gebäude, gehißt werden könnte.«

Indem er gute Miene zum bösen Spiel machte, garantierte der General, daß »wo immer die schwarze Fahne wehe, alles, was möglich sei, getan würde, damit die Gebäude vom Feuer der Belagerung verschont blieben«. Aber als später die piemontesischen Geschosse überallhin fallen sollten, auf Kirchen und Spitäler, wird er sich vor den Vorwürfen der Belagerten mit einem zynischen, aber realistischen Scherz verantworten: »Die Geschosse haben keine Augen.«

Andererseits war zu jener Zeit die Treffsicherheit der Kanonen sprichwörtlich ungenau und auch nicht so gefährlich, wenn man sie mit den modernen Techniken vergleicht. Die Geschosse waren oft einfache Eisenkugeln oder explosive spitze Geschosse mit einem scharfgemachten Zünder, die, wenn sie explodierten, dies geschah aber nicht immer, keine schweren Schäden verursachten. Der psychologische Effekt war jedenfalls fürchterlich, auch deshalb, daß, wenn die Artillerie schoß, auch das »Feuer des Freundes« gefährlich wurde. Ein Verteidiger erzählte zum Beispiel folgendes: »Wir waren inmitten zweier mörderischer Feuer. Unsere Geschosse flogen über unsere Köpfe und richteten ziemlich große Schäden an, weil die Granaten oft explodierten, kaum daß sie aus den Kanonen abgeschossen waren. Und die Geschosse des Feindes explodierten dann entweder, bevor sie ihr Ziel erreichten, und fielen auf uns oder prallten auf den Bastionen auf, schlugen zurück und trafen mit verheerender Wirkung in unsere Mitte. Besser war es bei Nacht, weil wir, wenn wir sehr wachsam waren, den feindlichen Bomben, die man mit ihrem gezündeten Zünder kommen sehen konnte, ausweichen konnten, und wir hatten einige Sekunden, um ihnen auszuweichen ...«

Die Intensität des Bombardements nahm zu, und so wurde auch der Königspalast unsicher, und die Herrscher entschlossen sich, in eine einfache Kasematte der San-Ferdinando-Batterie zu übersiedeln und so gut wie möglich drei Räume, die bereits von den Schanzgräben des Pionierkorps als Schlafsäle benutzt worden waren, einzurichten. Marie Sophie und Franz blieben für die gesamte Dauer der Belagerung und untersagten, dort die schwarze Fahne zu hissen. Es war gerade in jenen engen Räumen, wo Franz und Marie Sophie die intensivsten und intimsten Tage ihrer nicht glücklichen Verbindung verlebten.

Wenn der König auch weiterhin Gemütsstärke und unvermutete körperliche Courage unter Beweis stellte, blieb er jedoch immer noch der schüchterne junge Mann, introvertiert und voller Minderwertigkeitskomplexe. Der Überschwang seiner Frau hatte ihn jedenfalls zu seinem Vorteil angesteckt. Er wollte sie nun immer an seiner Seite haben, ob während der Besichtigung der Verteidigungsanlagen oder bei den Kriegsberatungen. Stolz auf den Einfluß, den sie auf die Verteidiger und die Zivilbevölkerung hatte, stellte er sich freiwillig in ihren Schatten und ließ erkennen, daß ihm diese gewissermaßen untergeordnete Rolle gefiel. Und er ließ keine Gelegenheit verstreichen, ohne ihr gegenüber seine Bewunderung und Dankbarkeit für ihr heldenhaftes Verhalten Ausdruck zu verleihen. Als ihm, zum Beispiel, Napoleon III. schrieb, um ihm zu raten, seine Gemahlin angesichts der immer schwieriger werdenden Situation in Sicherheit zu bringen, hatte Franz zuerst fest betont, daß er sich eher unter den rauchenden Ruinen von Gaeta begraben ließe, als »gefangengenommen zu werden und an meiner Person die Königswürde erniedrigen zu lassen«, und dann in bezug auf seine Frau mit schlecht verhohlenem Stolz hinzugefügt: »Ich habe jede Bemühung unternommen, um Ihre Majestät zu überreden, sich von mir zu trennen, aber ich bin besiegt worden von ihren zärtlichen Bitten und ihrem großmütigen Entschluß. Sie will mit mir bis zum Ende mein Geschick teilen und sich durch die Leitung der Verwundeten- und Krankenpflege in den Spitälern aufopfern. Vom heutigen Abend an gibt es in Gaeta eine barmherzige Schwester mehr.«

Franz hätte besser daran getan, wenn er geschrieben hätte, daß es in Gaeta »einen Soldaten mehr« gab, denn dies war die genaue Beschreibung der heroischen Königin. Aber, wie wir wissen, hatte Franz ein frommes Gemüt und eher die Eigenschaften eines Heiligen als die eines kriegerischen Königs.

Ihrerseits, auch wenn sie sich, wie wir sehen werden, im Beistand der Verwundeten, die sie wie eine gute Fee um Hilfe anriefen, aufopferte, war Marie Sophie alles andere als eine

»barmherzige Schwester«. Keineswegs unempfindlich gegenüber den Aufmerksamkeiten, die ihr die Offiziere und Soldaten
zeigten, benutzte sie auch ihren weiblichen Charme, um den
Widerstandsgeist zu nähren. Der allgegenwärtige Bermúdez de
Castro war immer an ihrer Seite, auch in Momenten, wo die
Gefahr sehr groß war, um ihr ritterlichen Schutz zu gewähren.
Admiral Le Barbier de Tinan, der Kommandant des französischen Geschwaders, das vor Gaeta vor Anker lag, um die
Schiffsblockade zu verhindern, war rettungslos verliebt in sie.
Dies waren auch zahlreiche ausländische freiwillige Legitimisten und sogar einfache Soldaten, die ihr plumpe, jedoch ehrliche Liebesgedichte schickten. Für alle stellte schließlich der
Anblick der Königin, die mitten unter ihnen zu Pferde erschien,
elegant im Damensattel, mit ihrer seltsamen Uniform, ruhig
und fröhlich mit der Frische eines noch nicht zwanzigjährigen
Mädchens ein Motiv der Stärkung und der Begeisterung dar.

Es gibt unzählige Episoden, deren Protagonistin sie war,
und auch wenn viele durch die Phantasie der Soldaten übertrieben worden sind, haben alle einen sicheren Wahrheitsgehalt.
Marie Sophie hatte andererseits in diesem Kriegsmilieu die
Gelegenheit gefunden, jene Träume eines abenteuerlustigen
Mädchens, die sie in ihrem Herzen seit ihrer frühesten Kindheit
gehegt hatte, zu verwirklichen. Die junge Herrscherin bewegte
sich furchtlos, risikofreudig und, vergessen wir das nicht,
durchdrungen von jenem Zug zum heroischen Wahnsinn, der
alle Wittelsbacher beseelte, inmitten von Soldaten und Kanonen
wie ein Fisch im Wasser. Eines Tages, als sie in Begleitung von
General Cutrufiano die Batterien an der Meeresfront besichtigte, befand sie sich plötzlich unter Beschuß der piemontesischen Kanonen. In der darauffolgenden Verwirrung warf sich
ein junger Leutnant namens Raffaele Mormile, als er ein Geschoß herannahen sah, auf die Herrscherin und bedeckte sie zur
Gänze mit seinem Körper. Das Geschoß explodierte wenige
Meter entfernt von den beiden umschlungenen Körpern und

schüttete einen Trümmerregen über sie. Doch die Königin schien keineswegs verängstigt zu sein. Sie dankte dem heldenhaften Leutnant, staubte sich ihr Kleid ab, dann, als sie bemerkte, daß dem General nur ein Rückenteil seines Mantels verblieben war, weil ihm der andere von einem Splitter weggeschnitten worden war, begann sie zu lachen, was sofort alle Soldaten der Batterie ansteckte. Unnötig zu sagen, daß Leutnant Mormile mit einem »Band der Königin« dekoriert wurde. Ein anderes Mal, als sie gerade mit dem allgegenwärtigen Bermúdez im Gespräch war, wurde sie von Fensterglassplittern, die bei der Explosion einer Granate entstanden waren, getroffen. Auch bei dieser Gelegenheit zeigte Marie Sophie ihren gewohnten Mut, nicht ohne ein Quentchen ironischen Leichtsinns.

»Das ist wirklich eine Unhöflichkeit vom Feind«, meinte sie lächelnd, »mich nirgends in Ruhe zu lassen. Vor kurzem hat er mich aus einem Zimmer hinausgejagt, jetzt läßt er mich nicht einmal in diesem in Ruhe ...«

»Jetzt aber«, erwiderte der spanische Botschafter, »bekam Ihre Majestät endlich Ihren Wunsch erfüllt, eine Kugel aus der Nähe zu sehen.«

»*Oui*«, antwortete die Herrscherin, »*mais j'aurais bien désiré une petite blessure.*« Sie hätte sich eine kleine Verwundung gewünscht.

Wenn sie nicht inmitten der Soldaten ritt, verbrachte die Königin einen Großteil ihrer Zeit bei den Verwundeten. Die Soldaten beteten sie an, und alle wollten ihr die Hand küssen. Einer von ihnen, ein Schwerverwundeter, wagte es, sie um ihren Beistand während der Nacht zu bitten, und Marie Sophie erfüllte den Wunsch des Sterbenden und blieb bei ihm, bis der Tod eingetreten war. Ein anderer, ebenfalls ein Sterbender, wollte ihr seine Ersparnisse anvertrauen, um sicherzugehen, daß sie seiner Frau übermittelt würden.

Inzwischen wurden die hygienischen Zustände in der Festung von Tag zu Tag schlechter. Der Schmutz und die toten Tierkörper verpesteten die Luft. Auch die Beerdigung der Gefallenen hatte ernsthafte Probleme verursacht, weil sich der Friedhof außerhalb der Mauern befand und daher nicht erreichbar war. Man löste die Situation, indem man die Leichen unter dem Pflaster der Straßen des Ortes begrub, wo sie sich jetzt noch befinden. Die Läuse, die unausbleiblichen Leidensgenossen aller Soldaten, drangen in kurzer Zeit überall ein, inklusive der Zimmer und Gewänder der Herrscher. Pater Buttà, der bourbonische Kaplan, erzählte: »Eines Tages erschauerte ich, als ich sie auf dem schwarzen Samtkleid der Königin herumwimmeln sah. Ich setzte ihren natürlichen Ekel voraus, wenn sie das sah, aber nichts davon: Als sie von mir mit allem Respekt darauf aufmerksam gemacht wurde, sagte sie lächelnd: ›Mein Kleid hat sich bevölkert!‹ Sie wollte nicht erlauben, daß ich mit meinem Taschentuch diese ekelhafte Bevölkerung wegputzte, sie nahm jedoch eine Gerte und putzte sie selbst weg.«

Wie dies nur natürlich war, kam es bald zu einer Typhusepidemie, die mehr Opfer forderte als die piemontesischen Geschosse. Auch bei dieser Gelegenheit war die Königin ein Beispiel für Selbstverleugnung. Als die Ansteckung auch die königliche Kasematte erreicht hatte (es starben unter anderen der Adjutant des Königs, General Ferrari, und der Beichtvater der Königin, Monsignore Eichhölzer), war von seiten des Königs viel Drängen nötig, um sie dazu zu bewegen, sich von der Ansteckungsgefahr so weit weg wie möglich entfernt zu halten.

Franz konnte sicherlich nicht mit dem persönlichen Zauber seiner Frau konkurrieren, jedoch verdiente auch sein Verhalten die Bewunderung seiner Soldaten, die sahen, daß er dieselben Opfer wie sie auf sich nahm. Weniger bewundert wurde er hingegen wegen seines übertrieben christlichen Verhaltens. Während zum Beispiel Marie Sophie nicht zögerte, persönlich die Kanonen auf den Feind zu richten, gelang es Franz nicht, den Widerwillen vor der Heftigkeit des Krieges zu verbergen.

Einmal, als die Artilleristen eine piemontesische Batterie entdeckten, die in einer Kirche versteckt war, intervenierte er und verbot, auch nur einen Schuß auf den heiligen Ort abzugeben. Bei einem anderen Anlaß, als eine Gewitternacht eine feindliche Korvette in Küstennähe trieb, verhinderte er, diese aufzubringen, da er dies für eine unehrenhafte Geste hielt.

»On est si peu abitué au coup de main!« Er ist nicht an Handstreiche gewöhnt, wird der französische Journalist Charles Garnier, der die Belagerung miterlebte und eine umfassende Chronik darüber schrieb, kritisch kommentieren.

Franz war jedenfalls überzeugt davon, daß früher oder später die Regierenden Europas zum Schutz des legitimistischen Prinzips und der Verteidigung der allgemein monarchischen Rechte intervenieren würden. In diesem Sinne hatte er an sein Volk eine würdige und gleichzeitig rührende Botschaft gerichtet, die es verdient, zumindest zum Teil ins Gedächtnis gerufen zu werden:

Verraten und aller Dinge beraubt, werden wir gemeinsam aus unserem Unglück hervorgehen, weil Usurpationen nicht ewig dauern ... Wenn ich meine Untertanen, die ich so sehr liebe, als Beute der Übel der Anarchie und der Fremdherrschaft sehe, schlägt mein neapolitanisches Herz widerwillig in meiner Brust ... Ich bin Neapolitaner, geboren in Eurer Mitte, ich habe keine andere Luft geatmet, ich habe keine anderen Länder gesehen, ich kenne keinen anderen Boden als den meines Vaterlandes. Meine ganze Liebe ist in diesem Königreich, Eure Sitten sind meine Sitten, Eure Sprache ist meine Sprache ... Inmitten andauernder Verschwörungen habe ich keinen Blutstropfen vergießen lassen, und man beschuldigt mich der Schwäche ... Ich habe meinen Generälen die Hände gebunden, um die Zerstörung Palermos zu verhindern. Ich habe es vorgezogen, Neapel zu verlassen, mein Haus, meine geliebte Heimat, um sie nicht den Schrecken eines Bombardements auszu-

setzen ... Im guten Glauben habe ich geglaubt, daß der König
von Piemont, der sich mir gegenüber meinen Bruder und
Freund nannte, der gegen das Vorgehen Garibaldis protestierte,
der mit mir über eine Allianz, die den wahren Interessen Italiens
konform ist, verhandelte, nicht alle Abkommen brechen und
alle Gesetze übertreten würde, um in mein Land in Friedens-
zeiten einzudringen, grundlos, ohne Kriegserklärung ... Es sind
nicht meine Untertanen, die gegen mich gekämpft haben, es ist
nicht die interne Zwietracht, die das Königreich zerreißt: Ich
bin das Opfer der ungerechtesten aller ausländischen Invasio-
nen. Und was hat diese Revolution meinen Völkern von Neapel
und Sizilien gebracht? Die vorher so blühenden Finanzen sind
ruiniert, anstatt der freien Institutionen hat es Euch eine zügel-
lose Diktatur gebracht, anstatt der Verfassung das Gesetz des
Krieges. Neapel und Palermo werden von den Präfekten Turins
regiert! ...

Diese edle Sprache des Königs von Neapel hatte bei allen
Höfen günstige Kommentare und weiten Widerhall in der diplomatischen Welt hervorgerufen. Aber nur Frankreich, vor
allem dank dem Drängen Kaiserin Eugénies, hatte konkrete
Maßnahmen ergriffen und das Geschwader des Admirals de
Tinan vor Gaeta geschickt, um die Piemonteser daran zu hindern, eine Schiffsblockade durchzuführen.

General Cialdini seinerseits verbiß sich seinen Zorn. In der
Befürchtung, daß ihn eine diplomatische Lösung um die
»ruhmreiche« Eroberung der belagerten Festung brächte,
bestürmte er Turin mit dem Ansuchen um neue Kanonen und
der Forderung von Aktionsfreiheit. Aber Cavour bremste sein
ungestümes Verhalten: Er machte sich Sorgen darüber, daß
eventuell ein Zwischenfall passieren könnte, der ein militärisches Eingreifen der Franzosen provozieren könnte.

Inzwischen dauerte die Belagerung weiter an. Hie und da
rissen die Piemonteser die Gartenmauer einer der Villen, die auf

den Golf hinunterschauen, nieder und ließen daraus die Mündungen der Kanonen »mit gezogenem Lauf« herausschauen, die jetzt nicht nur auf die Befestigungen schossen, sondern auf die Stadt, und viele Opfer unter der Zivilbevölkerung verursachten und Häuser und Kirchen zerstörten.

Auf Tage mit heftigem Beschuß folgten Zeiten der absoluten Ruhe, um die zeitweiligen Waffenstillstände einzuhalten, welche die beiden Seiten von Mal zu Mal vereinbarten. Sehr oft wurden die mit dem Anlaß entsprechenden Armbinden versehenen neapolitanischen Unterhändler zum piemontesischen Kommando begleitet, um Vereinbarungen für humanitäre Zwecke zu diskutieren.

Zu jener Zeit war der Austausch von Mitteilungen oder Botschaftern zwischen den beiden feindlichen Befehlshabern eine sehr verbreitete Gewohnheit. Und Cialdini verstand es, sich je nach Art der Fälle hart oder großmütig zu erweisen. Zum Beispiel wies er das Angebot, die unterernährten Pferde und Maultiere, von denen sich die Neapolitaner befreien wollten, zu übernehmen, zurück. »Wenn sie euch lästig sind, tötet sie!« antwortete er den Abgesandten von Franz trocken und unterstrich so seine Geringschätzung der Verteidiger, die die »piemontesische Barbarei« brandmarkten. Die unglücklichen Tiere wurden in der Tat nicht getötet, und man kam auch nie auf die Idee, sich von ihrem Fleisch zu ernähren. Großzügig zeigte sich Cialdini hingegen, als die Bourbonen darum ersuchten, ihnen eine »Ladung Schnee« zu schicken, um die Typhuskranken zu heilen.

Der Weihnachtstag war der härteste seit Beginn der Belagerung. Über 500 Bomben fielen auf die Festung, und wenn auch viele nicht explodierten (man entdeckte, daß viele Projektile kein Schießpulver enthielten), waren die Opfer unter der Zivilbevölkerung zahlreich. An jenem Tag, was in Gaeta selten der Fall war, fiel auch Schnee, und in den piemontesischen Lagern atmete man Heimatluft. Belagerte und Belagerer feierten das

Fest gemäß ihren Gewohnheiten, welche noch sehr verschieden waren. Auf den Tisch der Offiziere Cialdinis kam, man weiß nicht wie, ein riesiger Panettone (Kuchen). In Gaeta mußte man jedoch ohne den traditionellen großen Aal auskommen. Auch wenn einige Soldaten der Königin eine Anzahl Fische verehrten, verfügte diese, daß sie unter den Kranken verteilt werden sollten.

So endete das schicksalhafte Jahr 1860, dessen Beginn mit einer »Handkuß-Zeremonie«, die noch nie so reich und prächtig gewesen war, begrüßt worden war. Und doch trugen auch in Gaeta am 1. Januar 1861 die wenigen treugebliebenen Höflinge die Prunkuniform, um Franz und Marie Sophie die Wünsche zum neuen Jahr zu entbieten, das unter den schlechtesten Vorbedingungen begann, auch wenn man noch nicht alles für verloren erklären konnte.

Ein weiterer Krieg, der sehr viel härter als der Kampf von Gaeta war, hatte inzwischen in den Abruzzen begonnen, wo noch die Festung Civitella am Tronto heldenhaft Widerstand leistete. Die Burg, die »auf der höchsten Erhebung einer Gruppe von Klippen« aufragte, war praktisch uneinnehmbar, und da sie keinerlei strategischen Wert hatte, hatten sie die Piemonteser während ihres Vormarsches zurückgelassen. Nun war sie aber zu einer sehr guten Zuflucht für all jene geworden, die sich nicht hatten ergeben wollen.

Das von den Piemontesern allgemein und unpassend »Brigantentum« genannte Phänomen wurde von den Verteidigern in Gaeta ihrerseits, die darin eine weitreichendere Aufstandsbewegung sahen, die dazu imstande wäre, die Lage umzukehren, überbewertet. Die Piemonteser, welche die von ihm ausgehende Gefahr nicht unterschätzten (es kursierte hartnäckig das Gerücht einer organisierten Konspiration, während es sich jedoch um vereinzelte und spontane Episoden handelte), begegneten der Situation mit Rücksichtslosigkeit und »Systemen des Kolonialkriegs«.

Die ritterlichen Usancen, welche die Belagerung von Gaeta charakterisierten, wurden aus den Abruzzenbergen verbannt, wo ein totaler Krieg ohne Gefangennahmen geführt wurde. Nicht einmal die Anwesenheit vieler Kirchenmänner unter den »Briganten« bremste die Unterdrückung. Mönche und Priester wurden ohne Zögern erschossen, genauso wie alle Guerillakämpfer, die gefangengenommen wurden.

Um eine Vorstellung davon zu bekommen, wie die Piemonteser diesen Feldzug interpretierten, wird dieser kurze Abschnitt einer von General Pinelli veröffentlichten Verordnung genügen:

»Ein Haufen dieser Räuberbrut nistet noch auf den Bergen: Holt sie aus ihren Nestern, seid unerbittlich wie das Schicksal. Gegenüber solchen Feinden ist Mitleid ein Verbrechen: Das sind vom Vikar gedungene Mörder, aber nicht vom Vikar Christi, sondern des Satans. Wir werden sie vernichten, wir werden den Priester-Vampir, der mit seinen garstigen Lippen seit Jahrhunderten das Blut unserer Mutter aussaugt, zerquetschen. Wir werden mit Feuer und Schwert die von seinem schmutzigen Geifer verwüsteten Gebiete reinigen, und aus dieser Asche wird die Freiheit erblühen.«

Und wenn General Pinelli auch wegen dieser Proklamation seines Amtes enthoben werden wird (aber er wird nicht wegen des Inhaltes bestraft, sondern weil er die unglückliche Idee hatte, den Text einer katholischen Zeitung zu schicken, die ihn veröffentlichte und so einen Skandal provozierte), bleibt die Episode nichtsdestoweniger bezeichnend. Die Lage wird sich in der Tat nicht ändern. Als die Turiner Regierung zum Beispiel befahl, daß nur die »Chefs der Briganten« erschossen werden sollten, griffen die piemontesischen Offiziere zu folgender List: »Wir haben mit der Waffe in der Hand sechs Brigantenchefs gefangengenommen«, telegraphierten sie dem Kommando. »Erschießt sie«, war die unausweichliche Antwort. Und erst, als sich General Fanti bewußt wurde, daß die Anzahl der gefangengenommenen Anführer offen gesagt übertrieben war, befahl er, vorübergehend mit den Erschießungen aufzuhören.

Inzwischen überstürzten sich in Gaeta die Ereignisse. Der Druck Cavours auf Napoleon III., seine Flotte »trotz der lästigen Bitten seiner Frau« (Kaiserin Eugénie war die begeistertste Anhängerin Marie Sophies) zurückzuziehen, zeigte Erfolg. Am 19. Januar erhielt Admiral de Tinan den Befehl, die Anker zu lichten, und trotz seiner persönlichen Gefühle für die Herrscherin war er gezwungen, zu gehorchen. Die Abschiedszeremonie erfolgte unter Beachtung des Protokolls, das in Anbetracht der Lage zweifellos übertrieben schien. Die Herrscher überreichten dem französischen Admiral ihre Porträts mit einer sehr freundlichen persönlichen Widmung. De Tinan, der viel praktischer war, schenkte der Königin eine wertvolle Milchkuh, die Marie Sophie ihrerseits den barmherzigen Schwestern schenkte.

Die Abfahrt der Franzosen, wenn auch gemildert durch einen persönlichen Brief Eugénies an Marie Sophie, in dem sie außer dem Ausdruck ihrer Zuneigung diese informierte, daß das französische Schiff *Mouette* zu ihrer Verfügung dableibe, um das Königspaar aufzunehmen, »falls es sich entschließen sollte, dem heldenhaften Widerstand ein Ende zu setzen«, versetzte Franz in die größte Trostlosigkeit.

Der junge König jedoch fand dank der Ermutigungen seiner Gemahlin und seiner treuesten Offiziere die Kraft, auch auf diese Enttäuschung zu reagieren, und er rief zum äußersten Widerstand auf. Er schrieb an Napoleon III. einen betrübten und würdigen Brief, in dem er, nachdem er den Rückzug der Flotte, »welcher das Meer für den Feind frei läßt und so die Lage beachtlich verschlimmert«, bedauert hatte und fast prophetische Worte hinzusetzte: »Eure Majestät weiß gut, daß die Könige, die weggehen, schwerlich auf den Thron zurückkehren, wenn nicht ein militärischer Ruhmesstrahl ihr Unglück und ihren Sturz vergoldet.«

Die Festung jedoch erhielt einen Tagesbefehl, in welchem an

alle Kämpfe erinnert wird, bei denen »der junge König unter uns ist mit seiner Königlichen Gemahlin, die entschlossen ist, mit der Garnison die Unbequemlichkeiten und Gefahren der Belagerung zu teilen. Also Mut, und Es lebe der König!«

Sowohl die neapolitanischen Verteidiger als auch die ausländischen Freiwilligen begannen sich moralisch auf die letzte Probe vorzubereiten. Vor allem bei den legitimistischen Adeligen herrschte Endzeitromantik. Es wurden keinerlei Anzeichen von Schwäche registriert. Alle waren entschlossen, ihre alte Welt bis zum Schluß zu verteidigen. Bezeichnend dafür war die Gedenkfeier am 21. Januar im Heiligtum der Montagna Spaccata zum Jahrestag der Enthauptung Ludwigs XVI., der auch ein Bourbone war. Bei diesem Anlaß wurde Gott gebeten, »den Prüfungen ein Ende zu setzen, die der vornehmsten Sippe, die jemals eine Krone getragen hat, auferlegt werden, die verbannten oder unter Beschuß stehenden Prinzen des Hauses Frankreich zu vereinigen und Franz II. die Früchte des Blutes seines Ahnen Ludwigs XVI. zu verleihen«.

Nachdem die französischen Schiffe abgezogen waren, erschienen vom Abend des 19. an die Fregatten Admiral Persanos. Die Seeblockade hatte somit begonnen. Nun war Gaeta von der restlichen Welt völlig isoliert.

Inzwischen hatten die piemontesischen Kommandos die Anwendung neuen Kriegsgeräts und insbesondere zweier »Geheimwaffen«, die endgültig den Widerstand der Verteidiger brechen sollen, erproben lassen. Die erste »Waffe« hatte Persano erfunden. Es handelte sich um das sogenannte »Minenbrandschiff«, das ist ein mit Sprengstoffen beladenes Brückenschiff (ein Ponton), das gegen die Verteidigung an der »Meeresfront« gezündet werden sollte, um einen Durchgang zu öffnen, durch welchen die zum geeigneten Zeitpunkt ausgeschifften Marineinfanteristen durchbrechen könnten.

Der Plan wurde sorgfältig vorbereitet. Kapitän Saint-Bon, der spätere Marineminister, wurde mit der Ausrede einer Unterhändlermission nach Gaeta geschickt, um das Gebiet auszukundschaften, wohin das Brandschiff fahren sollte. Saint-Bon führte den Auftrag durch und schrieb einen genauen Bericht, wobei er aber nicht versäumte, zu betonen, daß der Punkt, an dem sich die »fürchterliche Explosion« ereignen sollte, dicht besiedelt war. Man liest in der Tat zwischen den Zeilen seine ernstliche Sorge um das Schicksal jener Frauen, die er geschäftig und ahnungslos an der Schwelle ihrer Häuser gesehen hatte.

Die Operation wurde jedenfalls nicht aus humanitären Gründen, wie man später zu glauben machen versuchte, abgesetzt, wohl aber wegen einer Meldung in der Zeitung *Piemonte*, die vorzeitig verriet, was da vorbereitet wurde.

Die andere »Geheimwaffe«, an die Cialdini blindlings glaubte, waren jedoch die sogenannten »Cavalli-Kanonen«. Es handelte sich um zwei Kanonen, revolutionär für jene Zeit, hergestellt von Oberst Cavalli, die, außer daß sie einen »gezogenen Lauf« hatten, »nicht an ihrer Mündung, sondern von hinten geladen werden konnten«. Also ein Wunder der ballistischen Technik, ein Vorläufer der Kanonen, die dann im Ersten Weltkrieg verwendet werden sollten. Unter den anderen – ihnen zugeschriebenen – Vorteilen waren die höhere Schußgeschwindigkeit und die außerordentliche Schußweite (über 5000 Meter).

Um auch auf die psychologische Wirkung zählen zu können, hatte Cialdini bewirkt, daß bei der Montage der Teile einige bourbonische Unterhändler dabei waren, die zu diesem Anlaß keine Abzeichenbinden trugen. Diese kamen mehr als beeindruckt von der Besichtigung dieses »monströsen« Kriegsgeräts nach Gaeta zurück.

Aber die »Cavalli-Kanonen« hatten nicht die erhoffte Wirkung. Bei der Feuerprobe zeigten sie in der Tat schwere Defekte technischer Art. Sie hatten unausgesetzt Ladehemmungen wegen der schlechten Schmierung, und auch die Schußgeschwindigkeit und Schußpräzision entpuppten sich als einigermaßen mangelhaft. Wenn es gutging, konnten sie vier Schuß in der Stunde abgeben. Nach ihrer erstmaligen Verwendung mit geringem Erfolg zerbrachen sie beim zweiten Mal ganz. Insgesamt schoß die größere 73 Schuß, die kleinere 130. Mit alldem, wie Pier Giusto Jaeger, ein Historiker und »Spezialist« für Belagerungen, bemerkt, mußte die psychologische Wirkung auf die Verteidiger, die kolossal wirkenden Explosivgeschosse aus einer riesigen Entfernung, die dreimal so groß war als die Schußweite ihrer Kanonen, furchtbar gewesen sein.

Am Morgen des 22. Januar, einem Montag, geschah etwas Unglaubliches, wenn man nicht dem heroischen und bizarren Geist Marie Sophies, die die Protagonistin des Ereignisses war, Rechnung trug. Um Punkt 9 Uhr an einem jener wunderschönen Sonnentage, die in den südlichen Regionen das Ende des Winters ankündigen, begannen die Militärkapellen des 8. und 9. Jägerregiments auf den Bollwerken aufzumarschieren und dabei die bourbonische Hymne von Paisiello und nachher einen Walzer und fröhliche Militärmärsche zu spielen. Gleichzeitig kamen aus der Batterie Regina, wo sich Franz und Marie Sophie befanden, die ersten Schüsse, dazu kamen danach die Schüsse aus allen Batterien der »Landfront«.

Die neapolitanische Aktion war so energisch und präzise, daß die am nächsten gelegenen piemontesischen Batterien, Cappuccini und Lombone, nicht imstande waren, zurückzufeuern, weil sie schwer beschädigt worden waren. Die anderen hingegen, die auf sicherere Stellungen abkommandiert worden waren, erwiderten das Feuer, und das ungefähr eine Stunde lang, während die Militärkapellen unerschrocken weiterspielten.

Nach 10 Uhr bereicherte eine neue Attraktion das Spektakel. Die Flotte Persanos, die das Tauwerk lockergemacht hatte, fuhr in Richtung Festung und eröffnete das Feuer aus allen Kanonen. Das Schiffsmanöver hatte eine eigene Eleganz, vor allem, als die Einheiten der Reihe nach ihre Breitseiten herdrehten, um die Kanonen auf die Ziele abschießen zu können. Aber die von den piemontesischen Kugeln verursachten Spritzer zeigten recht bald, daß das Bombardement keinerlei Wirkung zeitigen sollte, wenn die Schiffe den Befestigungsanlagen nicht näher kämen. Dieser Umstand entfachte allgemeine Heiterkeit bei den Verteidigern. Um die Angreifer herauszufordern und dazu zu bringen, sich innerhalb der Schußweite zu begeben, schrien die bourbonischen Artilleristen und Matrosen auf dem Bollwerk Flüche und Beleidigungen zu ihnen hinüber. Viele stellten sich mit beleidigenden Gesten zur Schau, indem sie zum Beispiel die Hosen herunterließen und den Matrosen Persanos ihre Hinterteile zeigten.

»Kommt, kommt!« schrien sie. »Kommt hier herunter, wenn ihr Mut habt!«

Marie Sophie, die sich inzwischen an die »Meeresfront« begeben hatte, verfolgte die kuriose Szene und lachte wie ein glückliches kleines Mädchen.

Den Ferngläsern an Bord konnte sicherlich diese absichtlich provokante Aktion nicht entgehen. Und tatsächlich ließ sich das Kanonenboot *Vinzaglio* durch die Herausforderung in Versuchung führen und begann ein Annäherungmanöver. Kaum, daß es in Schußweite angelangt war, regnete es eine Ladung bourbonischer Kugeln auf das Schiff herab. An Bord wurden schwere Schäden und viele Opfer registriert, und zwar so viele, daß man sofort versuchte, außer Schußweite zu gelangen, gegrüßt von den Beleidigungen und dem Hohngelächter der neapolitanischen Soldaten.

Während die Militärkapellen weiterspielten und so eine verwirrende Atmosphäre eines bäuerlichen Festes schufen, während sich die Königin zu den Soldaten und Matrosen begab, die auf den Bollwerken tanzten und mit Taschentüchern winkten, so, als ob sie das sich entfernende Schiff grüßen wollten, kam ein anderes Kanonenboot heran. Es war die *Confienza* von Saint-Bon, der aber nicht einmal dazukam, die Kanonen auf das Ziel zu richten: Die Batterie Guastaferri landete einen Volltreffer, der die Aufbauten am Oberdeck beschädigte und viele Opfer (fünf Tote und zwanzig Verwundete) forderte.

Ein wirklich ruhmreicher Tag, dieser 22. Januar. Soldaten und Matrosen scharten sich um Franz und Marie Sophie. »Es lebe der König! Es lebe die Königin!« schrien sie im Chor. Dann improvisierten sie Tanzschritte zum Klang der Militärmusik. Die Offiziere und die ausländischen Freiwilligen baten den König um Champagner, um auf den Sieg anzustoßen. Franz ließ sich nicht bitten: die Vorratskammern von Gaeta waren leer, aber die königlichen Vorratskeller waren übervoll mit kostbaren Weinen. Das Fest dauerte lange. Mit ihrem kuriosen Akzent sang Marie Sophie fröhlich die Hymne der neapolitanischen Marine: »*Nu 'reggimento 'e femmene ce vole e s'ha da fa ...*« (Man braucht ein Regiment und Frauen, und man hat zu tun).

Inzwischen, nach allem, was mit den Kanonenbooten passiert war, waren Persanos Schiffe vorsichtiger geworden. Sie schossen jedoch weiter, und zwar mit dem Ergebnis, schäumende Wassersäulen zu erzeugen. Ein Schuß, der näher als die anderen heranreichte, ließ eine Welle über die Königin schwappen, die mit großer Geistesgegenwart die Arme hochwarf und rief: »Mut, Burschen! Das ist die Taufe des Sieges!«

Die Kanonenkugeln der piemontesischen Schiffe, die auf kurze Distanz niedergingen, hatten viele Fische getötet, die jetzt auf der Oberfläche schwammen. Ein Geschoß warf einen großen Seebarsch auf die Klippen, und ein Matrose namens Falconieri bückte sich unter die Schußlinie, um ihn zu holen, und bot ihn dann seiner Königin an.

Der Artilleriebeschuß dauerte bis tief in die Nacht hinein. Um 2 Uhr früh ging Marie Sophie noch unerschrocken auf den Bastionen herum. Insgesamt hatten die bourbonischen Batterien an diesem Tag ca. 10.000 Schüsse abgegeben. Nicht weniger als 13.000 die piemontesischen.

Für die Belagerten war »der große und ruhmreiche Tag« des 22. Januar zweifellos ein Erfolg. Unter anderem hatte ein bourbonischer Schuß einen Volltreffer in einem Pulvermagazin auf dem Monte dei Cappuccioni gelandet und mehrere Dutzend Opfer verursacht. Zum ersten und einzigen Mal hatten sich Neapolitaner und Piemontesen unentschieden geschlagen. Die Verteidiger hatten überdies gezeigt, daß das Einschreiten der Flotte, der Cialdini sehr vertraute, die Situation nicht verändert hatte. Aber die ermutigendste Tatsache war die Moral der Soldaten. Sogar die Kranken im Spital von San Francesco hatten auf ihre Art am Kampf teilgenommen und bei jeder Kanonensalve »Es lebe der König!« gerufen. Franz und Marie Sophie ihrerseits hatten einen weiteren persönlichen Erfolg erzielt. Ihre Anwesenheit unter den Kämpfenden hatte sich als entscheidend erwiesen. Ganz besonders stieg der Mythos der »Heldin von Gaeta«. Die Soldaten waren alle bereit, der Königin ihr Leben anzubieten. Ihre Popularität ist bewiesen durch Hunderte Anekdoten, die später über sie kursieren sollten. Alle beschreiben sie als mutig, fröhlich und auf sympathische Weise unvorsichtig.

Dieser Teilerfolg konnte die Lage jedoch nicht umkehren. Die Ungleichheit der Truppen war zu groß. Dazu kam der Typhus, der weiterhin mehr Opfer forderte als die Kanonen Cialdinis: durchschnittlich fünf Tote pro Tag.

Immerhin herrschte auch auf piemontesischer Seite Krisenstimmung. Cialdini versuchte, wie es Generäle für gewöhnlich tun, die Verantwortung auf die Politiker und seine Kollegen abzuladen, die größtenteils auf ihm lastete. Er beklagte sich offen über die Hindernisse, die ihm durch die diplomatischen Intrigen Cavours entgegengestellt wurden, und nicht zu Unrecht grollte er auch Admiral Persano, dessen Verhalten nicht das eines »gehorsamen Soldaten« war. Als umstrittene militärische und politische Persönlichkeit (er war Abgeordneter von La Spezia und sollte Marineminister werden) verbarg Carlo

Pellion, Graf von Persano, hinter einem kriegerischen und dreisten Äußeren das Herz eines Schurken. Dies wird er einige Jahre später bei der Schlacht von Lissa zeigen, nach deren katastrophalem Ausgang er zum Obersten Gerichtshof gebracht, degradiert und seiner Pension beraubt werden sollte. Aber schon damals kursierten bei den hohen Rängen des piemontesischen Heeres vage Anschuldigungen über seine vorgebliche Feigheit. Dies zeigt auch ein unedierter Brief Cialdinis an den Kriegsminister, General Fanti, den der Historiker Pier Giusto Jaeger veröffentlicht hat.

Aus der Fassung gebracht durch das Verhalten der sardischen Schiffe schrieb Cialdini nach dem 22. Januar tatsächlich an Fanti: »Ich bitte Dich, mir bekanntzugeben, ob es wahr ist, daß Cavour Persano befohlen hat, die Schiffe nicht dem Beschuß auszusetzen, wie er behauptet. Du weißt«, setzte Cialdini auf französisch, wie es damals üblich war, fort, »daß ich Gründe dafür habe, anzunehmen, daß Persano ein *faux brave* ist« – ein »falscher Tapferer«.

Wir kennen die Antwort Fantis nicht, aber Tatsache ist, daß Cialdini neue Landbatterien in Positionen aufstellte, von denen aus auch auf die »Meeresfront« gezielt werden konnte.

Die Zwistigkeit zwischen den beiden Kommandanten wird die ganze Belagerung über andauern. Cialdini wird auch mit seiner Abdankung drohen, weil, wie er Fanti mitteilte, »Persano Unterhändler empfängt und mit der Festung in direkter Verbindung steht«.

Inzwischen kam das Ende des dritten Monats der Belagerung heran. Am 29. Januar schrieb Napoleon III. auf Drängen seiner Gemahlin aus Angst um das Geschick Marie Sophies einen Brief an Franz, um ihn daran zu erinnern, daß der Dampfer *Mouette* bereit war, nach Gaeta zu kommen, falls er sich entschlossen hätte, die Festung zu verlassen. Auch Viktor Emanuel II. ließ von Cavour an Cialdini telegraphieren, damit dieser den Belagerten mitteile, daß das Kriegsschiff *Vittorio*

Emanuele König Franz und seiner Familie, »der gegenüber alle Rücksichten und Ehren, welche man ihrer Position und dem von ihnen bekleideten Rang schulde, erweisen würde«, zur Verfügung stehen würde. Cavour seinerseits empfahl Cialdini, in bezug auf die *vertu de la reine* Sorge zu tragen, weil er wußte, daß jegliche diesbezügliche Übertretung gegenüber der »Heldin von Gaeta« ein Propagandainstrument in der Hand der Gegner Piemonts werden würde.

Franz und Marie Sophie wollten die von Viktor Emanuel veranlaßte Botschaft nicht einmal zur Kenntnis nehmen. Der König antwortete hingegen Napoleon III., daß er »entschlossen sei, diese von der restlichen Welt isolierte Festung bis zum Äußersten zu verteidigen«.

Alles in der Umgebung des neapolitanischen Königspaares brach nun zusammen. Wegen der Schiffsblockade hatte die bereits schwierige Versorgung mit Verpflegung ganz aufgehört, während die Ankunft neuer Kanonen und die Justierung der Kanonen das Bombardement der Piemonteser immer mörderischer machte. Es wurde in der Tat bemerkt, daß die Kanonen der Piemonteser nun nicht mehr aufs Geratewohl schossen. Sie zielten direkt auf die Speicher, die Pulver- und Munitionsdepots, welche die Verteidiger sorgsam getarnt hatten. In Gaeta wurde befürchtet, daß eine fünfte feindliche Kolonne im Inneren der Festung operierte. In Wirklichkeit waren die Piemonteser von bourbonischen Offizieren, die in ihre Dienste übergelaufen waren, informiert worden. Der Krieg wurde also immer härter. Und doch war die Moral der Verteidiger noch hoch. Da in diesen Tagen Karneval war, wollten ihn die Soldaten auch feiern. In den verschiedensten Aufmachungen maskiert, mit Mehl geweißten Gesichtern und komischen Papierhüten auf dem Kopf zogen sie in einer Prozession durch die Altstadt, die Militärkapelle voran mit den unvermeidlichen Schellen und Pfeiferln. Viele schwenkten Schirme und taten so, als ob sie sich vor den Bomben schützen wollten, andere wiederum sangen und tanzten. Die seltsame Prozession zog dann in Richtung der Kasematte des Königspaares, wo eine wirbelnde Tarantella improvisiert wurde, zu der die Königin vergnügt in die Hände klatschte. Ein verzweifelter Tanz am Rande des Abgrundes.

500 Bomben pro Tag fielen durchschnittlich auf die Bastionen und auf die Stadt, aber der Wille zum Widerstand schien sich nicht zu verringern. Doch man näherte sich rasch dem Ende der Tragödie. Dieses kündigte sich am 4. Februar an, als die piemontesische Artillerie mit verdächtiger Präzision damit begann, Volltreffer in den Pulvermagazinen zu landen. Das erste Pulvermagazin, das in die Luft flog, war das von Cappelletti, während dank des heldenhaften Einschreitens des Feuerwerkers Chiapparelli und des Matrosen Feduce auf wunderbare Weise vermieden wurde, daß ein Brand das Pulvermagazin von Transilvania in die Luft fliegen ließ.

Der entscheidende Tag war jedoch der 5. Februar, *la plus fatale journée du siège!*, wie der Journalist Garnier schreiben wird. Um 4 Uhr nachmittag brachte eine schreckliche Explosion die Festung zum Erzittern. Es folgten darauf ein Splitter- und Schuttregen, während sich ein Rauchpilz zum Himmel erhob und die Sonne verdunkelte. Das Gebiet war von einer dichten Staubwolke bedeckt, aus der verschreckte Menschen hervorzukommen begannen. Schreie und Gebete kamen von allen Seiten.

Die piemontesische Artillerie hatte im Munitionsdepot von Sant'Antonio einen Volltreffer gelandet. Als sich die Staubwolke verzogen hatte, war dieses Bollwerk verschwunden. An seiner Stelle befand sich nun ein ungefähr 30 Meter breiter und tiefer Krater. Aus den Trümmern drangen verzweifelte Schreie, aber es war im Augenblick nicht möglich, Hilfe zu organisieren, weil die Piemonteser auf die Ruinen weiterschossen, um das Ergebnis bis zu einem Höchstmaß auszunutzen.

Zu diesem sehr wenig ritterlichen Kanonenbeschuß sollte sich später aus eigener Initiative Admiral Persano gesellen, der seine Schiffe, mit der ehemaligen bourbonischen *Monarca*, die auf den Namen *Re Galantuomo* umgetauft worden war, voran, vorschickte. Aber nicht einmal jetzt erging es dem ehrgeizigen Admiral der sardischen Marine gut: Die neapolitanischen Batterien eröffneten das Feuer, und die Schiffe wagten sich, unter Beschuß stehend, nicht voran.

Während das Artillerieduell weiterging, wurde es endlich möglich, den Opfern von Sant'Antonio Hilfe zu bringen. Die Zahl der Toten betrug einige hundert (216 Militärs und mehr als hundert Zivilisten). Es gab zahlreiche Verwundete, von denen viele nicht überleben sollten.

Die Sachschäden waren geringer als zuerst angenommen, aber die Explosion hatte eine katastrophale Wirkung auf die Moral der Belagerten. Der von unüberlegten Gerüchten genährte Verdacht, daß eine fünfte Kolonne im Inneren der Festung operierte, verdichtete sich. Man sagte zum Beispiel, daß am Ort der Tragödie verbrannte Zündschnüre gefunden worden wären. In Wirklichkeit war es eine Haubitze einer piemontesischen Batterie gewesen, welche die Katastrophe verursachte, aber die Psychose eines Verrates machte das Klima aufgeregter Euphorie, welches die vorhergegangenen Tage gekennzeichnet hatte, zunichte. Der dies am meisten spürte, war Franz, der wieder in seinen düsteren Fatalismus verfiel.

»Ah, wenn ich nur dort gewesen wäre!« meinte er bitter, als ein Geschoßsplitter in seine Kasematte drang und einen Sessel zertrümmerte.

Das Bombardement dauerte die ganze Nacht ohne Ruhepausen an, während die Rettungsmannschaften ihr Werk der Nächstenliebe in den Ruinen fortsetzten. Jetzt schossen die Piemonteser auch Raketen ab, neue Waffen, die Brände auslösen sollten. Erst am Abend des folgenden Tages gewährte Cialdini auf ein Ansuchen des Festungskommandanten eine Feuerpause von 48 Stunden, um die Verschütteten zu bergen, »deren Stöhnen man andauernd hörte«.

»In unserem Jahrhundert verweigert man so etwas nicht«, erklärte Cialdini dann Cavour. »Es ist weise, wenn man sich human verhält, was wenig kostet, vor allem, wenn dies aus anderen Gründen günstig erscheint.«

Die Humanität General Cialdinis wurde jedoch von Persano nicht geteilt. »Wo man das Wort Humanität in Erwägung zieht, führt man keinen Krieg«, erklärte er in einer Polemik mit seinem Vorgesetzten. Dann, als er sah, daß der Waffenstillstand bereits gewährt worden war, fügte er hinzu: »Jedenfalls muß man jetzt davon profitieren, indem man sich der Reichweite der Presse bedient und unsere Humanität überall verlautbart.«

Aus diesem Grund oder aus echten Humanitätsgefühlen heraus verfügte das piemontesische Kommando auch, daß man den Belagerten weitere »Schneeladungen«, Blutegel und Medikamente schickte und gestattete, daß 400 Verwundete in die Spitäler von Mola und Neapel überführt wurden.

Das Bombardement wurde am 9. Februar wiederaufgenommen. Die italienische Artillerie schoß immer präziser auf ihre Ziele. Der Reihe nach fielen die Kasematten, Magazine, Depots und Reservedepots. Von Zeit zu Zeit flog ein kleines Pulvermagazin in die Luft. Und es war überraschend in dieser dramatischen Situation, daß die neapolitanischen Batterien weiterhin mit äußerster Entschlossenheit das Feuer erwiderten.

Aber nun wurde rings um Franz und Marie Sophie alles zugrunde gerichtet. Der Geruch des Todes verbreitete sich überall. Der Vernichtungsschlag für jegliche Hoffnung erfolgte am Abend des 10. durch einen persönlichen Brief der französischen Kaiserin an die neapolitanische Königin. Eugénie stellte mit sehr liebevollen, aber nicht geheuchelten Worten Marie Sophie vor eine harte Realität und riet ihr, sich dem Schicksal zu fügen und von einem hoffnungslosen Widerstand abzusehen.

Es war an jenem Tag, als Franz vor 31 höheren Offizieren, die den Kriegsrat bildeten, zum ersten Mal das Wort Kapitulation aussprach. Nicht alle waren damit einverstanden: Unglaublicherweise erklärten sich viele der Anwesenden einschließlich der Königin für den Widerstand bis zum Äußersten. Doch schließlich gewann die Vernunft Oberhand, und es wurde beschlossen, die Verhandlungen einzuleiten.

»Gaeta ist verloren!« notierte der Journalist Garnier, der bei der Versammlung dabei war. »Alle Feuer des Himmels scheinen uns auf den Kopf zu fallen.«

Der Beginn der Verhandlungen war nicht die gleichzeitige Einstellung der Feindseligkeiten. Zwecks Beschleunigung verstärkten die Piemonteser sogar das Ausmaß des Beschusses. Franz und seinen Generälen erschien es monströs, daß weiterhin Menschenleben geopfert wurden, wo doch die Übergabe nur eine Frage von Tagen und Details war, aber Cialdini war anderer Ansicht.

»Wenn die Kapitulation nicht stattfindet«, telegraphierte er Cavour, »hoffe ich, die Festung mit einem kurzen Sturm einnehmen zu können, aber so schrecklich, daß es vielleicht besser wäre, die Sache auf andere Weise zu beenden.«

Und Cavour darauf: »Bravo, General! Ich billige alles, was Ihr getan habt und was Ihr tun werdet. Ich hoffe, Euren Ruhm beim Kronrat würdigen zu können.« Dann, indem er zynisch voraussetzte, daß Franz auch Geldforderungen für seine eigene Familie vorbringen könnte, forderte der piemontesische Staatsmann Cialdini auf, ihm bis zu zwei Millionen anzubieten, und genauer noch, daß die Summe erhöht werden könnte, wenn der König auch der Übergabe Messinas und Civitella del Tronto, die noch Widerstand leisteten, zustimmen sollte.

Am 13. Februar, während die Verhandlungen weitergingen, verstärkte die belagernde Artillerie das Feuer, obwohl Cialdini informiert worden war, daß gerade an jenem Morgen Franz darum ersucht hatte, die *Mouette* zu schicken, ein offensichtliches Zeichen dafür, daß er sich anschickte, abzureisen. Um 3 Uhr nachmittag wurde eine neue Explosion ähnlich der des Pulvermagazins von Sant'Antonio verzeichnet. In der Tat flog das Munitionsdepot der Batterie Transilvania, das 18 Tonnen Pulver enthielt, in die Luft. Es folgten schreckliche Szenen, ähnlich denen vom 5. Febuar. Es starben 50 Soldaten und viele Zivilisten, während sich das Feuer der piemontesischen Batterien auf den Ort der Katastrophe konzentrierte.

Cialdini hatte die tragische Szene von der Terrasse der Villa di Castellone, dem Sitz seines Kommandos, in Gesellschaft der bourbonischen Unterhändler, verfolgt. Diese verbargen ihre Erschütterung nicht. Manche weinten. Der piemontesische Kommandant nützte dies dazu aus, sie zu drängen, die festgesetzten Bedingungen anzunehmen.

»Inzwischen«, sagte er, »wird auf die eine oder andere Art und Weise morgen Gaeta uns gehören.«

Die Kapitulation wurde zwei Stunden später unterzeichnet. Die erreichte Vereinbarung war, alles in allem, würdig. Cialdini hatte von seiner Stärke keinen Gebrauch gemacht. Es wurden für die ganze Garnison die militärischen Ehren gewährleistet; die Offiziere sollten ihre persönlichen Waffen und die Pferde behalten; den Militärs sollte der Lohn für zwei Monate gewährt werden, und den Witwen und Waisen wurde die Pension zugesichert. Da gab es keine verborgenen Finanzklauseln. Franz, seinem Stil getreu, hatte nichts für sich und seine Familie verlangt. Er hatte sich nur darauf beschränkt, daß die Kapitulation nach seiner Abreise stattfinden sollte.

Um 7 Uhr früh am 14. Februar 1861 verließen Franz und Marie Sophie die Kasematte, in der sie während der Belagerung gelebt hatten. Es folgen ihnen die königlichen Prinzen von Trani und Caserta, Minister, Generäle, Diplomaten und Hauspersonal. Der König trug eine einfache Uniform ohne Rangabzeichen und Auszeichnungen. Marie Sophie trug ein Reisekleid und ein hübsches Hütchen mit einer langen grünen Feder. Sie war sehr blaß, und zum ersten Mal sah man in ihren Augen Tränen glänzen.

Von der Kasematte zum »Tor zum Meer«, einem Weg von ungefähr 300 Metern, drängte eine Menge Militär und Zivile gegen die Kordons der in geschlossener Ordnung aufgereihten Soldaten, die das Passieren des Zuges ermöglichen sollten. Von den Fenstern der Häuser schrien weinende Frauen Grußworte. Die allgemeine Erschütterung war stark, und die Militärkapelle intonierte die bourbonische Hymne, die während der Bombardements so oft auf den Bollwerken gespielt worden war. Eine Zeitlang war die Aufregung zurückhaltend, auch wenn zerlumpte und abgezehrte Soldaten und Offiziere ohne Scham weinten. Dann durchbrach die Menge die Kordons, und viele warfen sich dem König und der Königin zu Füßen, um ihnen Hände und Gewand zu küssen. »Es lebe der König!« riefen alle, während einige Offiziere wütend ihre Säbel zerbrachen und die Trümmer wegwarfen. Dieser kurze Weg erforderte sehr viel Zeit, so stark war der Druck der Menge. Franz war blaß im Gesicht, Marie Sophie lächelte und weinte zugleich und winkte grüßend mit den Händen. Als die königliche Familie an Bord eines Bootes bei der *Mouette* ankam, wurde die bourbonische Fahne auf der Segelstange neben der französischen gehißt.

Eine Stunde später lichtete das Schiff die Anker und fuhr zwischen den Schiffen Persanos, die sie aus der Entfernung überwachten, durch. Als die *Mouette* am Ende des Kaps vorbeigefahren war, wurde von der bourbonischen Batterie von Santa Maria die königliche Salve von 21 Schüssen abgeschossen. Gleichzeitig wurde auf dem hohen Torre di Orlando die Lilienfahne dreimal auf- und abgezogen zum Zeichen der Ehrerbietung gegenüber dem scheidenden Königspaar. Sofort danach wurde sie ganz eingeholt, und an ihrer Stelle wurde die Trikolore mit dem Savoyerkreuz gehißt.

Das Königreich Neapel existierte nicht mehr. Aber man kann nicht in Abrede stellen, daß ein »Ruhmesstrahl« seinen Untergang vergoldet hat.

XIII

DIE SKANDALPHOTOS

»In einer Pose war die Königin ganz nackt. Auf einem Fauteuil halb sitzend, halb liegend führte sie ihre Hand an ihre Natur mit der Absicht, sie mit den Fingern zu berühren, und ihr gegenüber befanden sich die Porträts Seiner Heiligkeit Pius' IX., des Herrn Generals de Goyon, des hochwürdigsten Kardinals Antonelli und des Zuavengenerals Bermúdez de Castro ...«

Vor dem Gericht der Sacra Consulta stehend, unterbrach Costanza Vaccari, eine junge Frau, nicht viel älter als 20 Jahre, ihre Aussage, um dem Kanzleibeamten Zeit zu lassen, ihre Erklärungen niederzuschreiben.

Man schrieb den Februar 1862, und dies war die erste Untersuchungsanhörung eines aufsehenerregenden Prozesses, der monatelang ganz Rom in Atem hielt. Wenige Wochen vorher war in der Tat etwas sehr Schwerwiegendes und gänzlich Unvorhersehbares passiert, was Aufsehen und Entrüstung nicht nur in der päpstlichen Hauptstadt, sondern auch in Turin, Paris, Wien, München und Neapel hervorgerufen hatte. Es waren Photographien verteilt worden, die Königin Marie Sophie in, milde ausgedrückt, skandalösen Posen zeigten.

Der Lärm wurde noch größer, als man erfuhr, daß man diese obszönen Bilder auch dem Papst, Franz II., Viktor Emanuel und den Höfen von Wien und München hatte zukommen lassen.

Diese Photographien waren, wie man später feststellen wird, gefälscht, aber im Augenblick hatten sie eine große Verwirrung und Aufregung verursacht. Außerdem machte in jenen Jahren die Kunst der Photographie gerade ihre ersten Schritte, und viele wußten noch nicht, daß die großen Glasplatten, auf denen sich die Bilder einprägten, manipuliert werden konnten.

Hier stand man jedoch der ersten Photomontage der Geschichte gegenüber. Eine gemeine Fälschung, von jemandem betrieben, der sich vorgenommen hatte, das Bild der »Heldin von Gaeta« anzuschwärzen und etwas gegen die große Welle der Sympathie, die sich um die bezaubernde Soldatenkönigin, deren romantische Legende sich bereits in Italien und in Europa verbreitet hatte, zu unternehmen.

Nachdem die erste Bestürzung vorüber war, hatte der seit ungefähr einem Jahr im Exil in Rom lebende Hof voll Empörung verlangt, daß die Urheber einer solchen Gemeinheit aufgedeckt werden sollten, und die päpstliche Polizei legte dabei beachtliche Detektivfähigkeiten an den Tag und hatte in wenigen Tagen diese heikle Sache zustande gebracht. Das heißt, sie hatte als Urheber der Photomontage ein Ehepaar festgestellt: Antonio Diotallevi und Costanza Vaccari, die in den Protokollen als »Photographen mit verlorenem Ruf« bezeichnet wurden.

Aber wer hatte ihnen den Auftrag gegeben, die Photographien zu manipulieren? Und was war das Ziel, das sie sich vorgenommen haben? Über diese Fragen sollte ein zermürbender Prozeß geführt werden, der zu keinem Ende kommen sollte.

Antonio Diotallevi, ein Exleutnant des päpstlichen Heeres, der wegen Schulden degradiert worden war, erklärte in seiner ersten Aussage, daß die Auftraggeberin für die Tat die »Piemontesische Partei« war, die Interesse hatte, aus offensichtlich politischen Gründen den Ruf der jungen Königin zu zerstören. Er nannte auch einige Namen von römischen Liberalen und erklärte, daß er den Kopf der Königin (aus einer ihrer vielen verbreiteten Photographien) auf den Körper einer 20jährigen *scuffiaria* (Modistin), die in einem Hutmodengeschäft am Pozzo delle Cornacchie arbeitete, angepaßt hatte. Die junge Hutmacherin, erklärte er, habe sich für 100 Scudi dazu hergegeben, Modell zu stehen.

Aber so sehr man auch suchte, man fand von dieser Hutmacherin keine Spur, und die Polizei kam zu der Meinung, daß Costanza Vaccari, auch sie 20jährig und ausnehmend schön, selbst das Modell gewesen wäre.

Costanza Vaccari war eine skrupellose und habgierige Frau, aber zweifellos intelligent, hatte das Talent zur Intrige und verstand es jedenfalls, aus der augenblicklichen Konfusion Profit zu ziehen und derartig Staub aufzuwirbeln, daß man sich gar nicht mehr auskannte. Indem sie in gewissem Sinne die Taten der Anna Maria Caglio, genannt der »schwarze Engel«, die in den fünfziger Jahren unseres Jahrhunderts die politische Welt Roms mit ihren phantasiereichen Enthüllungen in Aufruhr versetzte, vorausnahm, wird Costanza Vaccari aus dieser Sache schließlich neue und konkrete Vorteile ziehen und gleichzeitig Rache üben, indem sie in die Affäre mit den Photos der Königin eine riesige Anzahl von politischen und militärischen Persönlichkeiten, mit denen sie Liebes- oder Prostitutionsbeziehungen hatte, hineinzog.

Um das auszuführen, bediente sich die gewitzte Frau der Tatsache, daß es in jenen Jahren in Rom nicht nur eine Polizei gab: Da war die des Kardinals Antonelli, jene des Monsignore de Merode, die des Generals Goyon, des Kommandanten der französischen Streitkräfte, und so weiter, und dies schuf ein solches Durcheinander von Verschwörungen und Geheimdiensten, bei dem sich das Metier eines Konfidenten als ziemlich lukrativ herausstellte.

Costanza Vaccari hatte sich also Monsignore de Merode zur Verfügung gestellt, der beabsichtigte, sie gegen die »Piemontesische Partei« zu benützen, und auf Anraten desselben Prälaten versprochen, alles, was sie wußte, im Austausch gegen Straffreiheit zu gestehen. Die Figur des »Reuigen«, das heißt des Kollaborateurs der Justiz, ist in der Tat keine neue Erfindung. Diese einer Diskussion würdige Einrichtung, die heute wieder in Mode ist, ist paritätisch beim päpstlichen Gerichtsverfahren zur Anwendung gekommen. Mit dem Unterschied, daß der »Reuige« damals als *nicht zu Bestrafender* bezeichnet wurde (seit damals steht der Terminus *impunito* [Unbestrafter] noch im römischen Dialekt in Gebrauch, um einen Tunichtgut zu bezeichnen).

Costanza Vaccari erscheint also an einem kalten Februarmorgen des Jahres 1862 in der Rolle der *nicht zu Bestrafenden* vor dem Gericht der Sacra Consulta. Schlagfertig, gewandt und einnehmend antwortet die junge Frau auf die Fragen der Richter ohne Zögern oder Verlegenheit. Sie nennt der Reihe nach die Angehörigen des sogenannten Nationalkomitees, das ist die »Piemontesische Partei«, von der sie und ihr Mann den Auftrag und das notwendige Geld erhalten haben sollen, um die skandalösen Photomontagen herzustellen. Auch als sie aufgefordert wird, die Photographien detailliert zu beschreiben, zögert Costanza nicht. Im Gegenteil, sie beschreibt die heikelsten Positionen mit passenden Ausdrücken und professioneller Unbefangenheit.

Die Beschreibung der ersten Photographie kennen wir schon. Hören wir die anderen.

»Die zweite Position«, erzählt Costanza Vaccari, »stellte die Königin nackt beim Baden in einer runden Badewanne dar, in welcher menschliche Gliedmaßen in allen Größen herumschwammen, die sie liebkoste. Bei der dritten sah man sie nackt auf einem Sofa ausgestreckt beim Koitus mit einem Zuaven, der so auf ihr lag, daß man sein Gesicht nicht sah, aber es wurde verbreitet, daß es das von Bermúdez de Castro wäre, eines Zuavenoffiziers. Unter diesem Bild las man in spanischer Sprache *Tomes sit sigar* (»Nehmen Sie diese Zigarre«).

»Warum haben Sie das daruntergesetzt?« fragt der Richter.

»Weil«, antwortet Costanza, »über sie gesagt wird, daß eines Tages, als Bermúdez de Castro beim König von Neapel war und nach dem Essen sich so ausdrückte, als er der Königin eine Zigarre gab, und ihr, als sie sie nahm, die Hand drückte. Was die Königin-Stiefmutter bemerkt und Lärm geschlagen haben soll, so daß die junge Königin, dadurch irritiert, einen Zipfel des Tischtuchs ergriffen haben und die Tafel ruiniert haben soll.«

»Wie konnten Sie darüber informiert werden?« fragt der Richter.

»Dies«, antwortet die *nicht zu Bestrafende*, »hat mir ein junger Mann berichtet, den ich nicht kenne, den der Hof jedoch immer als Aushilfsdiener zum Servieren bei Tisch ruft. Er servierte dort auch bei der Gelegenheit, als Seine Heiligkeit zum Essen war. Dieser Schlingel konnte sogar sagen, daß sich Seine Heiligkeit betrunken hat, und dabei betonen, daß dies der Rausch vom vorhergehenden Tag war, als Seine Heiligkeit in Ohnmacht fiel, als er am dritten Osterfeiertag des Jahres 1861 die Messe las oder dabei assistierte.«

»Die *Straffreie* möge uns noch von den Photographien erzählen«, mahnt sie der Richter. Und Costanza gehorcht.

»Die vierte Position«, nimmt sie ihren Bericht wieder auf, »stellt die Königin dar, auch ganz nackt, auf einem Sofa im Halbschlaf, und Seine Heiligkeit, die gerade bei der halbgeöffneten Türe hereinkommt, und in einiger Entfernung den französischen General, jedoch in Zivil, der hinter Seiner Heiligkeit hereinkommt.«

Wie gesagt setzten die straffreien Enthüllungen Costanza Vaccaris ein aufsehenerregendes Gerichtsverfahren in Bewegung, das jedoch zu keinem Ende kam. Wenige Wochen nach den Enthüllungen wurden Costanza und ihr Mann zur Verwunderung aller und zum Mißfallen des neapolitanischen Hofes in Freiheit gesetzt. Monsignore de Merode nahm sie daraufhin als Konfidenten in seine Dienste und zahlte ihnen 15 Scudi im Monat. Um Goyon, dem er nicht traute, zu kompromittieren, kaufte der Prälat von Costanza auch einige Liebesbilletts, die ihr der General schickte, als das Mädchen gleichzeitig seine Geliebte und Konfidentin war. Die Vaccari war in der Tat Spionin und die Geliebte vieler Persönlichkeiten im Rom jener Jahre. Sie betrog alle und nahm allen Geld ab. 1870, nach der Besetzung der Hauptstadt durch das piemontesische Heer, riskierte die junge Intrigantin, gelyncht zu werden. Rechtzeitig von einem Geliebten, der sich bei den neuen Herren rekrutiert hatte, gerettet, scheint es, daß sie schließlich ihr Leben als Gast des Guten Hirten beschlossen hat.

Die »Piemontesische Partei« ihrerseits wies immer die Anschuldigung zurück, die Montage, welche die Königin beleidigt hat, veranlaßt zu haben. Das Nationalkomitee veröffentlichte auch eine Art von Weißbuch, um zu zeigen, daß es nichts mit den Dingen zu tun hatte. Aber, um die Wahrheit zu sagen, der entrüstete Protest der Liberalen erscheint sehr wenig wahrscheinlich.

Andererseits hatte Marie Sophie in jenen tumultreichen Jahren, die auf das Ende des Königreiches von Neapel und die Ausrufung des Königreiches Italien folgten, in ihrer Person die Symbole und Ideale des Legitimismus angenommen. Ihre Popularität war jener von Garibaldi selbst gleich oder vielleicht größer. Im Gegenteil, man kann sagen, daß, wenn der unbesiegte General in jenem Moment der Held, mit dem man das italienische Risorgimento umschrieb, war, Marie Sophie die unbestrittene Heldin derer war, die sich dem Risorgimento widersetzten. Man muß daher nicht überrascht sein, wenn ein skrupelloser Patriot, um Schmutz auf das reine Bild der heldenhaften Königin zu werfen, auch zu solch einer zynischen Gemeinheit gegriffen hatte.

Im Gegensatz zu ihrem Mann, der wieder in seinen Fatalismus verfallen war, hatte Marie Sophie, kaum in Rom ange-

kommen, keine Minute verloren, um ihren Kampf für die
Wiedereroberung des Thrones, von dem sie abgesetzt worden
war, wiederaufzunehmen. Eine Leidenschaft, die sie ihr ganzes
Leben lang begleiten wird.

In Rom hatte die königliche Familie von Neapel im Palazzo
del Quirinale, welcher ihnen von Pius IX. bereitgestellt worden
war, der ihnen so die von den Bourbonen erhaltene Gastfreundschaft in Gaeta zur Zeit seiner Flucht aus der Hauptstadt
wegen der Ereignisse von 1849 erwidern wollte. Im Palast
wohnte schon die Königinmutter Maria Theresia mit ihrem
Gefolge. Nach Rom waren inzwischen auch ein Großteil
des neapolitanischen legitimistischen Adels und Exminister,
Höflinge und Militärs übersiedelt und außerdem eine große
Anzahl von verstreuten Soldaten, die sich nun um das Quirinal
und um andere »neapolitanische« Paläste herumtrieben, um
rückständige Löhne einzufordern oder, noch einfacher, um
irgendeine Anstellung zu flehen.

In mancher Hinsicht ähnlich Koblenz, wo die französischen
Adeligen, die der Revolution entkommen waren, Zuflucht gefunden hatten, hatte sich der neapolitanische Hof in Rom sehr
bald in ein Tratsch- und Intrigennest verwandelt. Und das
konnte gar nicht anders sein wegen der Verschiedenartigkeit der
Leute, die hier Gastfreundschaft und Kredit erhielten. Wie die
Raben vom Unglück der Bourbonen angezogen, kamen auch
Abenteurer jeder Kategorie nach Rom, die sich bereit erklärten,
für Geld zu den Banden der Aufständischen zu stoßen, die noch
in den inneren Provinzen des Königreichs kämpften.

Wie sich ein Historiker erinnert, bewegten sich in diesem
lärmenden »kleinen Koblenz« »spazierengehende Funktionäre,
Bittsteller um Geld und Ehren, Militärs auf der Suche nach
Rangerhöhung und Gehältern, aber sicherlich nicht nach Ruhm
auf den Schlachtfeldern; intrigante Priester und Mönche, Journalisten der niedrigen Schicht, Kerle der Bettlerpolizei, Fälscher,
falsche Werber für Banden, falsche Waffenlieferanten, falsche

Anzettler von Komplotten«. Auch bei Hofe hatten sich intern wiederum zwei Parteien gebildet: die Anhänger einer Restauration aufgrund der Verfassung, die Freunde Marie Sophies, und die Reaktionäre, auch »Ultra« genannt, die wie immer hinter der Königinmutter standen. Zwischen den beiden Strömungen larvierte Franz so gut wie möglich; er war, wie gewöhnlich, nicht imstande, eine persönliche Politik einzuhalten, und versuchte, allen recht zu geben in seiner ewigen Sorge, allein gelassen zu werden.

Franz litt jedoch sehr unter dieser Situation. Es bedrückte ihn auch die Gastfreundschaft des Papstes, und er hatte aus diesem Grund die Restaurierungsarbeiten am Palazzo Farnese, der seiner Familie gehörte, angeordnet, um sobald wie möglich dorthin übersiedeln zu können. Um Politik kümmerte er sich wenig. Erneut willenlos und introvertiert, hatte er sich in die Lektüre erbaulicher Bücher vertieft, wobei er eine besondere Vorliebe für die Studien religiöser Archäologie an den Tag legte. Er erinnerte sich jedoch mit Sehnsucht an die »glücklichen Tage« der Belagerung. »Ah, um wieviel wohler fühlte man sich in Gaeta!« sagte er für gewöhnlich immer wieder in Augenblicken der Niedergeschlagenheit.

Die Wiedervereinigung der königlichen Familie hatte die Zwistigkeiten zwischen Marie Sophie und der Schwiegermutter, anstatt zu schlichten, verschärft. Schon am Abend der Ankunft in Rom brach zwischen den beiden Königinnen der erste Streit aus. Beim Abendessen setzte sich Maria Theresia arrogant auf den Ehrenplatz, aber die junge Königin weigerte sich, auf einem zweitrangigen Stuhl Platz zu nehmen. Man mußte einen zweiten Tisch für das Königspaar herrichten, das von jenem Abend an seine Mahlzeiten immer allein einnahm. Zwischen den beiden kleinen Höfen begann also wieder der stumme Kampf von ehedem. Maria Theresia, wie immer unhöflich und listig, war von Neid zerfressen wegen der Ruhmesaura, die sich Marie Sophie in Gaeta verdient hatte, wegen der riesigen Anzahl an Geschenken, die von allen Höfen Europas einlangten, und wegen der zahlreichen Publikationen, die ihre Tapferkeit und ihre Kühnheit rühmten.

Diesmal war es Marie Sophie jedoch bestimmt, den kürzeren zu ziehen, auch weil sie auf ihren seinerzeitigen Gewohnheiten beharrte. Das bigotte und päpstliche Rom, das ihr Gastfreundschaft gewährte, konnte die sympathischen Extravaganzen der jungen Königin, wie ihr Schwimmen im Meer von Civitavecchia, die Ausritte in Männerkleidung, ihre herrlichen Haare aufgelöst und bis auf die Schultern reichend, das Lenken von Gespannen oder ihre ungezügelte Leidenschaft für Feuerwaffen, der sie auf den Glacis von Gaeta frönen konnte, nicht gutheißen. Rom war in der Tat nicht Neapel, und jetzt galt es für sie, außer der gewohnten Kritik seitens der Umgebung der Königinmutter auch derjenigen der rückschrittlichen Kreise rund um den päpstlichen Hof entgegenzutreten. Zu alldem muß noch die Skandalkampagne gezählt werden, die gegen sie seit dem Tag ihrer Ankunft von den verschiedenen liberalen Komitees getätigt wurde.

Das erste Gemunkel begann anläßlich der Karwoche, als sie gesehen wurde, wie sie inmitten einer vom Papst persönlich gefeierten feierlichen religiösen Zeremonie gelangweilt gähnte.

Marie Sophie änderte jedoch ihre Gewohnheiten nicht. Die steife Etikette der römischen Gesellschaft dreist herausfordernd ging sie allein auf die Straße, blieb stehen, um mit Leuten aus dem Volk zu sprechen, war sich nicht zu gut dafür, sich in Gesellschaft, umgeben von jungen Offizieren, die sie anbeteten, zu zeigen, und nahm persönlich an geheimen Zusammenkünften teil, bei denen Transporte von Männern und Waffen zu den »Partisanen«, die in den Bergen des Exkönigreiches kämpften, organisiert wurden.

Aber wenn auch das Verhalten der »Bayerin«, wie sie nun verächtlich genannt wurde, nichts als rauhe Kritik in den Salons des schwarzen Adels erntete, war im Gegensatz dazu Marie

Sophie wegen ihrer Einfachheit und wegen ihrer Schönheit bei den einfachen Menschen sehr populär geworden. Alle grüßten sie, wenn sie sie auf der Straße trafen, und nannten sie familiär »Sora Sofia« (Frau Sophie).

Die ersten Monate des römischen Exils der königlichen Familie von Neapel wurden auch durch drei erfreuliche Ereignisse aufgeheitert: die Heirat Luigi di Tranis, des Bruders von Franz, mit Mathilde von Bayern, der Schwester Sophies, die Heirat der Schwester von Franz, Maria Immakulata, mit Erzherzog Karl Salvator von Toskana und die der anderen Schwester, Maria Annunziata, mit Erzherzog Karl Ludwig, dem Bruder von Kaiser Franz Joseph. Aus dieser letzteren Ehe wird Erzherzog Franz Ferdinand hervorgehen, der dazu bestimmt war, nach dem Selbstmord Erzherzog Rudolfs in Mayerling der Thronerbe zu werden. Franz Ferdinand, dessen Ermordung in Sarajevo im Jahr 1914 den Ersten Weltkrieg zum Ausbruch bringen wird, wird sein ganzes Leben lang ein Todfeind Italiens sein, da er niemals seine neapolitanische Herkunft vergessen hat.

Die Ehe zwischen Mathilde und Luigi di Trani (die von Marie Sophie und Kaiserin Elisabeth eingefädelt worden war) scheiterte von Beginn an. Der Graf von Trani, ein Schlemmer, Säufer, Schürzenjäger und nicht ganz in Ordnung im Gehirn (er wird durch Selbstmord enden, nachdem er versucht hatte, in den Dienst der Piemonteser überzulaufen), vernachlässigte seine Frau seit den ersten Tagen ihres Zusammenlebens. Sie wird sich bald trösten, indem sie dem allgegenwärtigen Bermúdez de Castro in die Arme fällt.

Die Ankunft ihrer Schwester in Rom bot Marie Sophie die Gesellschaft, die sie so bitter nötig hatte. Die beiden Wittelsbacherinnen wurden unzertrennlich. Es verbanden sie die Erinnerung an die glückliche Jugend in Possenhofen und die schmerzliche Erfahrung einer gescheiterten Ehe. Wunderschön und immer gleich angezogen, streiften die beiden jungen Frauen

zu Pferde durch die römische Campagna oder machten Spazier-
gänge auf dem Pincio, immer in Begleitung des riesigen
Terranova, von dem sich Marie Sophie nie trennte, und zwei
dienstfertigen Schildknappen. Einer war der gewohnte Bermúdez de Castro, der andere ein junger belgischer Offizier, von
dem zu sprechen wir noch Gelegenheit haben werden.

XIV

ROMANTISCHE ABENTEURER UND ECHTE BRIGANTEN

»*Attendre huit mois? ... Non, non, jamais!*« brach es aus Marie Sophie hervor, und sie fuhr gebieterisch auf. Seit allzu langer Zeit baten die heldenhaften Kämpfer der reaktionären Banden, die im Exkönigreich tätig waren, um einen Kommandanten mit Prestige. Man konnte sie nicht weitere acht Monate warten lassen.

Im Hinterzimmer der Apotheke Vagnozzi am Campo dei Fiori, wo Marie Sophie in Männerkleidern hinzugehen gewohnt war, war an jenem Abend der Generalstab der Banden zusammengetroffen. Alle Anwesenden, ehemalige Offiziere des bourbonischen Heeres, aber auch Typen mit dem Äußeren von Briganten, richteten ihren Blick auf den direkten Sprecher der Königin.

Henri de Cathélineau, ein Verwandter des berühmten Vandeano und selbst Animator der legitimistischen Aufstände in Frankreich und in Portugal, gelang es nicht, eine gewisse Verlegenheit zu verbergen.

»Es ist besser, das nächste Frühjahr abzuwarten«, wiederholte er. »Jetzt sind wir nicht bereit. Und dann«, fügte er hinzu, »muß ich an meiner Seite einen Prinzen des Königshauses haben, wenn nicht ...«

Marie Sophie ließ ihm keine Zeit, den Satz zu beenden: »Ich bin bereit, mit Euch zu kommen«, erklärte sie mit Elan. »Es ist besser, unter den Helden, die sich in den Abruzzen schlagen, zu sterben, als in diesem langweiligen und tratschsüchtigen Rom zu leben.«

Wenn es eine andere Frau gewesen wäre, die diese Worte gesagt hat, hätten diese Männer sicherlich nur mitleidig gelächelt. Aber die junge Königin war keine Frau wie die anderen. Ihre Zeit in Gaeta bezeugte, daß sie tapferer sein konnte als ein Mann.

Henri de Cathélineau lächelte sie an und schüttelte den Kopf.

»Ihre Zeit ist noch nicht gekommen, Majestät. Der König hatte mir die Anwesenheit eines Prinzen zugesichert.«

»Der Graf von Caserta stünde zur Verfügung«, sagte einer der Anwesenden.

»Aber er ist kaum 20 Jahre alt!« bemerkte der Franzose.

»Und Sie sind kaum 24 Jahre alt, Henri«, betonte die Königin mit einer ärgerlichen Handbewegung. Marie Sophie hatte es eilig. Ungeduldig und impulsiv wie immer wollte sie, daß die Befreiungsaktion sobald wie möglich beginnen sollte. Sechs Monate waren schon vergangen seit dem Fall von Gaeta, aber das Eisen war noch heiß, und man mußte dies ausnützen. Den Piemontesern war es nicht gelungen, im ehemaligen Königreich den Frieden herzustellen; im Gegenteil, die Revolte wurde von Tag zu Tag stärker, und die Exekutionspelotons des sardischen Heeres trugen wesentlich dazu bei. Kriegstüchtige Banden, denen jedoch ein einheitliches Kommando fehlte, operierten schon in allen Provinzen des Königreiches. Nein, es war absolut nicht günstig, noch zu warten. Die Zeit war ein Vorteil für die Invasoren.

Aber Henri de Cathélineau brachte andere Vorbehalte vor. Er schien nicht überzeugt zu sein. Nach so vielen Versprechungen entpuppte er sich jetzt, wo der entscheidende Moment herannahte, als unsicher und zögernd.

Er war am 15. August 1861 auf eine Einladung Franz' II.,

der ihm das Oberkommando über die reaktionären Streitkräfte angeboten hatte, nach Rom gekommen. Zu diesem Zeitpunkt war es noch realistisch, sich einen etwaigen Umsturz in den Provinzen des Südens vorzustellen. Die Piemonteser befanden sich offensichtlich in Schwierigkeiten, sowohl auf militärischem als auch auf politischem Gebiet. Außer England hatten die anderen europäischen Mächte das am 17. März 1861 in Turin ausgerufene Königreich Italien noch nicht anerkannt, und dies bedeutete, daß sie die italienische Situation als noch in Entwicklung befindlich erachteten. Soviel ist wahr, daß die bei der Exilregierung Franz' II. akkreditierten diplomatischen Delegationen nicht zurückgerufen worden waren.

Überdies waren beim neapolitanischen Hof Nachrichten über die Fahnenflucht von Mazzinianern und Garibaldianern, die damit unzufrieden waren, wie ihre Revolution geendet hatte, und jetzt mit Sympathie die Aufstandsbewegung der südlichen Provinzen betrachteten und darin den Keim einer sozialen Revolution sahen, eingetroffen.

Franz dachte, um die Wahrheit zu sagen, an keine heroischen Befreiungspläne. Er entfremdete sich immer mehr der Wirklichkeit und schien sich mit seinem Schicksal abgefunden zu haben. Wenn er noch davon sprach, seinen Thron wiederzuerobern, geschah dies nur, weil sein ehrlicher Glaube an die göttliche Gerechtigkeit ihn daran hinderte, zu glauben, daß die von den Piemontesern personifizierte Ungerechtigkeit endgültig triumphieren könnte. Wenn er seine bereits mageren Mittel vergeudete, um Expeditionen in den Süden zu organisieren, machte er dies vor allem, weil ihn seine Berater, die sich noch nicht mit dem Verlust des Königreiches abgefunden hatten, dazu drängten.

Marie Sophie wurde hingegen von anderen Gefühlen beseelt. Ungestüm und draufgängerisch, wie sie war, wurde die junge Herrscherin nicht von moralischen Problemen zurückgehalten. Die Tatsache, daß in einigen jener Banden die Bösewichte die Oberhand über die echten Patrioten gewannen, störte sie keineswegs. Ihr Plan, den sie bei keiner Gelegenheit kundzutun zögerte, war, rund um die Fahne mit den Lilien alle Unzufriedenen inklusive, wenn möglich, die enttäuschten Anhänger Mazzinis und Garibaldis zu scharen, mit dem Ziel, eine bewaffnete Opposition gegen die Regierung der Savoyer zu errichten.

»Alle Feinde der Savoyer sind meine Freunde«, sagte sie. Und nahm so eine Linie voraus, die sie als die »der Koinzidenzen« bezeichnete, der sie ihr ganzes Leben lang treu bleiben sollte.

Um diesen Plan auszuarbeiten, bediente sie sich ehrbarer Legitimisten und waghalsiger Abenteurer. Auf die Piazza Farnese, auf den Campo dei Fiori und auf die Piazza Montanara, wo die Werbungen gemacht und im Freien die militärischen Exerzierübungen der bewaffneten Truppen abgehalten wurden, begab sich Marie Sophie wiederholt in dazu passender Kleidung (oft trug sie ihre alte Uniform von Gaeta, in der sie schon von vielen Malern verewigt worden war). Sie ermutigte die Freiwilligen, sie unterhielt sich mit struppigen Briganten und verteilte an alle zum Zeichen der Anerkennung kleine Heiligenmedaillons und Glücksbringer in Form von kleinen Korallenhörnern.

Es waren aufregende Stunden, welche die Herrscherin inmitten jener oft rauhen und vulgären Männer verbrachte. Ihre heroische und romantische Natur brachte sie dazu, die Gesellschaft jener Personen von einer primitiven und barbarischen Vitalität der der heuchlerischen Höflinge, die sie umgaben, vorzuziehen.

Die päpstliche Regierung ihrerseits war mehr als tolerant mit diesen Leuten, die aus allen Teilen Europas, aber vor allem aus Frankreich, wo echte Rekrutierungsbüros für den »Freiheitsfeldzug« in Süditalien arbeiteten, nach Rom strömten. Die Waffenschmiede der Via Frattina lieferten problemlos

die nötigen Waffen. Auf der Piazza delle Tartarughe fertigte ein
Jude, ein gewisser Pontecorvo, die Uniformen an, indem er die
der französischen Soldaten kopierte, »um ein bißchen Verwirrung zu stiften«. Die »Heilige Bußanstalt« hatte die Beichtväter
dazu aufgefordert, allen Freiwilligen das Himmelreich zuzu-
sichern, während die Klöster, besonders das der »Barfüßigen
Trinitarier« auf der Via Condotti, den berühmtesten Briganten
wie Chiavone, Crocco, Ninco Nanco, Fuocco, Guerra, Gior-
dano, wenn sie nach Rom kamen, um sich dort zu vergnügen
oder bei Marie Sophie, die immer ein bewunderndes Lächeln
und ein Glücksbringeramulett für sie hatte, empfangen zu
werden, großzügige Gastfreundschaft anboten.

Die Ankunft Henri de Cathélineaus in Rom, der damals für
einen echten Helden des alten legitimistischen Europa gehalten
wurde, hatte Marie Sophies Hoffnungen auf eine baldige Vergeltung verstärkt. Blond, schön, stark und kühn, hatte der junge
Mann sofort die Sympathien des Hofes für sich errungen. Seine
Pläne hatten vor allem die Königin begeistert, der Cathélineau
versprochen hatte, sie zu Pferde, ihren Truppen voran, in die
befreite Stadt Neapel einziehen zu lassen.

Der junge Paladin war unbefangen und unternehmungs-
lustig und hatte es nicht versäumt, Marie Sophie auf eine drän-
gende und indiskrete Weise den Hof zu machen, und sie hatte
dies in ihrer natürlichen Art akzeptiert, wie sie das zu tun
gewohnt war und weiterhin bei allen Edelmännern, die nach
Rom kommen werden, um ihr Schwert und Herz der faszinie-
renden »Heldin von Gaeta« zu Füßen zu legen, tun wird.

So hatte auch der blonde Henri auf der Liste ihrer angeblichen Liebhaber geendet, welche die Päpstlichen und die Liberalen, bereitwillig verbündet beim Versuch, sie anzuschwärzen,
aufzählten und in den Salons und Quartieren verbreiteten. Vor
dem Skandal mit den Photographien, der den Tiefpunkt jener
niederträchtigen Verleumdungskampagne darstellt, werden
die Marie Sophie zugeschriebenen Liebhaber eine so unsinnig

hohe Zahl erreichen, daß dadurch sogar der Verdacht laut wurde, daß die Königin eine Nymphomanin wäre. In Wirklichkeit war sie, wie wir sehen werden, ein klein wenig frigide und auf jeden Fall nicht allzusehr für Liebesabenteuer empfänglich. Wie auch immer, diese Tratschereien bereiteten ihr überhaupt keine Sorgen. Daß man ihr den Hof machte, gefiel ihr. Außerdem hatte sie schon auf den Basteien von Gaeta erkannt, daß viele Männer bereit waren, aus Liebe zu ihr zu sterben. Folglich, wenn das die Rechnung war, die bezahlt werden mußte, um den Thron wieder zu erobern, so sollten sie sich nur dazu bequemen.

Henri de Cathélineau gehörte nicht zu dieser Kategorie. Nach Verzögerungen und Aufschüben verschwand der Held des Legitimismus aus Rom, doch nicht, bevor er ungefähr 130.000 Lire aus der Kasse des Königs von Neapel herausgenommen hatte.

Aber wenn auch einige Abenteurer Marie Sophie täuschten, erwiesen sich viele andere als tapfer und mutig.

Heute ist es schwierig, zu zählen, wie viele junge Ausländer, die, verführt durch die Propaganda der katholischen Zeitungen, die zu einem Kreuzzug gegen die piemontesischen Invasoren aufriefen, und vor allem fasziniert vom Mythos der »Heldin von Gaeta«, sich in das Abenteuer einließen, in die vom Brigantentum verheerten Regionen des Südens zu gehen. Die italienische nationale Geschichte tut sie mit wenigen Worten des Mitleids wegen ihres Fanatismus und ihrer Naivität ab. Oft handelte es sich hingegen um echte romantische Helden, die, kaum mit den rohen und blutrünstigen Bauern vermischt, die sie gierig betrachteten, lauernd auf einen günstigen Moment, um sie zu ermorden und sich ihre Habe zur Beute zu machen, zu spät erkannten, daß sie von ihrem Idealismus betrogen worden waren. Jedoch ist es, zumindest in der ersten Zeit der Besetzung, keineswegs gerecht, von kriminellem Brigantentum zu sprechen. Es handelte sich tatsächlich um eine Partisanenguerilla, die sich, wenn sie auch raubte und plünderte (aber welche Partisanenbewegung hat dies nie getan?), ein politisches Ziel vornahm. Erst später wird diese zu einem echten Brigantentum.

Der erste Anführer dieser Banden war ein Italiener, der Bourbonenoberst Francesco Luvarà, der Gaeta vor der Kapitulation verlassen hatte und sich dann mit dem französischen Baron Klitsche de la Grange, der schon im Januar 1861 auf den Bergen von Tagliacozzo gekämpft hatte, verbündet hatte. Von den Piemontesern schließlich besiegt, wird Luvarà nach Frankreich fliehen.

Im September 1861 stieß ein weiterer Paladin Marie Sophies nach seiner Heimkehr aus Gaeta zu den Briganten: Emilio de Christen, ein 24jähriger, der mit den besten Namen Frankreichs verwandt war. Auch er organisierte eine Bande, die dem piemontesischen General de Sonnaz viel zu schaffen machte. Nachdem er kreuz und quer durch das Exkönigreich gezogen war und der Piemonteser Schützen gespottet hatte, wurde der französische Guerillakämpfer schließlich in Neapel, wohin er sich begeben hatte, um sich ein bißchen Zerstreuung zu verschaffen, verhaftet. Die Intervention Napoleons III. rettete ihn vor der Erschießung.

Ein schlimmeres Schicksal erlitt jedoch der spanische General José Borges, ein Freund von Bermúdez de Castro, der ihn der Königin vorgestellt hatte. Nachdem er in der Gegend von Gerace an Land gegangen war, kam Borges mit dem Bourbonenhauptmann Achille Caracciolo di Girifalco, der eine Bande befehligte, in Berührung. Nach einem heftigen Kampf mit der Pisa-Brigade wurde der Spanier, der knapp dem Tod entkommen war, auf Befehl des Komitees in Rom verpflichtet, sich unter den Bandenchef Carmine Donatello, genannt »Crocco«, der in Rionero in Vulture operierte, zu stellen. »Crocco« war jedoch kein Patriot, wohl aber ein gemeiner, wilder und blutrünstiger Krimineller. Als er begriff, mit welcher

Art Leute er es zu tun hatte, entfernte sich der Spanier mit ungefähr zwanzig Kameraden im November 1861 von ihnen. Er nahm sich vor, wie es aus seinem aufgefundenen Tagebuch hervorgeht, Rom zu erreichen, um Franz darauf aufmerksam zu machen, »daß er weder dem katholischen Glauben verpflichtete noch Ehrenmänner noch Streiter für die Rechtmäßigkeit im Dienst seiner Sache hätte, sondern Elende und Verbrecher«.

Er war von den Piemontesern in Tagliacozzo mit allen seinen Kameraden gefangengenommen worden und endete vor dem Exekutionspeloton. Die Erschießung Borges' erregte in Europa viel Aufsehen. Sie wurde sogar von Victor Hugo beklagt. In der Folge wird anerkannt werden, daß Borges »als der erste und letzte Kreuzritter des bourbonischen Heeres erschien und wirklich war«.

Ein weiterer »Kreuzritter« war Marchese Alfredo di Trozégies, ein belgischer Adeliger.

Verabschiedet von Marie Sophie, die ihn auf eigenen Wunsch bis an die Grenzen des Exkönigreichs begleitete, begab sich der junge Mann zur Bande des Briganten Chiavone, die als eine der gefährlichsten eingeschätzt wurde. Er nahm an vielen Kämpfen teil und wurde nach einer blutigen Schlacht gefangengenommen. Er wurde noch am Tag seiner Gefangennahme erschossen: am 11. November 1861. Er weigerte sich, eine Augenbinde anzulegen und starb als Held.

Mitglied der Chiavone-Bande war auch der Spanier Carlo Tristany. In Rom von Franz und Marie Sophie empfangen, schwor er »bei seinem Kopf«, das Königreich Neapel wieder zu errichten. Tristany nannte sich selbst »Feldmarschall« und entpuppte sich bald als das, was er war: ein Abenteurer. Seine Taten bestanden in Raubüberfällen und Plünderungen. Seine Unverschämtheit war so arg, daß er eines Tages dem piemontesischen General Govone sagen ließ, daß er gegen eine reiche Vergütung bereit sei, ihn vor jeglicher Überraschung abzusichern.

In der Folge, nachdem es mit Chiavone zu einer Zwistigkeit gekommen war, der, obwohl er selbst ein Brigant war, dessen unverschämte Methoden nicht schätzte, ließ ihn Tristany festnehmen und erschießen. Daraufhin verließ der spanische Abenteurer seine Kameraden, und es gelang ihm, nach Spanien zu kommen.

Man könnte noch vieler anderer »Kreuzritter« gedenken: wie des deutschen Adeligen Karl Kalkreuth von Gotha, bekannt als »Graf Edwin«, eines romantischen Dichters, der dann in Formia von den Schützen (Bersaglieri) gefangengenommen wurde (in einer letzten poetischen Anwandlung bat »Graf Edwin«, selbst den Soldaten den Befehl zum Schießen geben zu dürfen. Sein Wunsch wurde erfüllt). Oder wie des deutschen Musikers Zimmermann, der auch erschossen wurde. Und noch des französischen Exleutnants De Rivière, des Spaniers Mussot, des Bretonen de Langlais und vieler anderer, die unter den Schüssen der Exekutionskommandos geendet haben.

Die Geschichte des Brigantentums in den Regionen des Südens ist zu lange und zu kompliziert, als daß man jetzt versuchen könnte, einen auch nur summarischen Bericht darüber zu erstatten. Es dauerte fünf Jahre, und von beiden Seiten wurde Mißbrauch getrieben und wurden Massaker veranstaltet. Im akutesten Augenblick der Krisen erreichten die Briganten eine Stärke von ungefähr 30.000 Mann, gegen die das piemontesische Heer 120.000 einsetzen mußte. Auch nicht dem zwischen Turin und Rom zwecks seiner Niederwerfung geschlossenen Bündnis und nicht einmal dem berühmten Pica-Gesetz, das in jenen Regionen jede konstitutionelle Garantie aufhob, gelang es, die Banden niederzuwerfen, die sich in der Zwischenzeit in absolut kriminelle Organisationen verwandelt hatten.

Dieser Bauernaufstand dauerte praktisch zehn Jahre. Bis zum Sommer 1862 bewahrte er die Charakteristika des bourbonischen Legitimismus. Nachher verwandelte er sich in eine unvernünftige Revolte, ohne politische Ziele noch mit ernsten sozialen Vorhaben, die sich durch Episoden äußerte, die einfach gemein und verbrecherisch waren.

Bei diesem blutigen Feldzug erlitt das sardische Heer Verluste von 315 Toten, 24 Vermißten und 80 Verwundeten. Die Zahl der getöteten Briganten war wesentlich höher: Im Gebiet von Gaeta wurden 71 von ihnen erschossen und 160 fielen im Kampf; in Kalabrien wurden 124 erschossen und 134 fielen, in der Basilicata wurden 1232 getötet; in den Abruzzen 2000. Die Zahl der Gefangenen ging in die Tausende. Es ist unnötig zu sagen, daß bei den Erschossenen auch die »Kreuzritter« waren. Die italienischen Soldaten machten keinen Unterschied zwischen Banditen bäuerlicher Herkunft und adeligen Ausländern, wenn sie bei ihrer Gefangennahme bewaffnet waren.

Zu Beginn des Jahres 1862 war Marie Sophie zum realistischen Entschluß gekommen, daß man von der Bauernrevolution nichts mehr erhoffen konnte, und hatte jede Beziehung mit den Briganten und den Abenteurern abgebrochen und sich endlich dareingefügt, dieses weitere Scheitern zur Kenntnis zu nehmen. Aber sie änderte nicht ihre Gewohnheiten, die den römischen und parthenopeischen Adel so empörten. Im Gegenteil, sie intensivierte sie. Nach der politischen Enttäuschung brachte sie ihr rebellischer Geist nun dazu, ihre Wunderlichkeit zur Schau zu tragen. Sie ging zu Fuß auf den Straßen von Rom aus, allein oder mit ihrer Schwester Mathilde, und machte nicht nur durch ihre originelle Aufmachung, sondern auch durch ihr extrovertiertes Benehmen, ihr Lachen, ihr unbekümmertes Verhalten auf sich aufmerksam. Sie nahm an Volksfesten teil und richtete das Wort an Frauen des Volkes mit einer Vertraulichkeit, die für übertrieben erachtet wurde. Sie ritt weiterhin ohne Hut oder übte sich leidenschaftlich im Pistolenschießen. Diesbezüglich streuten ihre Verleumder das Gerücht aus, daß die Königin eine zügellose Jägerin von Katzen sei, von Tieren, die traditionsgemäß von allen Wittelsbachern gehaßt wurden. Man trieb es so weit, sogar eine Liste jener armen Opfer anzufertigen. An einem einzigen Tag, sagte man, habe sie 18 Katzen umgebracht.

Die Gesellschaftschronik jener Tage berichtet auch von einer Übertretung des frommen Franz. De Cesare, ein geachteter Historiker der bourbonischen Dynastie, erzählt unter Bezugnahme auf den römischen Aufenthalt in der Tat eine sehr kuriose Episode. Es handelt sich um eine ziemlich einmalige, vom schüchternen Herrscher erlebte Liebesgeschichte.

Zur Überraschung aller – erzählt De Cesare – zeigte der junge König eines Tages lebhaftes Interesse für eine Hofdame, von der man niemals den Namen erfahren hat. Er wollte, daß sie ihm vorgestellt werde, und begann sofort, respektvoll zärtliche Worte an sie zu richten. In der Folge, verliebt in die junge Frau, aber in Sorge, zu sündigen, fragte Franz Monsignore Gallo um Rat, der ihn beruhigte und ihm sagte, »daß die Liebe, welche sich rein platonisch hält, nicht Sünde genannt werden konnte; aber wenn sie drängt, anstößig würde; und wenn sie konsumiert wird, zum Ehebruch würde; im besonderen Falle zu doppeltem Ehebruch, weil beide verheiratet seien«.

Beruhigt durch diesen Spruch, den Monsignore Gallo dem hl. Alfons zuschrieb, und entschlossen, ihn zu beherzigen, ging Franz also mit seinem unzulänglichen Platonismus weiter. Der Herrscher begann auch, der Dame Billetts ohne Unterschrift und Datum zukommen zu lassen, die fast immer in der dritten Person geschrieben waren, in denen er diskrete Zusammenkünfte festsetzte, aber immer an offen zugänglichen Orten.

Hier ist der Text einiger dieser Billetts, die von einem Sammler sorgsam gehütet werden. »Samstag um 8 Uhr früh im Garten des Quirinals, wenn man dort allein ist.« – »In der Villa Doria um 11.30 Uhr, aber ich kann (nur) zusammen mit einer anderen Person kommen, daher werden wir wenig sprechen.«

Bei den eiligen Zusammenkünften tauschte Franz mit der

schönen Dame zärtliche Worte und feste Händedrücke aus, dann flüchtete er. Andere Male schickte er ihr Sprüche. Zum Beispiel: »Wenn Du ein edles und ehrbares Gefühl hast, zieht dieses die Herzen an und bindet sie: Es ist jedoch notwendig, den Schein zu wahren. Man traf den Schreiber im Palast, man hat Kutsche und Person erkannt; erneut diese Risiken einzugehen, ist unmöglich.«

Und weiter: »Die Sünde setzt den heiligsten Freundschaften ein Ende; die Freundschaft gibt die größte Befriedigung; wenn die Sünde hinzukommt, kommen die Gewissensbisse.«

Franz verbarg jedoch nicht seine Gefühle für Marie Sophie. In einem Billett liest man: »Die Königin ist die schönste Frau der Welt.«

»Es sind Dinge, die jeder Wahrscheinlichkeit spotten«, schließt De Cesare. »Es genügt jedenfalls, was ich geschrieben habe, um zu zeigen, daß Franz II. wirklich ein Mann war, der anders als die anderen war.«

Wenn man dies alles in Betracht zieht, kann man sich leicht vorstellen, was bei Hofe passiert ist, als die Photos, die Marie Sophie in jenen obszönen Posen darstellten, mit der Post kamen. Ein solches Ereignis, das auch den emanzipiertesten Ehemann aus der Fassung bringen würde, muß den armen Franz, der niemals seine Frau nackt gesehen hatte, nicht einmal in natura, erschüttert haben.

Um die Wahrheit zu sagen, schien der Skandal mit den Photos auch die Königin in eine Krise zu stürzen. Marie Sophie war der Kritiken müde, die man gegen sie richtete, enttäuscht in ihren politischen Bestrebungen, hatte sie auch einige seelische Probleme und wurde von Tag zu Tag trauriger. Franz, der überzeugt war, daß sie vom selben Leiden nervöser Art befallen wäre, über das seine Schwägerin, Kaiserin Elisabeth, die zur Kur nach Madeira gefahren war, klagte, äußerte daher keine Einwände, als seine Frau ihn um Erlaubnis bat, zu ihrer Familie nach Bayern zu fahren. Ein langer Aufenthalt im vielgeliebten

Possenhofen würde sie sicherlich wieder gesund machen. Über die plötzliche und unerwartete Abreise Marie Sophies aus Rom (die sichtlich viel Aufregung verursachte) wurden auch andere Versionen erzählt. Einige erklärten, daß sich die junge Herrscherin, nunmehr der Welt müde, entschlossen hatte, sich in ein Kloster zurückzuziehen. Andere behaupteten, daß Marie Sophie, nachdem sie jede Hoffnung, den Thron wiederzuerobern, verloren hatte, beschlossen hatte, ihren Gatten, den sie nicht liebte, seinem Schicksal zu überlassen.

In Wirklichkeit gab es da einen anderen Grund, der viele Jahre später entdeckt werden sollte. Und zwar genau im Jahr 1935. Marie Sophie floh aus Rom, um die Frucht einer schmerzlichen Liebesgeschichte, die sie erlebt hatte, zu verbergen. Vielleicht der einzigen Liebesgeschichte ihres Lebens.

XV

DIE HEIMLICHE LIEBE DER MARIE SOPHIE

»*Oh, voilà nôtre bon ami de l'autre fois!*« hatte Marie
Sophie glücklich ausgerufen, als sie zum zweiten Mal Leutnant
Armand de Lawayss zu Füßen der Ehrentreppe antraf. Dann
war sie stehengeblieben, um mit ihm einige Worte zu wechseln,
wodurch sie ihren Gatten und ihr Gefolge, mit welchen sie sich
gerade zum Papst zum ersten offiziellen Besuch begab, in Verlegenheit brachte.

Ihre erste Begegnung hatte in Terracina eine Woche vorher
stattgefunden, als die Königin von der *Mouette* mit Kleidern, an
denen sozusagen noch der Staub der Schlacht von Gaeta haf-
tete, an Land gegangen war.

Um den Herrschern von Neapel die Ehre zu erweisen, stand
am Landungssteg des Hafens eine Kompanie päpstlicher
Zuaven in Reih und Glied; diese stellten eine Art Fremdenlegion
dar, der Kadetten aus den angesehensten europäischen Familien
beitraten. Ihr Kommandant, der belgische Graf Armand de
Lawayss, hatte sich den Gästen mit militärischer Gelassenheit
vorgestellt und sie daraufhin, immer neben der königlichen
Karosse herreitend, bis nach Rom begleitet.

Es scheint, daß Marie Sophie von jenem ersten Augenblick
an beeindruckt war vom Äußeren jenes 25jährigen Offiziers,
der groß und blond war und dessen Gesicht von einem goldenen Bart eingerahmt war. Während der ganzen Reise in die

Hauptstadt waren sich ihre Blicke oft begegnet, und die Königin, überschwenglich wie immer, hatte den Kopf mehr als einmal aus dem Fenster gestreckt, um mit ihrem Begleiter zu plaudern.

Die Sache wäre vielleicht hier beendet gewesen, wenn nicht, eine Woche später, die zufällige Begegnung in den Vorräumen des päpstlichen Palastes erfolgt wäre. Wie wir gesehen haben, verbarg Marie Sophie nicht ihre Freude, *un' autre fois*, noch einmal, den jungen Offizier, der sie in Terracina empfangen hatte, wiederzusehen. Um ihn zu begrüßen, zögerte sie in der Tat nicht, die erste ihrer zahlreichen Übertretungen der steifen Etikette zu vollziehen, welche den strengen päpstlichen Hof so empören sollten.

In der Folge wollte es der Zufall (aber war es ein Zufall?), daß Pius IX. gerade Armand de Lawayss zum Ehrenkavalier der Königin ernannte. Und von diesem Tag an waren die beiden jungen Leute immer zusammen. Jeden Tag im Morgengrauen begleitete er sie bei den Galoppritten durch die römische Campagna. Oft hielten Reiterin und Reiter in irgendeinem alleinstehenden Haus Rast für eine einfache Erfrischung, oder sie machten ein Picknick auf dem Boden, im Schatten der Ruinen der Bögen. Es ist unnötig, zu sagen, daß die Liebe nicht auf sich warten ließ, und für Marie Sophie war es bestimmt das erste und vielleicht auch das letzte Mal. Es ist auch kurios, festzustellen, daß in allen freigebig von Liberalen und Päpstlichen verbreiteten »Listen« der angeblichen Liebhaber der Königin der Name des Armand de Lawayss niemals aufscheint. Offenbar verstanden es sowohl er als auch Marie Sophie, ihre Gefühle gut zu verbergen.

Ihre Liebesgeschichte war jedoch sicherlich Mathilde und Bermúdez de Castro bekannt, zumindest seit sie ihre unzertrennlichen Gefährten bei den häufigen Ausritten geworden waren. Aber die Hauptkomplizin der Königin war die allzeit getreue Marietta, die junge Kammerzofe, die das ganze Leben lang an der Seite der Königin bleiben sollte. In der Tat, als den beiden Liebenden die Morgenstunden in der Campagna nicht mehr genügten, wurde ihr die Aufgabe anvertraut, Armand in das einfache Liebesnest, das sich Marie Sophie in einem Dachstübchen des Palazzo Farnese eingerichtet hatte, zu begleiten. Zu diesem romantischen Rendezvous kam der Offizier in einem Boot den Tiber aufwärts, und nachdem er im hinteren Garten des Palazzo Farnese an Land gegangen war, kletterte er die Mauer hinauf und traf Marietta, die vor ihm mit einem kleinen Licht über die engen Stiegen, welche zur Mansarde führten, wo Marie Sophie wartete, herging.

Die Liebesgeschichte von Marie Sophie und Armand erlebte eine schmerzliche Wendung im April 1862, als die Königin entdeckte, daß die Beschwerden, die sie seit einiger Zeit verspürte, durch eine beginnende Schwangerschaft hervorgerufen waren.

Zu diesem Zeitpunkt begann eine beklagenswerte Geschichte, die mit einem jener quälenden Feuilletons à la Carolina Invernizio, welche die Leser des vorigen Jahrhunderts so leidenschaftlich erregten, verwechselt hätte werden können.

Nachdem sie ihren Zustand erkannt hatte, versuchte Marie Sophie mit allen Mitteln, den aufsehenerregenden Skandal zu vermeiden, den eine solche Nachricht am bigotten neapolitanischen Hof entfacht hätte. Den Ehemann dafür verantwortlich zu machen, war ihr aus den bekannten Gründen unmöglich. Was tun also? Es blieb ihr nichts anderes übrig, als eine Ausrede zu suchen, um so bald wie möglich zu ihrer Familie zurückzukehren. Im offeneren und emanzipierteren Königshaus von Bayern passierten Romanzen dieser Art von Generation zu Generation. Sicherlich würden sie eine Möglichkeit finden, ihre »Schuld« zu verbergen. Und so war es.

Mit Hilfe ihrer Schwester Mathilde spielte die Königin geschickt die Rolle der Kranken. Franz II. zögerte nicht, ihr zu glauben, und als ein Arzt des Hofes bemerkte, daß die

Herrscherin lungenkrank sein könnte, war es nicht schwer, ihn zu überzeugen, daß ein geeigneter Aufenthalt in den bayerischen Alpen für seine Gemahlin ein echtes Allheilmittel wäre ...

Marie Sophie kam in den ersten Junitagen des Jahres 1862 in Possenhofen an. Nachdem sie über alles informiert worden waren, waren ihre Eltern und ihre Brüder nicht übertrieben empört, aber der toleranteste von allen war jedenfalls der »gute Herzog Max«. »Mach dir nichts daraus«, sagte er zu ihr und umarmte sie zärtlich. »Das sind Dinge, die passieren.« Dann fuhr er auf Urlaub nach Monte Carlo.

Ludovika, die Praktischere, nahm die Sache in die Hand und berief eine Art Familienrat ein, an welchem sie auch ihren Bruder, König Maximilian, und ihre Tochter, Kaiserin Elisabeth, teilnehmen ließ. Als erstes wurde beschlossen, größte Geheimhaltung zu bewahren. Schon zu viele Skandale waren in der bayerischen Königsfamilie ausgebrochen, es war daher besser, zu vermeiden, daß auch dieser bekannt würde. König Maximilian stellte auch eine Bedingung: Er verlangte, daß seine Nichte vor ihm schwören sollte, daß sie *jenen Mann* niemals wiedersehen würde. Dann, um ihr zu zeigen, daß *gewisse Dinge* in der Familie schon vorgekommen waren, gab er ihr als Berater den Abt Ulrich von Türk, den natürlichen Sohn Ludwigs I. von Bayern und daher Stiefbruder des Königs, zur Seite. Es wurde auch beschlossen, daß Marie Sophie die ganze Zeit, die für die Entbindung und die Erholung von den Folgen der Mutterschaft notwendig war, in Bayern bleiben sollte. Dann, angesichts der Tatsache, daß es inzwischen notwendig geworden war, Franz zu beruhigen, der darauf bestand, daß seine Frau sobald wie möglich nach Rom zurückkehren sollte, schrieb ihm König Maximilian persönlich und informierte ihn, daß Marie Sophie dank der vom Bischof von Augsburg erteilten Dispens für eine lange Zeit der Erholung in das Kloster der heiligen Ursula eintreten würde.

Napoleon III., Kaiser der Franzosen, unterstützte die italienische Nationalbewegung und erhielt dafür Nizza und Savoyen.

(ÖNB)

*Der exzentrische Ludwig II., König von Bayern,
Freund und Förderer Richard Wagners
und bekannt für seine Bauleidenschaft.*

(Verlag Styria)

Der österreichische Kronprinz Erzherzog Rudolf,
dessen Tod in Mayerling noch heute
nicht ganz aufgeklärt ist.

(ÖNB)

In der Seeschlacht bei Lissa 1866 konnte die österreichische Flotte
unter Admiral Tegetthoff einen bedeutsamen Sieg
über die Italiener erringen.

(ÖNB)

*In der Schlacht bei Custoza 1866 besiegten die Österreicher
unter Erzherzog Albrecht die italienische Armee.
Der Sieg blieb aber ohne weitere politische Bedeutung.*

(ÖNB)

Kaiserin Elisabeth mit ihrer Hofdame in Terriet,
wenige Tage vor ihrer Ermordung
durch einen italienischen Anarchisten.

(ÖNB)

Scheinbar hat die Nachricht darüber, daß sie sich zu den Ursulinen zurückzog, den Herrscher zur Gänze beruhigt: Marie Sophie würde dadurch körperlich und geistig gewinnen.

Nach einem kurzen Aufenthalt auf Schloß Biederstein fand Marie Sophie tatsächlich in einem isolierten Flügel des Klosters freundliche Aufnahme. Die treue Marietta und die Schwägerin Marie Sophies, Henriette Mendel, die ehemalige Opernsängerin beim Königlichen Theater und jetzt die morganatische Ehefrau, mit dem Titel einer Baronin von Wallersee, des Bruders von Marie Sophie, Ludwig, waren ihre Gefährtinnen. Dieser hatte, um die Erlaubnis zu dieser Heirat zu bekommen, seine Rechte der Erstgeburt seinem jüngeren Bruder Karl Theodor überlassen. Nur der Kuriosität halber werden wir sagen, daß der »Herzog in Bayern« Karl Theodor, der Bruder Marie Sophies und späterer Vater der Königin Elisabeth von Belgien, der Großvater der letzten Königin Italiens, Maria José, sein wird.

Marie Sophie lebte daraufhin vier Monate lang im Kloster. Sie verbrachte Zeiten der Krisen und Melancholie, und es ist wahr, daß sie bei mehr als einer Gelegenheit den Wunsch äußerte, ihr ganzes Leben im Kloster zu bleiben.

Die Geburt fand am 24. November 1862 in einer Klosterzelle statt, und zur allgemeinen Überraschung kamen Zwillingsschwestern zur Welt. Die Geburt der beiden Kinder versetzte den vom bayerischen Hof ausgearbeiteten Plan für den Ausnahmezustand in eine Krise. Man war übereingekommen, das Kind seinem Vater anzuvertrauen: jetzt verstärkte die Zwillingsgeburt die Verwirrung. Es erfolgte ein weiterer Familienrat, und es wurde beschlossen, daß die beiden Mädchen, von Abt Ulrich auf die Namen Viola und Daisy getauft, jedenfalls sofort der Mutter weggenommen werden sollten, um es ihr möglich zu machen, sobald wie möglich nach Rom zurückzukehren. Sie wurden Abt Ulrich anvertraut, der die beiden Neugeborenen vorübergehend bei einem Landpfarrer unterbrachte.

Inzwischen beschloß Armand de Lawayss, der durch die

Briefe, die ihm Marie Sophie über ihre Schwester Mathilde
zukommen ließ, über das Geschehene informiert war, Rom zu
verlassen, um zur Frau, die er liebte, zu kommen. Er konnte
jedoch nicht voraussehen, daß seine Verwegenheit an den un-
anfechtbaren Entscheidungen des Königs von Bayern scheitern
würde. Dieser hatte ihm tatsächlich einige seiner Agenten auf
die Fersen gesetzt, mit dem Auftrag, ihn um jeden Preis daran
zu hindern, sich der Königin zu nähern. In der Tat, als Armand
mit dem Zug in Richtung München fuhr, machte ihn einer
dieser Agenten darauf aufmerksam, daß er sofort, wenn er
bayerischen Boden betreten würde, verhaftet werden würde.
Der junge Mann war so gezwungen, nach Brüssel weiterzu-
fahren, wo er die Absicht hatte, sich die Dokumente, die nötig
waren, um die Vaterschaft der beiden Töchter zu beanspru-
chen, zu beschaffen.

Aber der Leidensweg von Armand de Lawayss hatte eben
erst begonnen. Nachdem er der Überwachung durch Maximilians Agenten entkommen war, fuhr er nach Bayern, mehr
denn je dazu entschlossen, »seine Maria« wiederzusehen. Es
war kein leichtes Unternehmen. Nachdem er unerlaubt die
Grenze überschritten hatte, war er gezwungen, sich mitten im
Winter zu Fuß über die Alpenpässe durchzuschlagen. Ohne
Landkarten und unfähig, sich auf deutsch auszudrücken, ver-
irrte sich der arme junge Mann in den Bergen und wanderte
einige Tage im Schneesturm umher, bis er eine Unterkunft in
einem Weiler gefunden hatte. Von dort, nachdem er sich auch
in einer Kirche versteckt hatte, erschien Armand schließlich
fiebernd, abgerissen und abgezehrt vor dem Tor des Palastes des
Ludwigs von Bayern in Augsburg. Der Bruder Marie Sophies,
wenn auch vom Mitleid übermannt, hatte nicht den Mut, den
Befehl des Herrschers, der die Königin hatte schwören lassen,
jenen Mann nicht mehr zu sehen, zu übertreten. Jedoch, um ihn
wenigstens teilweise zu beruhigen, erlaubte er ihm, die beiden
kleinen Mädchen zu besuchen, doch unter der Bedingung, daß

er seine Rührung verbergen und den Wärtern der Kleinen seine wahre Identität nicht enthüllen sollte. Enttäuscht und an einer Lungenentzündung leidend, mußte Armand de Lawayss dann nach Brüssel zurückkehren, ohne Gelegenheit gehabt zu haben, die geliebte Frau zu begrüßen. Es wurde ihm nur gestattet, ihr einen Brief zu schreiben, der den bereits prekären psychischen Zustand der jungen Königin erschweren sollte.

Die lange Klausur, die Geburt und alles übrige hatten Marie Sophie in der Tat in einen Zustand düsterer physischer und psychischer Niedergeschlagenheit versetzt, der jetzt ihre Gesundheit bedrohte. Zwischen einem Tränenausbruch und dem anderen antwortete sie denen, die sich bemühten, sie zu trösten und zu überzeugen, nach Rom zurückzukehren, mit langem Schweigen, das nur von einer Bitte unterbrochen wurde: »Laßt meine Ehe annullieren. Begrabt mich lebendig in diesem Kloster ...«

Der Hof in München hingegen hatte keinerlei Absicht, auf die Frucht seiner Bemühungen und Anstrengungen zwecks Geheimhaltung der Mutterschaft der Königin vor allen zu verzichten. Andererseits stand die Ehe zweier Dynastien auf dem Spiel: die der Wittelsbacher und die der Bourbonen. Franz, beruhigt durch die zahlreichen ärztlichen Zeugnisse, die man ihm hatte zukommen lassen, hatte sich ohne den geringsten Verdacht damit abgefunden, zu warten. Aber jetzt war Zeit, daß die Herrscherin an den Hof zurückkehrte.

Ein neuer Familienrat kam im Ursulinenkloster in Augsburg zusammen. König Maximilian, Kaiserin Elisabeth, Abt Ulrich, Herzogin Ludovika und ihre Söhne taten ihr Bestes, um Marie Sophie zu überzeugen, auf ihre freiwillige Klausur zu verzichten. Ihr Widerstand wurde schließlich durch Elisabeth besiegt, der es, durch ihr Prestige und die Zuneigung, die sie miteinander verband, gelang, ihr das Versprechen abzuringen, daß sie nach Rom zu ihrem Gatten zurückkehren würde. Marie Sophie stellte jedoch Bedingungen: Es mußte ihr gestattet wer-

den, zwei Briefe zu schreiben, einen an Armand, um ihn zu
bitten, endgültig aus ihrem Leben zu scheiden, den anderen an
Franz, in dem sie ihm die ganze Wahrheit enthüllen wollte (oder
besser, fast die ganze Wahrheit, denn aus uns unbekannten
Gründen verpflichtete der bayerische Hof Marie Sophie, von
nur einer Tochter, Daisy, zu sprechen und die andere zu ver-
schweigen).

»Nun liegt mein Schicksal in den Händen von Franz«,
murmelte Marie Sophie, als sie ihrer Schwester Elisabeth die
beiden Botschaften übergab.

Die Antwort von Franz war rasch und unmittelbar: »Marie
Sophie, ich erwarte dich«, lautete sein Telegramm.

Darüber, was ihm seine Frau enthüllt hatte, verlor Franz
kein Wort gegenüber irgend jemandem und nahm das Geheimnis mit ins Grab. Auch wenn zum Zeitpunkt der plötzlichen
Abreise Marie Sophies manch einer den Verdacht äußerte, daß
die Königin schwanger wäre (aber man machte dafür de Castro
oder de Cathélineau verantwortlich), war in der Folge jeglicher
Verdacht in die Flucht geschlagen worden, und niemand im
tratschsüchtigen Rom jener Zeit hatte Gelegenheit zu erfahren,
was im Kloster der heiligen Ursula in Augsburg geschehen war.

Befreit durch die tolerante Reaktion ihres Gatten, konnte
Marie Sophie sehr bald wieder lächeln.

»Siehst du, daß alles wieder in Ordnung kommt?« sagte der
»gute Herzog Max«, der zwischen dem einen und dem anderen
Urlaub vorbeigekommen war, um sie zu begrüßen.

Auch Elisabeth feierte das Wiedererblühen ihrer geliebten
Schwester.

»Es ist das Leben, das wieder beginnt«, sagte sie eines Tages
zu ihr, als sie sie lebhafter als für gewöhnlich antraf.

»Aber wirst du nach Rom kommen, mich besuchen?«
fragte sie Elisabeth. Seit geraumer Zeit versprach die Kaiserin,
die päpstliche Hauptstadt zu besuchen, die sie nur durch die
Briefe ihrer Schwester kannte.

»Ich werde sicher kommen«, antwortete Elisabeth. »Sehr bald.« Und dann fügte sie hinzu: »Aber ich werde dir nicht die Pferde mitbringen, die ich dir versprochen habe.«

Die beiden Schwestern brachen in Gelächter aus. Der Kaiserin war es nicht unbekannt, daß es die Ausritte in die Campagna waren, welche die schuldhafte Idylle der jüngeren Schwester begünstigt hatten.

Marie Sophie kam im April 1863, nach ungefähr einem Jahr der Abwesenheit, nach Rom zurück. Zu ihrer großen Befriedigung traf sie im Palazzo Farnese ihre Schwiegermutter nicht an. Franz hatte, wenn auch sehr charmant, die unerträgliche Königinmutter dazu gebracht, mit ihren kleineren Kindern in den Palazzo Nepoti auf der Piazza Venezia zu übersiedeln.

Sie traf auch die Kammerzofe Nina Rizzo nicht an. Ihre endgültige Entfernung war die einzige Bedingung, welche der König seiner Gattin bei ihrer Rückkehr stellte. Marie Sophie litt jedoch nicht darunter: Donna Nina, die dem Königspaar mit ihren acht Kindern gefolgt war (sie bewohnten sieben Zimmer im Palast), hatte sich als intrigant und untreu erwiesen. Es scheint, daß viele Tratschereien, die über Marie Sophie verbreitet worden waren, gerade von ihrem Klatsch herrührten.

Von der intimen Begegnung zwischen den beiden Ehegatten nach der langen Trennung wissen wir sehr wenig. Bevor sie Possenhofen verließ, hatte Marie Sophie zwischen Scherz und Ernst gesagt: »Räumt jedenfalls mein Zimmer nicht aus. Man weiß nie ... Ich könnte es noch brauchen.«

Hingegen kam sofort danach aus Rom ein beruhigender Brief von ihr. Die Königin teilte der Familie mit, daß nach einem langen klärenden Gespräch mit dem Gemahl dieser anerkannt hatte, daß ein Teil der Schuld auch bei ihm läge, und daß er Ergebenheit in seinem tiefen religiösen Glauben gefunden habe.

Aber was war das Schicksal von Viola und Daisy, den Zwillingsschwestern?

Nach einem kurzen Aufenthalt im Haus des Pfarrers wurde die kleine Daisy dem Vater anvertraut, der sie als seine Tochter anerkannte und sie in sein Haus in Brüssel aufnahm. Der ehemals kühne Zuavenoffizier hatte in der Tat den Militärdienst wegen der Erkrankung, die er sich bei seinem romantischen Abenteuer in den verschneiten bayerischen Alpen zugezogen hatte, verlassen müssen.

Die kleine Viola wurde jedoch Onkel und Tante Ludwig und Henriette von Bayern übergeben, die, um keinen Verdacht zu erregen, für einen langen Aufenthalt an die Ligurische Riviera übersiedelten und dort die Geburt einer Tochter anzeigten. Einige Monate später, als sie nach Augsburg zurückkamen, gab es Viola nicht mehr, ihr Platz wurde von der kleine Marie Louise von Wallersee, der legitimen Tochter von Ludwig und Henriette von Bayern, eingenommen.

Standesamtlich und auch durch ihre Nationalität getrennt, hatten Daisy de Lawayss und Marie Louise von Wallersee noch als Mädchen einige Male Gelegenheit, einander bei der »Tante« Marie Sophie, jedesmal, wenn die Königin von Neapel den Wunsch äußerte, ihre »Lieblingsnichten« einzuladen, zu begegnen. Mit den beiden Töchtern hielt sie immer absolute Zurückhaltung ein und verhielt sich einfach wie eine sehr liebevolle »Tante«. Nicht mehr. Ihrerseits spielten die Belgierin Daisy und die Bayerin Marie Louise zusammen und schrieben einander viele Briefe, blieben jedoch überzeugt davon, daß sie einander durch eine nicht näher definierte »Cousinenschaft« verbunden seien.

Viele Jahre nach dem Ende ihrer Liebe sahen sich auch Marie Sophie und Armand in Paris wieder. Es war eine eilige und schmerzliche Begegnung. Abgezehrt von der Schwindsucht war Armand de Lawayss, der blonde Zuavenoffizier, der die 20jährige »Heldin von Gaeta« auf der Mole von Terracina bezaubert hatte, nun der Schatten seiner selbst. Er wird wenige Monate danach, im Dezember 1870, sterben. Im Jahr darauf starb auch Daisy, hinweggerafft von der Tuberkulose, welche sie sich wahrscheinlich durch Ansteckung beim Vater zugezogen hatte.

Das Schicksal Marie Louises war hingegen viel komplizierter, aber nicht weniger schmerzlich. Sie heiratete ganz jung den Grafen Georg von Larisch, ein ganz schlechtes Subjekt, das sich mit Spiel und Frauen ruinierte, und wurde von diesem in einer wirtschaftlich prekären Lage verlassen. Glücklicherweise verblieb ihr die aufmerksame Zuneigung ihrer Tante Elisabeth, die sie zu sich nahm und sie in den Kreis ihrer Familie am Wiener Hof einführte. Hier wurde Marie Louise Freundin und Komplizin ihres Cousins Rudolf, des Kronprinzen, und begünstigte schließlich sogar seine außerehelichen Seitensprünge und seine tragische Beziehung zu Mary Vetsera. Im Jahr 1889 nach der Tragödie von Mayerling, die das schon fragile Nervensystem Elisabeths erschütterte, wurde auf Marie Louise, da ihre Komplizenschaft als dienstfertige Cousine entdeckt worden war, wie auf einen Sündenbock mit Fingern gezeigt, und sie wurde vom Hof verjagt. Sie war gezwungen, in die Vereinigten Staaten auszuwandern und heiratete einen bayerischen Kammersänger namens Otto Brucks, aber auch diese Ehe war unglücklich. Nachdem sie in dritter Ehe einen Grundbesitzer aus Texas geheiratet hatte, wurde die abenteuerlustige Gräfin von Larisch noch einmal verlassen. Nach einigen Versuchen, Arbeit als Sprachlehrerin zu suchen, war sie schließlich dazu gezwungen, wieder in die Heimat zurückzukehren. Sie starb ganz arm in Augsburg im Jahr 1940.

Der Autor stützt sich in diesem Kapitel auf italienische Quellen. Das Leben der Marie Louise Gräfin Larisch-Wallersee läßt sich aber am besten im von Brigitte Sokop herausgegebenen Buch »Jene Gräfin Larisch – Marie Louise Gräfin Larisch-Wallersee, Vertraute der Kaiserin, Verfemte nach Mayerling« (Wien 1985) nachlesen.
Die Theorie Petaccos, daß Marie Sophie aus der heimlichen Liebe zu einem belgischen Offizier Zwillingstöchter geboren habe, läßt sich genausowenig beweisen wie daß eine der Zwillingstöchter »jene Gräfin Larisch« gewesen sei (Anmerkung des Verlages).

XVI

ROSA SCHLEIFE IM HAUSE BOURBON

Im Oktober 1863 kam einige Monate nach der Rückkehr Marie Sophies Maximilian II. unerwartet nach Rom. Offiziell kam der König von Bayern, um dem Papst einen Besuch abzustatten, aber der wirkliche Zweck seiner Reise war, die Umgebung kennenzulernen, in der Marie Sophie lebte, und das Verhalten seiner unruhigen Nichte zu kontrollieren. Er wird auf der ganzen Linie enttäuscht werden.

Als seltene Ausnahme in seiner Familie war Maximilian ein weiser Mann, zumindest, wenn ihn seine sehr schmerzhaften Migräneanfälle, an denen er litt, verschonten. Als moderner Geist mit liberalen Ideen war er unter den ersten europäischen Monarchen gewesen, die ihren Untertanen die Konstitution gegeben haben, und das Resultat hat sich als sehr befriedigend erwiesen. Folglich verfehlte es der plumpe Konservativismus, der den neapolitanischen Hof im Exil beseelte, nicht, ihn zu irritieren. Er stritt mit Maria Theresia, der schroffen Königinmutter, und hatte Worte des Tadels für fast alle die höfischen Intriganten, die den schüchternen Franz umgaben.

Vor der Kritik Maximilians retteten sich nur wenige. Er mißbilligte im allgemeinen die übertriebene Vertraulichkeit, die sich Bermúdez de Castro mit Marie Sophie und Mathilde herausnahm, so sehr, daß er sich an die Königin von Spanien wandte, damit der stürmische Hidalgo so bald wie möglich nach Madrid zurückberufen würde. Bermúdez verließ Rom in der Tat einige Tage später, aber bevor er abreiste, gelang es ihm, sich von Franz den Palazzo della Farnesina und jenes kostbare Bild von Raffael, das der Exherrscher mit einigen anderen Wertgegenständen im Augenblick seiner Flucht aus Neapel mitgenommen hatte, schenken zu lassen.

Marie Sophie reagierte so, wie es ihr feuriges Temperament diktierte, auf die harten Vorwürfe ihres königlichen Onkels. Darauf folgte ein sehr lebhafter Streit, nach welchem der König seine Koffer packte und in sein heiteres Bayern zurückkehrte und prophezeite, daß es diesen Leuten niemals gelingen würde, den Thron wieder zu erringen.

Kurz nach seiner Rückkehr nach München starb König Maximilian im März 1864 plötzlich. Es folgte ihm sein Sohn Ludwig, ein Phantast von einundzwanzig Jahren, der in sich alle Wunderlichkeiten der Wittelsbacher, nicht aber die Tugenden vereinte.

Homosexuell, extravagant, Gefangener eines Traumes von irrationalem Ästhetizismus, machte Ludwig Richard Wagner zu seinem Idol. Er war mit Sophie, der letzten der Wittelsbacher Schwestern, verlobt und hatte die Gefühlsbindung abgebrochen, als das junge Mädchen von ihm verlangt hatte, daß er zwischen ihr und dem berühmten Musiker wählen solle.

»Du wirst immer nach Wagner kommen«, hatte er ihr mit grausamer Ehrlichkeit geantwortet.

Nachdem er König geworden war, zeigte sich Ludwig II. (dessen kurze und brennende Existenz mehr als einen Künstler inspirieren wird) völlig desinteressiert für Politik, um seinen absurden Nietzsche-Träumen nachgehen zu können. Er verschwendete das Staatsvermögen, um wie in einem Traumdelirium auf den bayerischen Alpen jene unglaublichen Schlösser mit bis in die Wolken ragenden Türmen zu bauen, die heute ein obligates Ziel für Touristen sind. Er finanzierte das Wagner-Theater (Festspielhaus) von Bayreuth, überhäufte den angebeteten Musiker mit Geschenken und schenkte ihm schließlich die Villa Kempfenhausen am Starnberger See.

Ludwig hatte sich zurückgezogen, um auf der Roseninsel zu leben (wo er die Besuche seiner Cousine, der Kaiserin Elisabeth, die heimlich in ihn verliebt war, empfing), und brachte sich im Alter von 40 Jahren in diesem verzauberten Schloß am See um. Sein Tod birgt noch viele Geheimnisse.

Das Begräbnis ihres Onkels Maximilian gestattete Marie Sophie, nach Possenhofen zurückzukehren. Von da an wird sie nach und nach ihre Aufenthalte in Bayern intensivieren. Da sie enttäuscht war in ihren Hoffnungen, welche sie naiv den Abenteurern und den Briganten anvertraut hatte, ihre Liebe mit Armand de Lawayss beendet war, sie des römischen Ambientes und des düsteren Zusammenlebens mit ihrem immer mystischeren Gemahl müde war, versuchte Marie Sophie vergeblich, ihren rebellischen Geist zu beruhigen.

Im April des Jahres 1864 besuchte sie Erzherzog Maximilian, der Bruder von Franz Joseph, in Begleitung seiner Gemahlin Charlotte, der Tochter des Königs von Belgien, in Rom. Maximilian schickte sich an, nach Mexiko abzureisen, zu dessen Kaiser er durch Vermittlung Napoleons III. ernannt worden war.

Charlotte wird aber allein zurückkommen, völlig wahnsinnig vor Schmerz, nachdem ihr Mann von den mexikanischen Aufständischen des Benito Juárez 1867 in Querétaro erschossen worden war. Sie war 27 Jahre alt, ein Jahr älter als Marie Sophie, die, als sie sie wiedersah, tief beeindruckt war und dabei eine traurige Ahnung hatte.

Im Jahr 1866, als der dritte Unabhängigkeitskrieg gegen Österreich ausbrach, entflammten die alten, nie eingeschlafenen Hoffnungen im Gemüt der jungen Königin wieder zu neuem Leben. Marie Sophie rüttelte den neapolitanischen Hof aus seiner faulen Stumpfheit auf und verwendete sich, den Plan wahrzumachen, eine Kolonne aus neapolitanischen Exsoldaten und Deserteuren des italienischen Heeres (die von den Österreichern in Venedig, Triest und in Dalmatien konzentriert worden waren) zusammenzustellen, die in Apulien an Land gehen sollte, um einen militärischen Ablenkungsversuch zugunsten der bourbonischen Sache zu organisieren. Aber im entscheidenden Moment ließ die österreichische Regierung, durch andere Probleme abgelenkt, das Projekt fallen.

Die Bourbonen Roms verfolgten jedoch mit großer Leidenschaft die Entwicklung des Konflikts. Als die Nachricht vom österreichischen Sieg in Custoza eintraf, konnten sie ihre Freude nicht zurückhalten. Wie ein Historiker bestätigt, »liefen sie durch Straßen und Plätze, umarmten einander und weinten vor Freude. ›Es ist aus!‹ riefen sie. ›Keine Verfassung mehr, sondern das Stöckchen der deutschen Korporäle!‹«

Auf der Welle der Kriegsereignisse gelang es den sizilianischen Legitimisten, auch in Palermo eine großräumige Aufstandsbewegung zu inszenieren, die viele Tage lang die Straßen mit Blut bedeckte. Der Aufstand wurde jedoch durch das königliche Heer heftig unterdrückt.

Im Juli 1866 zerstörte die in Königgrätz erlittene österreichische Niederlage durch das preußische Heer, das mit den Italienern verbündet war, die vergeblichen legitimistischen Hoffnungen. Eine letzte kalte Dusche für Franz war die Weigerung der italienischen Seite, wie von der österreichischen Regierung verlangt worden war, die Rückgabe der von den Bourbonen beschlagnahmten Privatvermögen in die Friedensverhandlungen aufzunehmen. Auf eine diesbezügliche Anfrage antwortete Ricasoli, »daß die italienische Regierung jedoch nicht abgeneigt wäre, die Forderungen des neapolitanischen Hofes zu prüfen, aber nicht bevor sich der König aus Rom entfernt hätte«.

Da er sich nun von allen verlassen fühlte, begann Franz tatsächlich seine Abreise zu planen. Aber sowohl die Königinmutter als auch Pius IX. bemühten sich, ihn von dieser Idee abzubringen, was in Anbetracht des schwachen Charakters des Herrschers nicht schwierig war. Franz beschloß jedoch, die noch amtierende Exilregierung aufzulösen, und verlangte von diesem Zeitpunkt an, einfach Herzog von Castro genannt zu werden.

Im Januar des Jahres 1867 kam Don Giovanni Bosco nach Rom, der bereits den Ruf von Heiligkeit und prophetischem Geist hatte. Maria Theresia, die auch sehr religiös war, wollte den heiligen Mann besuchen, um ihn zu fragen, ob und wann sie in das alte Königreich wiederkehren würde. Die Antwort Don Boscos war deutlich und erfolgte im Telegrammstil:

»Es tut mir leid, Majestät, aber Sie werden Neapel nicht mehr sehen.«

Nachdem er davon erfahren hatte, wollte auch Franz hingehen und Don Bosco befragen, und nahm seine ungläubige Gemahlin mit. Nachdem er vom heiligen Mann dieselbe negative Antwort bekommen hatte, erinnerte Franz, der tief getroffen war, den Priester daran, daß die Bourbonen immer die Kirche beschützt hätten. Aber Don Bosco unterbrach ihn brüsk.

»Auf neapolitanischem Gebiet«, antwortete er ihm, »konnte nicht einmal ein Bischof ohne die Erlaubnis des Königs die Firmung spenden. Er konnte keine pastoralen Visiten machen, keine Priester weihen, nicht mit Rom korrespondieren ohne das Placet des Herrschers. Und Ihr nennt das die Kirche beschützen?«

Eingeschüchtert durch den harten Verweis, wagte Franz es noch einmal, zu fragen:

»Aber wenn ich auf den Thron zurückkehrte, glauben Sie nicht, daß sich die Dinge zum Besseren wenden könnten?«

Darauf Don Bosco:

»In bestimmten Fällen könntet Ihr ohne die Hilfe Gottes nur das tun, was Eure Vorgänger getan haben.« Offenbar waren dem späteren Heiligen die Bourbonen nicht sympathisch. Franz, verbittert und zum Verstummen gebracht, senkte resigniert das Haupt, aber in diesem Moment griff Marie Sophie ein, mit ihrem abgehackten Italienisch, und schimpfte lebhaft über das absurde irre Gerede dieses piemontesischen Priesters. Und sie sprach das Wort »piemontesisch« so hitzig aus, wie man eine Beleidigung ausspricht.

Im Sommer dieses Jahres brach in Rom eine heftige Choleraepidemie aus. Außer Marie Sophie, die sich in diesen Tagen in Begleitung ihrer Schwester Mathilde noch einmal nach Bayern begeben hatte, verließen alle Mitglieder der neapolitanischen Königsfamilie ihre Wohnsitze in Rom, um in die Albanerberge zu übersiedeln. Der König in die Kapuzinerabtei, die Königinmutter und ihre Kinder in eine Villa bei Ariccia. Aber die Krankheit verschonte nicht einmal die königliche Familie. Der erste, der davon befallen wurde, war der kleine Gennaro, Graf von Caltagirone, der dann schließlich seine Mutter ansteckte, die ihn nicht hatte verlassen wollen. Eine seltsame Persönlichkeit, diese österreichische Erzherzogin: hart und unbarmherzig mit Fremden, aber eine bis zum äußersten liebende Gattin und Mutter.

Der Knabe starb bald, und auch der Zustand der Königinmutter verschlechterte sich rapide. Sie verlor jedoch nicht ihren sprichwörtlichen Eigensinn. Sie lehnte die Medikamente von Doktor Manfré ab, weil er ein »Liberaler« war. Und auf sein Drängen antwortete sie hart: »Bin ich vielleicht nicht frei, das zu tun, was ich will?«

»Gewiß«, antwortete der Arzt, »aber es wird ein Selbstmord sein.«

Im Morgengrauen des folgenden Tages fand Franz, der mit bewunderungswürdigem Opfermut persönlich seiner Stiefmutter beistand, während sich die anderen Kinder aus Angst vor der Ansteckung fernhielten, Maria Theresia sich nackt auf dem Boden herumwälzend und über starke Schmerzen klagend vor.

Der kalte Fußboden verschaffte ihr ein bißchen Kühlung. Bereits in Agonie rief die Königin nach Doktor Manfré.

»Jetzt will ich Eure Medikamente«, sagte sie zu ihm.

»Jetzt ist es zu spät«, antwortete der Arzt.

»Gibt es also keine Hoffnung mehr?« fragte die Königin noch.

Manfré schüttelte den Kopf zum Zeichen der Verneinung. Sie sprach nicht mehr und starb kurz darauf. Sie war 51 Jahre alt.

Die Verlesung des Testamentes der Witwe Ferdinands II. entfachte Überraschung und Entrüstung wegen gewisser Klauseln, die König Franz tief demütigten. Maria Theresia hinterließ in der Tat ihr gesamtes Eigentum ihren Kindern, die nach ihrem Willen ihre Erziehung in Österreich unter der Vormundschaft von Erzherzog Albrecht beenden sollten. Außer, daß sie ihm die Vormundschaft über ihre Kinder wegnahm, hinterließ Maria Theresia Franz nichts außer einem Service mit sechs Teetassen (das Franz bereits gehörte, weil es ihm vom Großvater geschenkt worden war) und einem Kreuz vom Bajonett, mit welchem Agesilao Milano einen Anschlag auf das Leben Ferdinands II. gemacht hatte. In ihrem Testament erwähnte die Königin niemand anderen, weder den Papst noch die wenigen Personen, die ihr treu waren und ihr ihr ganzes Leben lang gedient hatten. Ein seltenes Beispiel von Hartherzigkeit und Gefühllosigkeit. Dennoch litt Franz sehr unter dem Tod seiner Stiefmutter und fand sogar Worte der Entschuldigung für ihr empörendes Testament.

Im Herbst desselben Jahres wurde ganz Rom durch die Ankündigung, daß Garibaldi sich der Stadt nähere, in Aufruhr versetzt. Wie wir wissen, hatte das Unternehmen Garibaldis, das mit der Niederlage von Mentana enden sollte, mit dem falschen Fuß begonnen. Die Zeit war noch nicht reif dafür, Rom an Italien zurückzugeben. Die französischen Mannschaften schützten noch die heilige Stadt, und dem impulsiven General sollte es dieses Mal nicht gelingen, das Wunder von Calatafimi zu wiederholen. Überdies mußten die zahlenmäßig im Nachteil befindlichen Garibaldianer in Mentana außer mit den mörderischen Stutzenkarabinern der päpstlichen Soldaten auch mit den ganz modernen Hinterlader-Chassepots, über welche die französischen Soldaten verfügten, rechnen. Gegen diese Gewehre, die doppelt so weit wie die alten Ketten-(Riegel-)Vorderlader der »Rothemden« schossen, war jeder Versuch, darauf zu reagieren, sehr bald vergeblich, und die Garibaldianer mußten sich zurückziehen. Kurios daran war, das sollte erwähnt werden, daß die mörderischen Chassepots zum Großteil in den Glisenti-Werkstätten von Brescia hergestellt worden waren, aber das italienische Heer sie abgewiesen hatte, weil es sie für mangelhaft hielt.

In der Schlacht von Mentana erlebte Marie Sophie einige Tage lang die heldenhafte Atmosphäre von Gaeta wieder. Sie nahm in der Tat an den Kämpfen teil und drängte sich bis in die ersten Linien, um den Soldaten Mut zu machen und die Verwundeten zu pflegen. Ihre »Uniform« bestand aus einer weißen Schürze mit großen Taschen, die sie mit Zigarren und Bonbons anfüllte, um sie unter die Kämpfenden zu verteilen. Wegen ihres Verhaltens wurde Marie Sophie vom Papst mit der »Mentana-Medaille« ausgezeichnet. Dies war das letzte Mal, daß ihre »katzenhaften Nüstern«, wie sie d'Annunzio bezeichnen wird, den berauschenden Geruch von Schießpulver riechen.

Die bescheidene Episode von Mentana war jedoch nur ein blasser Hoffnungsschimmer in der düsteren Nacht, die sich nun auf ihre Träume von der Rache der legitimistischen Welt senkte. Marie Sophie, intelligenter als alle anderen Mitglieder der königlichen Familie, war die erste gewesen, die bemerkte, daß sie im Nachteil war.

Langsam, aber auch unausweichlich fügten sich die seinerzeit dem Reich beider Sizilien verbündeten Herrscher und Regierungen in Anerkennung der Realpolitik darein, den neuen italienischen Staat, der nunmehr die ganze Halbinsel außer Venetien und dem Kirchenstaat umfaßte, anzuerkennen. Sogar das Königreich von Bayern, das Vaterland der jungen Königin, hatte sich dazu entschlossen, diesen Schritt zu tun. Freund und Verbündeter von Franz blieb jetzt nur noch der Papst. Aber auch die Haltung Pius' IX. hatte sich geändert. Jetzt pflegte der Papst den schüchternen und resignierten neapolitanischen Herrscher »kleiner Hiob« zu nennen. Und das war kein ermutigendes Kompliment.

Dies war der Grund, weshalb Marie Sophie wieder in eine neue Existenzkrise geriet und wieder begann, ans Kloster als an eine sichere und ausgeglichene Zuflucht zu denken.

Ende 1868 organisiert die melancholisch gewordene Königin in der Tat eine neue Abreise aus Rom und gibt ihren vertrautesten Freunden zu verstehen, daß dies endgültig sein könnte. Dieses Mal jedoch ist ihr Ziel nicht das geliebte Schloß Possenhofen, wo sie seit geraumer Zeit nicht mehr mit der gewohnten Wärme aufgenommen wird. Herzogin Ludovika mißbilligt nun die fortgesetzten Bayern-Ausflüge ihrer Tochter. »Dies ist nicht mehr dein Zuhause«, hatte sie das letzte Mal kühl zu ihr gesagt. »Im guten und im bösen ist dein Platz an der Seite deines Gemahls.«

Marie Sophie blieb nichts anderes übrig, als zu ihrer Schwester Elisabeth zu fahren, die sich, ihrerseits wegen des monotonen Lebens am Wiener Hof, immer öfter in Budapest aufhält. Seit einiger Zeit hatte sich auch die Ehe Elisabeths als unglücklich herausgestellt. Launisch, mit einer blühenden Phantasie begabt und antikonformistisch, hat die junge Kaiserin, die sich abwechselnd auf dem romantischen Madeira und lange in der zweiten Hauptstadt des Kaiserreiches aufhält, dort ein Milieu gefunden, das ihr sehr behagte. Sie hat sich in der Tat in Budapest einen zweiten Kaiserhof geschaffen, welcher an Mondänität und kultureller Lebendigkeit mit dem strengen Wiener Hof wetteifert.

Die Popularität Elisabeths bei den Ungarn ist enorm. Unvermutet wie immer hat die Kaiserin, ohne es zu wollen, eine wichtige politische Tat gesetzt, indem sie zum weiblichen Paladin ihrer autonomistischen Forderungen wurde (Elisabeth lernte auch perfekt Ungarisch). Es war gerade auch wegen ihres Drängens, daß die österreichische Monarchie im Jahr 1867 zu einer österreichisch-ungarischen Monarchie wurde, zur großen Befriedigung der Ungarn, die Elisabeth nun als *ihre* Königin betrachteten.

Als Marie Sophie bei ihrer Schwester in Budapest ankam, erlebte Elisabeth gerade eine der schönsten Zeiten ihres Lebens, weil sie als Gefährten bei ihren Ausritten (und vielleicht auch als Liebhaber) den Grafen Gyula Andrássy, einen nationalistischen ehemaligen Revolutionär, den Franz Joseph dank des Drängens seiner Gemahlin vom Galgen errettet hatte, zur Seite hatte.

Ungefähr drei Monate lang verbringen die beiden Schwestern glückliche Ferien in der Donaustadt. Ihre Vertrautheit ist seit der Zeit, in der sie als junge Mädchen im Park von Schloß Possenhofen umherliefen, nicht geringer geworden. Aber jetzt wird sie intensiver. Sie sind zwei junge Frauen, die gut zusammenpassen. Sie vertrauen sich gegenseitig Geheimnisse, Ratschläge und verzehrende Sehnsüchte an. Sie werden von den jungen Offizieren des magyarischen Adels angebetet und organisieren mondäne Empfänge, literarische Zirkel und natürlich ausgelassene Ausritte in der endlosen Pußta. Es sind glückliche Tage. Die beiden Frauen haben ihre Probleme und die Intrigen an ihren langweiligen Höfen vergessen und leben intensiv die Gegenwart, jenem Traum der absoluten Freiheit, welcher sie seit jeher beseelt, folgend. Die flehentlichen Briefe von Franz, der um die Rückkehr seiner Gemahlin nach Rom bittet, bringen Marie Sophie – die jetzt nicht mehr daran denkt, sich in ein Kloster zurückzuziehen – nicht von ihrem Entschluß ab, nie mehr in diese verhaßte Stadt zurückzukehren. Als man ihr jedoch mitteilt, daß ihr Gemahl einen finanziellen Engpaß durchlebt, zögert sie nicht, ihm mit einer sehr großzügigen Geste all ihre Juwelen zur Verfügung zu stellen.

Der schöne Traum vergeht dank des entschlossenen Einschreitens Ludovikas. Besorgt wegen des Verhaltens ihrer beiden Töchter beruft die Herzogin wieder einen Familienrat ein. Dieses Mal jedoch, da nun der angesehene König Maximilian fehlte (Ludwig II. ist sicherlich nicht der geeignete Mann für diesen Zweck), beschließt Ludovika, sich direkt an den Kaiser zu wenden. Nur er mit seinem Prestige hat die Macht, sowohl seine Frau als auch seine Schwägerin an die Beachtung der monarchischen Regeln zu erinnern.

Franz Joseph interveniert tatsächlich. Und sein strenger Ruf zur Ordnung zeigt die erwünschte Wirkung. Die rebellische Elisabeth beruhigt sich nicht nur, sondern sie bietet sich sogar als Wiederherstellerin der gefährdeten *ménage* der Schwester an. Elisabeth, die sich plötzlich als umsichtig und reif erweist, nimmt sich, wie man so sagt, der Sache an. Da sie dank der ihr anvertrauten Dinge in völliger Kenntnis der zerbrechlichen ehelichen Beziehungen zwischen Franz und Marie Sophie ist, schreibt sie Franz direkt und konfrontiert ihn sehr charmant, aber auch eindringlich damit, daß er als säumiger Gatte dafür verantwortlich wäre. So benimmt man sich nicht, ließ sie ihm anscheinend sagen, wenn man sich die Zuneigung der eigenen Frau erhalten will. Die Ehegatten dürfen nicht nur beten. Die ehelichen Pflichten erlegen andere Funktionen auf.

Ob Franz die Predigt verstand, wissen wir nicht. Sicher ist nur, daß sich gerade in jenen Tagen der schüchterne König dazu entschloß, sich an einen römischen Chirurgen zu wenden, um sich endlich von jener lästigen Phimose, die ihm immer eine gute Entschuldigung zur Rechtfertigung seiner ungenügenden Männlichkeit abgegeben hat, zu befreien.

Nachdem sie vom glücklichen Ausgang des kleinen chirurgischen Eingriffs informiert worden war, sprach Elisabeth mit ihrer Schwester nicht davon. Sie redete ihr hingegen zu, nach Rom zurückzukehren, und versprach ihr eine kostbare Liebesgabe, die Marie Sophie bei ihrer Ankunft erhalten sollte. In bezug auf dieses Geschenk spielte Elisabeth die Geheimnisvolle und wollte keine Silbe mehr sagen. Sie verlangte hingegen, daß Marie Sophie ihr schwöre, daß sie sich ihrer Liebesgabe immer bediene. Aufgeregt und neugierig geworden, schwor Marie Sophie.

Nachdem sie Budapest verlassen hatte, durchquerte die Königin von Neapel Europa und blieb in Nizza, wo sie sich nach Civitavecchia einschiffte, um dann mit einem Sonderzug nach Rom zu fahren. Festlich empfangen von der königlichen Familie, zu der noch ihr Schwager Gaetano, Graf von Girgenti, der mit der Infantin von Spanien, Maria Isabella, auf Hochzeitsreise war, hinzugekommen war, kehrte Marie Sophie also in ihre Residenz im Palazzo Farnese zurück. Kaum, daß sie sich erfrischt hatte, fragte die Herrscherin sofort nach dem Geschenk, das ihr von ihrer Schwester versprochen worden war. Sie starb fast vor Neugierde, wie ein kleines Mädchen. Aber als man es ihr zeigte, war sie atemlos vor Staunen. Es handelte sich um ein prunkvolles Ehebett.

Das kuriose Geschenk der Kaiserin war, wie wir uns gut vorstellen können, der Mittelpunkt von peinlichen Kommentaren und grausamen Sarkasmen. Aber es war gerade diese Liebesgabe, die das Wunder vollbrachte. Anfang April 1869 verkündete Franz zu Tränen gerührt dem Hof, daß seine Frau endlich den Erben erwartete.

Es ist schwer, den Jubel Franz' über dieses unerwartete Ereignis zu beschreiben und mit wieviel Sorgfalt er sich in dieser ängstlichen Erwartung nicht nur um seine Gemahlin, sondern um die kleinsten Einzelheiten kümmerte: die Babyausstattung, die Wahl der Ärzte, die Vorbereitungen zur Taufe. Es wurde festgesetzt, daß, wenn ein Knabe geboren würde, er von Kaiser Franz Joseph über die Taufe gehalten werden und den Namen

Ferdinand erhalten sollte. Wenn es ein Mädchen würde, wäre die Taufpatin Elisabeth, und es hätte den Namen der »heiligen« Mutter von Franz, Marie Christine mit dem Beinamen Pia zu Ehren von Pius IX. erhalten.

Die Schwangerschaft Marie Sophies verlief normal. Auch wenn sich die junge Herrscherin ihren Unmut verbiß, da sie nicht fähig war, die auferlegte Ruhe auszuhalten. In diesem Sommer mußte sie in der Tat auch auf das Baden im Meer bei Civitavecchia verzichten.

Am 7. Dezember, als man voraussah, daß die Geburt knapp bevorstand, kam Elisabeth inkognito unter dem Namen einer Gräfin Hohenems nach Rom. Es überraschte jedoch ein bißchen, daß sich die Kaiserin von einer ungarischen Dame, der Gattin des Obersten Türr, der rechten Hand Garibaldis beim Unternehmen der Tausend und jetzt ein hoher Offizier im italienischen Heer, begleiten ließ.

Unter persönlichem Beistand ihrer Schwester entband Marie Sophie problemlos in der Weihnachtszeit. Es war ein Mädchen, schön, aber sehr zart. Das war die erste Enttäuschung, denn alle erwarteten einen Knaben. Aber die Eltern zeigten sich zufrieden, und die Hofleute schlossen sich ihrem Jubel an. »Es ist die Rose, welche der Lilie vorangeht«, sagten sie, um sich zu trösten. Andererseits, nachdem die Serie endlich begonnen hatte, würden weitere Kinder nicht fehlen. Die Königin war 28 Jahre alt, der König 31. Beider Eltern hatten sich als sehr fruchtbar erwiesen.

Bevor das Mädchen noch geboren war, hatte der König dafür Sorge getragen, eine Amme zu finden, vorzugsweise eine Neapolitanerin. Diese wurde tatsächlich in einem Dorf in der Nähe von Neapel gefunden. Es war eine blühende Bäuerin, die sich jedoch, weil man ihr nicht mitgeteilt hatte, daß sie die Tochter des Königs stillen sollte, als sie im Palazzo Farnese ankam und sah, daß man ihr reiche Kleider gab und sie mit Korallen schmückte, wie dies bei Hofe Sitte war, so aufregte, daß sie schlagartig die Milch verlor. Nachdem man die Amme in Tränen aufgelöst wieder nach Hause geschickt hatte, fand man eine andere, nicht so erregbare, die aber bald erkrankte. Die dritte, eine feste Ciociara-Bäuerin (römische Bäuerin), war dann schließlich die richtige.

Aber die Amme genügte nicht. Man brauchte auch eine Gouvernante. Es war schwer, eine zu finden. Alle Kandidatinnen wurden wegen der übermäßigen Bedenken des Königs verworfen. Schließlich wurde auf Anraten von Baron Rothschild, eines neapolitanischen Bankiers, der die Interessen der königlichen Familie betreute, eine englische Dame mittleren Alters gewählt, die sich aber als Katastrophe entpuppen sollte. Da sie, wie das bei Hofe üblich war, absolute Gewalt über die Methoden der Entwöhnung der Kleinen hatte, versetzte die Gouvernante sofort die Dienerschaft wegen ihrer extravaganten Kinderbetreuung in Alarmbereitschaft, aber niemand wagte es, ihr Einhalt zu gebieten. Verrückt oder unerfahren begann die Engländerin zum Beispiel, der kleinen Christina kalte Bäder zu verordnen (und man befand sich mitten im Winter), um sie dann, ohne sie abzutrocknen, der prallen Sonne auszusetzen. Manchmal flößte sie ihr auch einen Schluck Cognac oder Rum ein. Sie duldete nicht den leisesten Einwand und verlangte, daß die verschreckte Amme die Kleine stillte, ohne sie zu berühren. In der Tat war sie es, die sie im Arm hielt und ihr die Brustwarze der Amme in den Mund schob.

Franz und Marie Sophie besuchten ihr Fleisch und Blut selten, und niemand wagte es, sie darüber, was geschah, zu informieren. Inzwischen verfiel die Kleine augenscheinlich.

Die Taufe war bereits mit einer prächtigen Zeremonie am 29. Dezember im Palazzo Farnese gefeiert worden. Taufpate war der Papst, vertreten durch Kardinal Antonelli, Taufpatin Kaiserin Elisabeth, die sehr verführerisch aussah in ihrem mit Goldgaze geschmückten Kleid und der Krone auf dem Kopf. Es waren alle anderen Schwestern Marie Sophies anwesend, und der Salon war überfüllt mit entmachteten italienischen Prinzen, Prälaten, Diplomaten und Vertretern der römischen und neapolitanischen Aristokratie. Franz strahlte und trug Uniform mit der roten Schärpe des Ordens des heiligen Gennaro (Januarius).

Einige Abende später gab der Graf von Trapani einen Ball zu Ehren der Kaiserin, die sich aber nicht besonders gut unterhielt und sich bald zurückzog, da sie für den nächsten Morgen bei Tagesanbruch eine Fuchsjagd vorhatte. Ein Sport, den sie bis zu diesem Zeitpunkt noch nie betrieben hatte.

Die Fuchsjagd war das Ereignis, welches Elisabeth während ihres kurzen Aufenthaltes in Rom am meisten beeindruckte. Es störte sie nur die Erinnerung an die Tränen Marie Sophies, die sich wie ein kleines Mädchen angestellt hatte, weil es ihr unmöglich war, daran teilzunehmen. Vor der Jagd fand ein üppiges Frühstück statt, das Prinz Borghese gab, der auch ein historisches Tafelservice, welches Napoleon I. gehört hatte, beistellte.

Das Treffen begann beim Grab der Caecilia Metella auf der Via Appia antica. Umgeben von Kavalieren und Reiterinnen in traditionellen roten Kostümen, bestieg Elisabeth ein kleines kastanienbraunes Pferd, das sie eigens zu diesem Zweck aus Wien hatte kommen lassen. Sie trug ein wundervolles Jagdkostüm und erwies sich als furchtlose Reiterin. Ihr zur Seite ritt Graf Francesco Malatesta, ihr offizieller Begleiter.

Die Jagd dauerte drei Stunden. Der Boden, weder zu hart noch zu weich, war in perfektem Zustand. Es wurde zwar kein Fuchs erlegt, aber viele wurden von den Hunden aus ihren Höhlen gejagt und verursachten aufregende Ritte. Die Kaiserin war von diesem magischen Schauspiel begeistert. Sie hatte sich nicht vorgestellt, daß dies so mitreißend wäre. Es war ein Fest der Farben mit vorwiegend Rot auf dem Grün der Campagna, mit den Apenninen im Hintergrund, dem einzeln emporragenden Soratte, mit ihren schneebedeckten Gipfeln. Bevor sie Rom verließ, versprach Elisabeth, wieder hierher zurückzukommen, weil sie vom Wunsch beseelt war, an weiteren Fuchsjagden teilzunehmen. Sie wird jedoch nicht mehr zurückkehren.

Inzwischen verfiel die kleine Christina immer mehr. Die berühmtesten Doktoren wurden an ihr Krankenbett gerufen. Es wurden verschiedene Mittel ausprobiert, aber man zog keinerlei Nutzen daraus. Im März 1870 verschlechterte sich der Zustand des kleinen Mädchens. Sein Körper bedeckte sich mit Pusteln. Es starb am Abend des 28. März in den Armen ihrer in Tränen aufgelösten Mutter, die sie seit acht Tagen persönlich pflegte, »ohne sich mehr zu kämmen oder das Kleid zu wechseln«. Als sie sich von ihr losreißen mußte, nahm Marie Sophie, wahnsinnig vor Schmerz, den kleinen Sarg, in den man das kleine Mädchen gelegt hatte, trug ihn in ihren Armen zum König, damit er ein letztes Mal seine einzige Tochter küssen könnte. Dann fiel die Königin besinnungslos zu Boden.

In der Nacht des 30. März wurde der kleine Sarg hinter dem Hauptaltar der Kirche Zum Heiligen Geist der Neapolitaner (Spirito Santo dei Napoletani) in der Via Giulia eingemauert. Das nächtliche Begräbnis war ein nur den Adeligen gestatteter Brauch.

Nach diesen sehr traurigen Tagen hatte das Exkönigspaar von Neapel keinen Augenblick der Freude mehr. Franz gab immer mehr seinem Hang zur Mystik nach und widmete sich fast ausschließlich religiösen Übungen und der Lektüre von asketischen Büchern. Die physischen Bedürfnisse, welche für ihn schon sehr reduziert waren, wurden fast null und nichtig. Er schlief nur wenige Stunden und verbrachte ganze Tage, ohne eine Speise anzurühren. Er bekam auch frühzeitig weiße Haare.

Die Königin hingegen verschloß sich in ein beängstigendes Schweigen. Ihre natürliche Lebhaftigkeit war scheinbar ganz erloschen. Ihr einziger Wunsch war, Rom zu verlassen. Dieses Mal für immer. An eine mögliche Restauration des Königreiches glaubte nun niemand mehr, nicht einmal Franz. Ganz im Gegenteil, er vermied es nun, über Politik zu sprechen, und verlieh keine Auszeichnungen und ritterlichen Orden mehr. Er hatte auch jegliches Vertrauen zu seinen Neapolitanern verloren. Eines Tages antwortete er jemandem, der ihm Lobesreden über die Treue des neapolitanischen Volkes gehalten hatte, bitter: »Ja, es ist wahr, die Neapolitaner sind dem König treu, aber irgendeinem gerade regierenden König, nicht meiner Person. Man kann sich auf die Treue der Neapolitaner nicht verlassen.«

Am 25. Mai verließ Marie Sophie Rom endgültig, um zu ihrer Schwester Elisabeth nach Wien zu fahren. Franz tat es ihr einige Wochen später gleich und nahm seinen Wohnsitz in einem kleinen Schloß am Starnberger See unter dem Namen Graf de Castro. Von diesem Moment an wird das königliche Paar fast immer getrennt leben.

Einige Monate später, am 20. September 1870, marschierten die Schützen (Bersaglieri) des Generals Cadorna in Rom durch die Bresche der Porta Pia ein. So schien das kurze Abenteuer der legendären »Heldin von Gaeta« beendet zu sein.

XVII

Die Tage der Rache

»Ich kann auf den Thron auch verzichten, aber nicht darauf, meine Rache zu genießen«, murmelte Marie Sophie zufrieden, nachdem sie die Zeitungen gelesen hatte, die über die Vorfälle in Mailand berichteten.

»Wahrscheinlich werdet Ihr sowohl das eine als auch das andere haben, gnädige Frau«, prophezeite ihr ihr junger Gesprächspartner voraus mit einem zweideutigen Lächeln.

Die französische Presse lobte an jenem Tag maßlos die Ereignisse in Italien. Die extremistischesten Zeitungen berichteten als todsicher, daß eine echte Sozialrevolution ausgebrochen wäre.

Es war der 8. Mai 1898, ein Sonntagnachmittag. Die Exkönigin saß auf dem türkisen Samtdivan in ihrem Salon der Villa Hamilton in Neuilly-sur-Seine, dem eleganten Pariser Vorort. Draußen im Park bewegten sich faul einige Pferde ihrer berühmten Vollblüterzucht.

»Schade, daß es noch nicht möglich gewesen ist, Herrn Malatesta entkommen zu lassen«, seufzte Marie Sophie. »Er wäre in Mailand sehr nützlich.«

»Lampedusa wird stark überwacht, gnädige Frau«, erklärte der andere mit enttäuschtem Kopfschütteln. »Aber es ist alles bereit. Eure Freunde haben schon das Schiff vorbereitet, und meine Genossen sind in Tunis, um ihn zu empfangen.«

Der Gesprächspartner der Exkönigin war Charles Malato, ein sehr bekannter Pariser Journalist, gebildet, elegant, in den Salons daheim, dessen feine Umgangsformen einen Kontrast zu den politischen Ideen, zu denen er sich bekannte, bildeten. Er war in der Tat ein militanter Anarchist, der sich ein bißchen snobistisch rühmte, in Cayenne, im französischen Guayana geboren zu sein, wohin seine Eltern, beide Anhänger der Pariser Kommune, im Jahr 1870 nach der blutigen Unterdrückung der Pariser Kommune deportiert worden waren.

»Sie müssen ihn sobald wie möglich befreien«, drängte Marie Sophie. »Herr Malatesta ist der einzige Italiener, der imstande ist, die Revolution anzuführen.«

»Und Ihr die einzige Frau«, schmeichelte der junge Charles. Marie Sophie lächelte.

»Eine italienische Zeitung«, meinte sie, immer noch lächelnd, »hat geschrieben, daß ich mich in Como befände, bereit, mit meiner Kriegsmaschine nach Mailand zu kommen … Wer weiß«, fügte sie, wieder ernst geworden, hinzu, »wie sie lachen würden, wenn sie wüßten, daß …«

Charles Malato faßte diese Worte wie einen Vorwurf auf.

»Ich bin noch sehr verbittert darüber, was vorgefallen ist, gnädige Frau«, entschuldigte er sich. »Es schien ein realisierbares Projekt zu sein …«

Dieser utopische Plan, der ihr von jenem Ingenieur aus Como unterbreitet worden war, hatte sie und alle ihre neuen anarchistischen Freunde, die sie seit einiger Zeit häufig in ihrer »kleinen Königsburg« in Neuilly besuchten, begeistert. Marie Sophie war noch immer in ihren abenteuerlichen Träumen befangen und hatte tatsächlich davon phantasiert, daß sie auf diesem modernen Reittier aus Metall in Mailand einziehen könnte.

Dabei hatte es sich um einen Schwindel gehandelt, der sie 120.000 Francs gekostet hatte. Aber die Enttäuschung hatte sie nicht ein bißchen aus der Fassung gebracht. Sie war daran gewöhnt. Schon zur Zeit, als sie mit den Briganten vom Campo dei Fiori Umgang pflegte, waren Episoden dieser Art häufig.

»Das sind die Ungewißheiten des Berufs, lieber Charles«, seufzte sie. »Leider ist es nicht das erste Mal gewesen.«

Während zur selben Zeit die Soldaten von General Bava Beccaris an den Mailänder Aufständischen die Wirkung der neuen Gewehre »Modell '91« ausprobierten, um das, was er für den Beginn der Revolution hielt, blutig zu unterdrücken, war Marie Sophie in ihrem Salon in Neuilly aufgeregt und hoffte.

28 Jahre waren vergangen, seitdem sie Italien verlassen hatte. 28 Jahre, in denen kein einziger Tag vergangen war, an dem sie sich nicht nach Rache gesehnt hätte.

Jetzt war Marie Sophie 57 Jahre alt, aber sie sah um 20 Jahre jünger aus. Ihre Figur war noch vollkommen. Marie Sophie wurde von der treuen Marietta und von einigen Höflingen, die ihr seit der Zeit in Neapel folgten, bedient, war immer umgeben von ihren Terranova-Hunden, ihren Papageien und von ihren angebeteten Pferden und saß noch genauso feurig im Sattel wie damals, als sie im Galopp im Park des Königsschlosses von Caserta oder in der grünen römischen Campagna dahinstürmte. Zu Pferde war sie unschlagbar: Sie wird noch im Alter von über 80 Jahren reiten. Nur ihr Herz war hart geworden.

Seit der Zeit ihrer Beziehung zu Armand de Lawayss und ihren flüchtigen Bekanntschaften mit den Offizieren des Gefolges hatte es in ihrem Leben keinen Mann mehr gegeben. »In meinem Herzen«, pflegte sie zu sagen, »ist nur Platz für die Rache.«

Es ist auch kein Platz mehr für den Schmerz. Schmerzen hatte Marie Sophie in der Tat genug in den letzten Jahren. Das Schicksal hatte sich, um die Wahrheit zu sagen, nicht sehr wohlwollend gegenüber den Wittelsbacher Schwestern gezeigt. Im Jahr 1886 war Mathilde Witwe von Luigi di Trani gewor-

den, der im Zuger See bei Zürich nach einem Leben voller
Schulden und Ausschweifungen Selbstmord begangen hatte.
Zwei Jahre danach war der »gute Herzog Max« gestorben,
1892 seine Gemahlin Ludovika. Im Jahr 1886 waren die Leichen ihres Cousins Ludwig II. und seines Arztes in der märchen-
haften Residenz auf der Roseninsel nebeneinander aufgefun-
den worden. Ein geheimnisvoller Doppelselbstmord, der dem
ebenso mysteriösen Tod des österreichischen Kronprinzen
Rudolf und seiner Geliebten Mary Vetsera in Mayerling Ende
Januar 1889 voranging. Ihre Schwester Helene hatte ihren
Mann und ihren 20jährigen Sohn ebenfalls auf tragische Weise
verloren, während die kleine Sophie, welche die Gattin des
Herzogs von Alençon geworden war, 1897 bei dem Brand
umkam, der in Paris den »Bazar de la Charité«, wo gerade ein
Wohltätigkeitsmarkt abgehalten wurde, zerstört hatte. Franz,
ihr Mann, von dem sie schon seit geraumer Zeit praktisch
getrennt lebte, war 1894 in Arco di Trento an Diabetes gestorben. Seit sie Rom verlassen hatte, vereinte nichts mehr die
beiden Eheleute. Der Exkönig, der immer mehr im Mystizismus
vertieft war, hatte sich mit seinem Schicksal als Verbannter
abgefunden. Er war nach Arco gegangen, um »eine Wasserkur
zu machen«, und zwar unter dem Namen eines »Signor
Fabiani«. Dort wurde er von einem tödlichen Übelsein befallen.
Er war 58 Jahre alt.

Gleich, nachdem sie es erfahren hatte, verließ Marie Sophie
Paris und kam rechtzeitig zu den Begräbnisfeierlichkeiten, die
vom Bischof von Trient im Dom der Stadt in Anwesenheit
zahlreicher österreichischer und bayerischer Hoheiten abgehalten wurden. Viele Besucher des Thermalbades entdeckten so zu
ihrer Überraschung die wahre Identität des »Signor Fabiani«,
dessen erlesene Höflichkeit sie geschätzt hatten.

Marie Sophie bleibt nur ihre angebetete Elisabeth, aber nur
mehr für kurze Zeit. Die Kaiserin ist nach dem Tod ihres Sohnes
Rudolf nicht mehr sie selbst. Sie hat jegliche Verbindung mit der

Wirklichkeit verloren. Sie reist verzweifelt und ziellos umher. In jeder Stadt, wohin sie sich begibt, verlangt sie nur, die Irrenanstalten zu besuchen. »Der Wahnsinn ist wahrer als das Leben«, sagt sie. Die immer verschleierte Elisabeth ist der Schatten ihrer selbst geworden. Sie scheint ein Bild des Schmerzes. Keine Jagden, keine Pferde mehr. Im Gegenteil, jetzt hat sie Angst vor Pferden, sie fürchtet die Leute, hat schreckliche Furcht vor dem Wasser. Wenn sie einige Tage im selben Hotel verbringt, verlangt sie, jede Nacht in einem anderen Zimmer zu schlafen. Gerade im tragischen Jahr 1898, am 10. September, befindet sich Elisabeth in Genf. Sie geht auf der Seepromenade spazieren, hält in einer Hand den Sonnenschirm und in der anderen einen schwarzen Federfächer, um ihr Gesicht zu verbergen, als sie ein junger Unbekannter angreift und ihr eine Feile ins Herz stößt.

»Es ist nichts, es ist nichts«, murmelt die Herrscherin zu ihrer Begleiterin. Sie hat keinen Schmerz verspürt und glaubt, daß sie einfach nur gestoßen worden war. Wenige Minuten später, als sie auf den Dampfer geht, welcher sie nach Territet bringen sollte, fällt sie zu Boden und stirbt bald darauf. Ihr Mörder, der sich als Anarchist bezeichnet, heißt Luigi Lucheni. Er ist der illegitime Sohn eines italienischen Dienstmädchens und im Kopf nicht in Ordnung. Er sagt, daß er den Herzog von Orléans ermorden wollte und, da er ihn nicht gefunden hatte, die Kaiserin »in Ermangelung von etwas Besserem« ermordet hat.

Die Nachricht vom Tod Elisabeths erreicht Marie Sophie in Neuilly, wohin zu dieser Zeit einige Anarchistenführer aus der Haft nach den Ereignissen in Mailand im vorhergegangenen Mai geflüchtet waren. Ihre Reaktion ist erstaunlich. Sie verjagt ihre Gäste nicht und bricht auch die Beziehungen, die sie mit der anarchistischen Bewegung verbinden, nicht ab. Wahrscheinlich haben sie sie davon überzeugt, daß es sich um die unbesonnene Tat eines Wahnsinnigen handelte. Und wahnsinnig ist Lucheni wirklich, jedoch der Exkönigin konnte es nicht verborgen gewesen sein, daß zu dieser Zeit die italienischen Anarchisten den Terrorismus schürten, die Attentate billigten und die Theorie der »individuellen impulsiven Geste« sowie den Gebrauch des »rächenden Dolches« rühmten. Aber so ist das. Offenbar übertrifft nun ihr Wunsch nach Rache jedes andere menschliche Gefühl. Wegen dieses ihres überraschenden Verhaltens wird sie heftig kritisiert werden. Von da an werden sie die Zeitungen als *reine aux anarchistes*, die Königin der Anarchisten, bezeichnen.

Der Marie Sophie mit dem anarchistischen Milieu zusammengebracht hat, war derselbe Charles Malato, den sie wenige Jahre zuvor kennengelernt hatte, zu einer Zeit, als ganz Frankreich für Dreyfus schwärmte, den französischen Offizier, der unter der falschen Anschuldigung der Spionage zugunsten Deutschlands nach Cayenne deportiert worden war. Gegen die politischen Ziele der französischen Rechten, die sich gegen den jüdischen Offizier gestellt hatte, der, ohne es zu wollen, das Symbol des fortschrittlichen und demokratischen Frankreich geworden war, hatte sich Marie Sophie auf die Seite derer, die ihn für unschuldig hielten, und auf der viele Intellektuelle und insbesondere der Schriftsteller Émile Zola kämpften, gestellt.

Sie hatte Charles Malato, einen Journalisten des *Echo de Paris*, anläßlich eines Interviews kennengelernt und sich sofort von den extremistischen Ideen, zu denen sich der junge Mann bekannte, angezogen gefühlt. Wie immer gierig nach starken Gefühlen hatte sich die Exkönigin dann in jenem neuen, aufregenden und soviel weniger langweiligen Ambiente als das, in dem sie seit Jahren zu leben gezwungen war, sofort wohl gefühlt.

Nach der Trennung von ihrem Gatten war Marie Sophie eine Zeitlang in Österreich und Bayern herumvagabundiert, aber schließlich hatte sie beschlossen, in Paris zu bleiben, wo sie dank des Rats von Baron Rudolf von Rothschild, des vierten in der Reihe der berühmten Bankiersbrüder sowie Eigentümer

einer neapolitanischen Bank und persönlicher Freund der
Exherrscher, die Villa Hamilton gekauft und nach einem
fehlgeschlagenen Versuch, Modeläden zu eröffnen, beschlossen
hatte, sich der einzigen Sache zu widmen, die sie verstand: der
Pferdezucht. Binnen kurzer Zeit waren ihre Vollblüter in ganz
Frankreich berühmt geworden. Sie gewannen viele Rennen und
sicherten ihrer Eigentümerin gute Einkünfte.

Es schien gerade so, als ob der Abenteuerroman ihres Lebens abgeschlossen wäre. Und auch die vielen Bücher, die noch
der »Heldin von Gaeta« und der »Soldatenkönigin« gewidmet
waren (das letzte war das von Alfonse Daudet, *Die Königin von
Illyrien*), sprachen von ihr in der Vergangenheit. »Es ist hart, als
Lebende in die Legende einzuziehen«, pflegte sie bitter zu sagen.
»Aber das Schrecklichste ist, bemitleidet zu werden.«

Die Anarchisten hatten das Verdienst, sie plötzlich wieder
jung werden zu lassen. Andererseits war sie immer von Männern der Tat begeistert gewesen, die bereit zu jedem Abenteuer
waren. Im Umgang mit ihnen fand sie wahrscheinlich jene
starken Gefühle wieder, die sie hatte, als sie in Männerkleidung
zur Zusammenkunft mit den Briganten im Hinterzimmer eines
Ladens vom Campo dei Fiori ging.

Für Charles Malato insbesondere hegte Marie Sophie eine
Art fast mütterlicher Zuneigung und auch eine schlecht verbor-
gene Bewunderung für seinen heftigen Extremismus. Sie wird
in der Tat ihrem »Almosenspender« Bruno Tedeschi (einen aus
dem Priesterstand ausgetretenen Priester, der später in Neapel
in einen aufsehenerregenden Prozeß gegen die Legitimisten
verwickelt war) anvertrauen: »Charles ist das Vorbild für einen
Sohn, aber er hat Gift im Herzen. Nichts bewegt ihn. Aber was
wollt Ihr? Charles wurde in der schmerzlichsten Zeit des Lebens
seiner Eltern geboren. In seiner Kindheit war er dabei, als sein
Vater Qualen auf der Teufelsinsel erlitt. Er haßt alle, die an der
Macht sind. Nur für mich fühlt er Achtung und Ergebenheit.«

Dank ihrer Vertrautheit mit dem jungen Journalisten hatte

Marie Sophie so die Gelegenheit, viele italienische Anarchisten kennenzulernen, die begannen, den »kleinen Hof« von Neuilly zu frequentieren und ihn so in ein geheimes Zentrum von Intrigen und Attentaten verwandelten. Aber es war vor allem der Umgang mit Errico Malatesta, der im Gemüt der Königin wenn schon keine Hoffnung auf die Wiedereroberung ihres Königreiches, so doch wenigstens die auf ihre Rache an den verhaßten Savoyern wieder aufleben ließ.

Es konnte nicht anders sein, als daß Malatesta, ein intimer Freund Malatos, die abenteuerlustige Königin faszinierte. Aus Santa Maria Capua Vetere stammend, also ein ehemaliger Untertan Marie Sophies, war er in jenen Jahren der angesehenste und am meisten beachtete Führer des internationalen anarchistischen Untergrundes. Heute würde man ihn den »großen Alten« nennen. Allzu begeisterte Hagiographen haben ihn uns als einen reinen, flecken- und furchtlosen Ritter des Ideals beschrieben, in Wirklichkeit muß man seine offiziellen Theorien über die Beschränkung des Gebrauchs der Gewalt mit großer Vorsicht genießen. Wie alle Terroristen von gestern und heute hatte Malatesta zwei Gesichter. Er war außerdem etwas viel Gefährlicheres als ein einfacher »Terrorist«: er war ein versierter Organisator von Attentaten, um vieles raffinierter und umsichtiger als Giuseppe Mazzini selbst, dem er vergleichbar ist, wenn nicht der »Doktrin« halber, so doch wegen seiner Ehrbarkeit, seinem Desinteresse und seinem Glauben an das Ideal.

Es steht fest, daß beginnend mit der Verfassung der Ersten Internationalen Malatesta überall in Europa, wo von Revolution gesprochen wurde, anwesend war. 1871 hatte er in Sizilien während der vom politischen Brigantentum unterstützten Aufstände auf sich aufmerksam gemacht; 1874 hatte er die Kämpfe der apulischen Hilfsarbeiter organisiert und 1877 die Bewegungen im Gebiet von Benevento, für deren Unterdrückung das königliche Heer 12.000 Soldaten hatte einsetzen müssen. Nachdem er 1892 dem Kriegsgericht entkommen war, hatte Malatesta nach dem Bruch mit den Sozialisten, die in Genua eine gesetzmäßige Partei gegründet hatten, weitere Unruhen hervorgerufen und war dann nach London geflüchtet, wo er Charles Malato kennengelernt hatte. Und mit Malato hatte er dann an revolutionären Aktionen in Belgien und in Spanien teilgenommen. Nachdem er nach seiner Teilnahme an den Aufständen in Sizilien und in der Lunigiana im Jahr 1894 nach Paris geflüchtet war, hatte der italienische Anarchist, über den man eine beängstigende Legende geschaffen hatte (er war sicherlich nicht unbeteiligt an den Anschlägen auf das Leben von Umberto I. von Passanante im Jahr 1878 und von Acciarito im Jahr 1897), schließlich eine wohlwollende Gastfreundschaft am »kleinen Hof« zu Neuilly gefunden.

Es darf daher nicht verwundern, daß sich eine zerbrechliche und enttäuschte Königin schließlich von den Worten dieser abenteuerlichen Persönlichkeit faszinieren ließ. Es kann nicht überraschen, daß die Ansichten über die italienische Sache, wie sie den Augen des verhärteten Revolutionärs erschienen, völlig übereinstimmten mit den Bewertungen derer, die sie vom »kleinen Hof« von Neuilly aus machten. Aber was die beiden so verschiedenen Persönlichkeiten miteinander sympathisieren ließ, war die Entdeckung, daß sie sich beide als Vertreter jener »Theorie der Koinzidenzen« bekannten, die Marie Sophie als junge Frau irgendwie entwickelt hatte, um ihren Umgang mit den rauhen Briganten vom Campo dei Fiori zu rechtfertigen. In bezug auf die praktischen Anwendungen dieser Theorie war Malatesta geradezu ein Meister. Er hatte nicht viel Mühe gehabt, die *signora* (so nannten die Anarchisten aus einem vagen Schamgefühl heraus die Königin) dazu zu bringen, eine ihrer Genossinnen auf der Straße zu werden, zumindest so lange ihre Interessen »gleichliefen«.

Es wäre jedoch ein Irrtum, die anarchistische »Wahl« Marie Sophies als eine der zahlreichen Eigenheiten »à la

Wittelsbach« anzusehen. Die Königin, die, wie wir sehen werden, andere Ratgeber, die keineswegs Anarchisten waren, an-
hörte, verfolgte auch einen eigenen persönlichen politischen
Plan, dessen Gelingen sehr wahrscheinlich war.

Zu diesem Zeitpunkt waren es in der Tat nicht nur die
Anarchisten, die daran interessiert waren, die Institutionen des
italienischen monarchischen Staates umzustoßen. Mehr oder
weniger koordiniert bewegten sich in dieser Richtung außer
dem durch das Risorgimento entmachteten Königspaar auch
einige europäische Kanzlerämter und nicht zuletzt das des
Vatikans. Andererseits ging in jenen Jahren das aus dem
Risorgimento entstandene Italien durch Wirtschaftskrisen, Spe-
kulationen, Bankskandale und weitverbreitete Korruption auf
seinen Ruin zu. Das von Crispi gewünschte und in Adua ge-
scheiterte Kolonialunternehmen hatte die Staatskassen geleert,
und nun versuchte man, sie auf Kosten des Volkes wieder zu
füllen. Das Besteuerungssystem war in der Tat dem Einkom-
men nicht proportional, drückte jedoch nur auf die Güter des
weitverbreiteten Konsums, also auf die Armen. Aus diesen
Jahren stammen die schändlichen »Steuern auf das Elend«,
welche auf dem Salz, dem Wein, dem Mehl und dem Brot
lasteten. Vor dem Hintergrund dieser unhaltbaren Situation
tauchten die ersten sozialen Konflikte auf. Noch gleichsam
geheimnisvolle und eindrucksvolle Phänomene wie die Streiks
und die irrationalen Massenkundgebungen hatten begonnen,
die guten Bürger, die bis zu diesem Augenblick daran gewöhnt
waren, ruhig zu schlafen, mit dem Doppelschritt der Carabinieri zu beunruhigen. Die gefürchtete Sozialrevolution schien
vor der Tür zu stehen, und das nährte die Sicherheit der Anarchisten, die sie seit geraumer Zeit vorbereiteten. Wie wir sehen
werden, war die Analyse von beiden Seiten übertrieben.

Von Paris und vom Vatikan aus betrachtete man jedenfalls
die Ereignisse in Italien mit Wohlgefallen. Das republikanische
Frankreich zum Beispiel wünschte das Ende der Monarchie in

Italien und die Schaffung einer Bundesrepublik, wo es macht-
politischen Einfluß ausüben könnte, herbei. Aber mehr als alles
andere war Paris daran interessiert, den Dreierbund, der Frankreich zwang, 300.000 Soldaten an der Alpengrenze zu halten,
während man es vorgezogen hätte, sie an die Rheingrenze vor
das drohende Deutschland zu stellen, zu demontieren. Auch im
Vatikan wurde mit Wohlwollen die Eventualität des Endes der
Monarchie in Italien gesehen. Nicht nur wegen des Hasses
gegenüber den Savoyern, den »exkommunizierten Usurpatoren«, sondern weil der Vatikan mit einer Bundesrepublik
Vikariatsbeziehungen errichten hätte können und damit die
einzige Souveränität des einzigen in Italien möglichen Monarchen, nämlich des Papstes, wiederherstellen.

Heute mag all dies ein Lächeln hervorlocken, aber wenn es
uns gelingt, an jenen heiklen historischen Augenblick ohne
unser späteres Wissen zu denken, kann man abschätzen, wie
realistisch die Hoffnungen von Paris, des Vatikans, der
Anarchisten und auch jene von Marie Sophie waren.

Andererseits war es nicht nur Marie Sophie, die mehr oder
weniger geheime Kontakte mit der italienischen anarchistischen
Bewegung aufrechterhielt. Aus den in den Archiven aufbe-
wahrten Dokumenten gehen die begründeten Verdächtigungen
Giolittis, des damaligen Innenministers, hervor, daß Errico
Malatesta große Subventionen aus »sehr geheimnisvollen
Kanälen« und von katholischen Kreisen erhielte. Andererseits
konnte das Geld, über das die anarchistische Bewegung in jenen
Jahren verfügte, nicht zur Gänze aus den bescheidenen
Renditen Marie Sophies kommen. Andere halfen gewiß dem
anarchistischen Anführer. Der Historiker Giovanni Artieri gibt
ausdrücklich den Vatikan an. Außerdem, daß Malatesta den
kirchlichen Kreisen nicht ganz unsympathisch war, enthüllt
auch dieser Abschnitt, der aus einem Artikel im *Osservatore
Romano* aus der Zeit, in welcher dem »großen Alten« der
Anarchie sein junger Konkurrent namens Giuseppe Cianca-

billa, der Anführer einer ihm entgegengesetzten Clique, gegenübergestellt wird.

»Wenn Ciancabilla«, schreibt der *Osservatore Romano*, »den modernen Anarchisten des *Fin de siècle* mit hohem Hemdkragen und gelocktem *Guglielmo* repräsentiert, ist Malatesta der Anarchist alter Prägung, in manierierter Aufmachung, aufgelöster Frisur, einem Brigantenbart und einem großen breitkrempigen Hut. Und umgekehrt, während der elegante Ciancabilla ein zündender Agitator, der Prediger aller Gewalttaten ist, ist der fürchterliche Malatesta mehr ein Theoretiker und ist ruhiger.«

Eine wirklich einzig dastehende Persönlichkeit, dieser Errico Malatesta, von dem uns viele »Legenden« nur die Tugenden beschreiben. Er überstand unversehrt die schwierigsten Prozesse, verbrachte viel Zeit im Kerker, aber er wurde nur ein einziges Mal zu sieben Monaten Gefängnis verurteilt, so daß er ein bißchen ironisch zu sagen pflegte: »Ich bin für das verurteilt worden, was ich nicht gemacht habe, nie für die konkretesten, bedeutendsten, entscheidendsten Aktionen.« Er war ein charismatischer Führer und besaß die Fähigkeit, den Menschen eine Richtung zu geben, die für den jeweiligen Bedarf Geeignetsten auszuwählen, aber auch, die für ihn günstigsten Gelegenheiten zu ergreifen, um sich jeder gefährlichen Situation zu entziehen.

Offiziell »ruhig und ein Theoretiker« simulierte er eine offene Opposition gegen die gewalttätigen Methoden, und wenn er das Attentat als eine »individuelle Geste« des Protestes rechtfertigte, negierte er jedoch entschieden, daß die Anarchisten Komplotte organisierten. In Wirklichkeit hat er selbst sehr viele organisiert, inklusive, wie wir sehen werden, des Königsmordes an Umberto I.

Bezüglich dieser von Gaetano Bresci in Monza am 29. Juli 1900 ausgeführten »individuellen Geste«, bei welcher der König von Italien den Tod fand, hatte viele Jahre später der

Individualist Errico Malatesta im Vertrauen zu seinen Genossen folgendes zu sagen (das Dokument ist bei den Papieren Giolittis im Staatsarchiv aufbewahrt): »Der Königsmord, wie ihr alle wißt, war keine individuelle Geste, wie man damals schwätzte, sondern ein mit allen Regeln, sowohl was die Vorbereitung als auch die Durchführung sowie die notwendige Komplizenschaft betrifft, organisiertes Komplott.« Um welche Komplizenschaft es sich handelte, werden wir in der Folge sehen.

Nachdem er, wie gesagt, unversehrt durch mehr als ein halbes Jahrhundert den anarchistischen Terrorismus durchlebt hatte, starb Errico Malatesta 80jährig in seinem Haus in Rom und nahm alle seine Geheimnisse mit ins Grab. Dies war 1932, im zehnten Jahr der faschistischen Ära. Seitens der Regierung hatte er keine Schwierigkeiten.

Aber kehren wir in jenes Jahr 1898 zurück, das dem »kleinen Hof« zu Neuilly wie der Vorabend von Umwälzungen auf der Halbinsel erschien, die genauso katastrophal waren wie jene, die einige Jahrzehnte zuvor im bourbonischen Königreich stattgefunden hatten. Wie schon gesagt, war Marie Sophie zu diesem Zeitpunkt nicht, wie eine gewisse italienische Geschichtsschreibung versuchen wird, glauben zu machen, eine von den Anarchisten plagiierte exaltierte Frau. Sie beabsichtigte, sich der Anarchisten zu bedienen, so wie diese sich ihrer Person bedienten, indem sie den bekannten Regeln ihrer »Gleichzeitigkeitstheorie« gehorchten.

Abgesehen von den vertraulichen Beziehungen zu einigen von ihnen, besonders zu Malatesta und Malato, pflegte Marie Sophie vor allem Beziehungen mit ihrer komplizierten legitimistischen *entourage*, deren Grenzen einzusehen unmöglich ist, aber zu der sicherlich hohe Prälaten, Exponenten des bourbonischen Adels, einflußreiche Mitglieder der österreichischen Botschaft in Paris und der unvermeidliche (zuverlässige), ergebene Baron Rudolf von Rothschild gehörten. Die beständige und treue Anwesenheit dieses Exponenten der Hochfinanz bei dem von Marie Sophie durchlebten historischen Geschehen entbehrt wegen der großen Bedeutung, welche der ökonomische Faktor bei ihrer Aktion einnimmt, sicherlich nicht einer besonderen Bedeutung.

Aber sehr viel interessanter ist die Anwesenheit eines geheimnisvollen Neapolitaners in der *entourage* der Königin, eines gewissen Angelo Insogna, Exdirektor legitimistischer Zeitungen und Biograph von Franz II. Über diesen Insogna weiß man wenig. Als authentischer »roter Primel« des bourbonischen Legitimismus jagte ihn die italienische Polizei jahrzehntelang vergeblich. Von nun an werden wir ihn immer öfter in den entscheidenden Momenten der antisavoyischen Verschwörung, welche der Historiker Giovanni Artieri zwischen 1894 und 1912 ansetzt, antreffen. Von ihm wissen wir nur, daß er gleichsam als *Alter ego* der Königin fungierte, daß er die Kontakte mit den Anarchisten und der französischen Presse aufrechterhielt, finanzielle Mittel verteilte und als Vermittler mit den sozusagen operierenden Gruppen tätig war.

Vor den schwerwiegenden Ereignissen in Mailand, im Frühjahr 1898, war es gerade Angelo Insogna, der eine Kampagne der französischen Presse über die großen Übel, die Italien heimsuchten, betrieb. Dabei kam ein alarmierendes Bild heraus. Belagerungszustände, Revolten, Brände, Verhaftungen und Prozesse, Elend und Arbeitslosigkeit sagten klar aus über die Zerbrechlichkeit der italienischen Institutionen. In seiner destabilisierenden Aktion verharrend schrieb der *Petit Parisien* sogar: »Man fragt sich, warum italienische Hilfsarbeiter und Arbeiter Parteigänger einer Einheit sein sollen, die es überhaupt nicht verstanden hat, ihr Schicksal zu verbessern.«

Marie Sophie und ihr Berater dachten ihrerseits, daß auch das Bürgertum, also die von der liberalen Revolution geschaffene Klasse, keinen Grund hätte, sich zufrieden zurückzuhalten, beengt wie sie war von der Regelung der Staatsämter, mit Steuerschulden belastet und eingegrenzt in ihrem sozialen Gehege, das von den großen, mit dem savoyischen Hof verbundenen Familien dominiert wurde. Von diesem Gefüge leitete die »Heldin von Gaeta« optimistische Hoffnungen ab.

Alarmierende Mitteilungen, die in jenen Tagen bei der Regierung in Rom eintrafen, beschreiben hinlänglich die weitgehende Euphorie, die sich in den Kreisen, die sich die Öffnung weiterer revolutionärer Horizonte in Italien wünschten, ausgebreitet hatte. Anarchisten und Legitimisten, Republikaner und Katholiken, Sozialisten und Bourbonisten erblickten hauptsächlich in der Lombardei das günstigste Terrain. Es muß nicht erst gesagt werden, daß man in Marie Sophie große Hoffnungen setzte. Sie sah von Tag zu Tag immer mehr den Augenblick der Rache und der Wiedereroberung ihres Thrones herannahen. Wie wir schon wissen, hatte die Exkönigin in jenen Tagen, von ihren neuen Freunden schlecht beraten oder getäuscht, seltsame und extravagante Pläne begünstigt, wie die Serienherstellung des bekannten »Auto-Mobils«, des utopischen Vorläufers des modernen Panzers, oder wie die Ingangsetzung von Verhandlungen für den Ankauf zweier Schiffe von Lloyd in Triest, um sie mit Freiwilligen und Waffen zu beladen und diese in die Romagna zu schicken. Auch dieser Plan, so wie der mit den Kriegsautomobilen, verschlang ungeheure Summen und bereicherte einige Schwindler. Aber woher kam dieses Geld? Sicherlich kam es nicht aus der Kasse Marie Sophies, die eher bescheiden war, da ja bekannt ist, daß sie ihren Lebensunterhalt aus der Vollblüterzucht bestritt. Überdies war alles, was ihr Mann Franz noch besaß, an seinen direkten Erben, seinen Bruder, den Conte von Caserta, der elf Kinder hatte, gegangen. Der Rest des Bourbonenvermögens war, wie wir wissen, seinerzeit von den Savoyern eingezogen worden.

Aber um ein genaues Bild der wirtschaftlichen Lage der Exkönigin zu geben, gibt es ein kurioses Dokument, einen Abschnitt aus einem langen Interview, das Marie Sophie selbst in München im Herbst 1924, wenige Monate vor ihrem Tod,

Giovanni Ansaldo gewährt hat. Das Resümee des interessanten Gesprächs zwischen dem berühmten Journalisten und der alten Königin wurde vom *Corriere della Sera* im Dezember 1924 veröffentlicht, aber der Abschnitt, auf den wir uns beziehen, wurde aus Rücksicht auf die regierenden Herrscher zensuriert. Ansaldo veröffentlichte ihn viele Jahre später, unter der republikanischen Regierung, im *Tempo* von Rom am 12. Februar 1950. Hier der Text:

Ihr seht es, ich bin arm. Und ich wohne hier mit Erlaubnis eines meiner Neffen; denn sonst müßte ich in einer kleinen Vorstadtwohnung in Schwabing oder Sendling wohnen. Monsieur Barcellona dient mir aus Ergebenheit, gewiß nicht wegen des Lohns, welchen ich ihm bezahlen kann. Ich habe nicht einmal die Mittel, um einige italienische Illustrierte zu abonnieren oder mir die letzten Neuigkeiten von Treves zu kaufen, wie ich das immer gerne getan habe. Die Savoyer sind nicht chic mit uns Bourbonen gewesen. Daß Don Giovanni Rossi, der Beamter bei unserem Königlichen Hause war und den Gewahrsam über das Vermögen von vier Millionen Dukaten hatte, das ganze private Eigentum meines Gemahls, sofort gegangen ist, um es Garibaldi zu präsentieren, sobald er nach Neapel einmarschiert war, um sich verdient zu machen, wundert mich nicht; daß es Garibaldi sofort konfisziert hat, zusammen mit dem Besitzverzeichnis der anderen Bourbonenprinzen, nicht einmal das wundert mich; die Revolutionäre haben es immer so gemacht mit den gestürzten Königen. Aber daß die Savoyer, nachdem sie das Königreich Neapel annektiert hatten, es nicht nötig befunden haben, ein wenig Rücksicht auf die Bourbonen, die genauso wie sie legitime Könige gewesen waren, genommen haben, das ist so, daß es mich noch heute, nach so vielen Jahren, wundert. Viktor Emanuel wußte es auch, daß diese vier Millionen Dukaten aus der Mitgift der Mutter Franz' II. stammten, aus dem Erbe der Marie Christine von Savoyen, dem Ertrag aus dem Verkauf der Erbmasse des ersten Zweiges der Savoyer in

Piemont und des Palazzo Salviati in Rom. Und er wußte sehr gut, daß die Villa von Caposele in Mola nichts zu tun hatte mit den Gütern der Krone, mit den königlichen Palästen von Portici und Capodimonte, zum Beispiel; sondern daß dies das ganz private Eigentum König Ferdinands war und von diesem König Franz, meinem Gemahl, testamentarisch als freies Vermögen hinterlassen worden war. Aber nicht einmal er machte irgendeinen Unterschied, wie Garibaldi. Es war ein König, der sich uns gegenüber wie ein Revolutionär verhielt, und das ist nicht gut. Die französische Republik war viel edelmütiger mit den Orléans als das Königreich Italien mit uns ... Und jetzt sagen Sie mir, daß die Kinder des Königs von Italien gesund und schön sind und ihr Leben genießen. Ich bin glücklich darüber und wünsche ihnen alles Gute. Aber die Art und Weise, mit der sie uns behandelt haben, ist ein schlechtes Vorzeichen. Gott möge verhüten, daß auch sie eines Tages aus dem Exil ihr persönliches Vermögen zu verteidigen haben ...

Wie wir wissen, hat sich die Prophezeiung der alten Königin bewahrheitet. Aber auch die italienische Republik, so wie die französische, wird sich als edelmütig erweisen und unter anderem gestatten, daß die Savoyer sogar wieder die eineinhalb Millionen Pfund Sterling, die umsichtig in der Hambros-Bank im »feindlichen« England vor dem Zweiten Weltkrieg deponiert worden waren, wieder in Besitz nahmen.

Aber kehren wir zu jenem tragischen Sonntagnachmittag am 8. Mai 1898 zurück. An diesem Tag fand in Mailand die so sehr gefürchtete (oder so sehr erwartete) Revolution nicht statt. Es gab hingegen ein unerhörtes Massaker an wehrlosen Leuten, die mit bloßen Händen der blinden Reaktion der Truppen begegneten, wo sie doch einfach Brot und Arbeit verlangten.

Heute, fast hundert Jahre nach jenen blutigen Vorfällen in Mailand, ist es vielleicht angebracht, sich mit Hilfe neuer

Dokumente und der erworbenen Erfahrung, zu fragen, ob die aktuelle »Lesart« jener lang vergangenen Ereignisse historisch stimmt. Oder ob die gewaltsame militärische Unterdrückung nicht irgendwie von jemandem provoziert wurde, der wollte, daß Blut auf den Straßen fließen sollte, um die Wut des Volkes zu steigern, das Land zu destabilisieren und die notwendigen Voraussetzungen für eine darauffolgende Revolution zu schaffen. Andererseits ist diese zynische Revolutionsstrategie in der Folge bei vielen anderen Gelegenheiten angewandt worden.

In jenen Tagen gab es in Mailand in der Tat jemanden, der das Feuer der Unzufriedenheit des Volkes schürte und, wie wir gesehen haben, die Hoffnungen und die Ängste durch Verbreiten falscher alarmierender Nachrichten nährte. Leider genügten zum Löschen des beginnenden Brandes die umsichtigen Ermahnungen Filippo Turatis, des Oberhauptes des reformistischen und legalistischen Sozialismus, nicht, der vergeblich versuchte, die Menge mit dem Ruf »Gebt acht, was ihr tut: sie sind bereit, wir nicht« aufzuhalten. In solchen Momenten bleiben die Prediger der Brandstiftung immer Sieger über die Gemäßigten. Und es kam zu diesem Blutbad.

Wenn wir diesen für gewöhnlich übergangenen Aspekt der blutigen Ereignisse in Mailand hervorheben wollen, so ist dies nicht aus Gründen der Rechtfertigung. Die Unbarmherzigkeit des »Schlächters von Mailand«, wie General Bava Beccaris nachher genannt werden wird, kann absolut nicht gerechtfertigt werden. Seine Unterdrückung verursachte 80 Tote (300 laut der Opposition) und Hunderte Verletzte, während das Militär nur zwei Gefallene beklagte: einer wurde durch die Schläge seiner Kameraden getötet, der andere erschossen, weil es sich geweigert hatte, in die Menge zu feuern. Man muß jedoch betonen, daß auch die traditionelle Stumpfsinnigkeit der Generäle gewisse Grenzen nicht übersteigen kann. In der Tat konnten weder ein General noch eine Regierung so dumm sein, sich vor der ganzen Welt dadurch mit Schande zu bedecken, daß sie eine wehrlose Menge mit einem einer Feldschlacht würdigen Apparat angriffen. Um die Ordnung in Mailand wiederherzustellen, hätten die in der Stadt anwesenden Streitkräfte genügt. Es ist also offensichtlich, daß Bava Beccaris in eine Falle ging. Und das schließt man auch aus der aufmerksamen Lektüre des Berichtes über den »Aufstand von Mailand«, den Bava Beccaris selbst am 24. Mai 1898 geschrieben hat. In diesem ermüdenden Bericht strengt sich der »Schlächter von Mailand« pathetisch an, um die Gefahr größer und die eigene Verantwortung kleiner erscheinen zu lassen. »Gewiß«, schreibt er unter anderem, »wäre, wenn man die Schußgeschwindigkeit unserer neuen '91er Gewehre genutzt hätte, die Zahl der Opfer viel größer gewesen«, aber er ist jedenfalls gezwungen, zuzugeben: »Wenn auch bei der Porta Ticinese die Kanone eingesetzt wurde (um auf ein Kloster zu schießen, wo eine Gruppe Bettler gerade ihre Mahlzeit einnahm, Anm. d. Verf.), geschah das mehr deshalb, um eine heilsame Angst einzuflößen, wie es dadurch bestätigt wird, daß als Folge des einzigen, absichtlich in die Höhe geschossenen Kartätschenschusses nur drei Tote zu beklagen waren ...« Der General erkennt an, daß es auch unschuldige Tote gab, aber das, schreibt er, »muß der Tatsache zugeschrieben werden, daß die Bevölkerung aus ungesunder Neugierde dem Kampf aus den Fenstern zusah, und da der Soldat, sei es zur Einschüchterung, sei es zur Verminderung des Blutvergießens die Bestrebung hatte, in die Höhe zu schießen, manche jener Neugieriger getroffen wurden ...« Keine Andeutung macht der General in seinem Bericht von der Verwendung von Waffen seitens der Aufständischen und gibt so indirekt zu, daß niemand von ihnen bewaffnet war. »Aber man kann nicht sagen«, fährt er fort, »daß es nicht an Provokationen fehlte. Von den Häusern regnete es Dachziegel. Die Truppen waren Zielscheiben von Steinwürfen, und es gab keine Schmähung, welche die vom Anarchismus berauschte Menge nicht gegen sie ausstieß. Pfeifen, Schreie, Flüche ... Die Frauen machten zueinander spezielle

Zeichen, um zu zeigen, daß sie sich nicht um die Gefahr scherten, um das königliche Heer zu beleidigen ...« Dann versucht Bava Beccaris nach diesen unfreiwilligen Elogen über das heldenhafte Verhalten der Mailänder Bevölkerung ungeschickt, seine blutige Reaktion zu rechtfertigen, indem er minuziös alle falschen Nachrichten, die bei seinem Kommando eingetroffen waren, aufzählte: die angeblichen, mit bewaffneten Anarchisten beladenen Züge, die aus der Schweiz kommen sollten, die nicht existenten Kolonnen Aufständischer im Marsch auf Mailand aus den anderen Städten der Lombardei, die falschen Revolutionsbewegungen, die man aus anderen Provinzen gemeldet hat, und so weiter. Er versäumt es natürlich auch nicht, mit jenen zu grollen, die sein Verhalten kritisiert haben, und behauptet, daß es sich »um einfache unbewaffnete Randalierer« handelte, »die auf irreguläre Weise ihre Unzufriedenheit ausdrückten«. Er schreibt in der Tat: »Waffen, das ist wahr, hatten sie keine, aber sie machten sich welche aus Steinen und Ziegeln.« Dann urteilte er schließlich, daß »all dies zum Beweis reicht, daß die Bewegung vor der festgesetzten Zeit ausgebrochen ist, um sich über ganz Italien auszubreiten«. Das klang dann so, als ob er sagen wollte: Dank meiner vorsorglichen Aktion habe ich Italien vor der Revolution gerettet.

Heute wissen wir mit Sicherheit, daß die Revolution nicht vor der Türe stand. Aber auch damals wurde dies der Regierung ziemlich bald bewußt. Und die Falle, in die Bava Beccaris gegangen war, wurde bald aufgedeckt. Aber man zog es vor, zu schweigen, um zum Schaden nicht noch den Spott hinzuzufügen. Der »Friedensbringer« Mailands wurde von der konservativen Presse gepriesen, und selbst König Umberto geruhte, ihm *motu proprio* das Kreuz des Militärordens von Savoyen »für die wertvollen, den Institutionen und der Kultur geleisteten Dienste« zu überreichen. Ein Applaus der Gewalt, der ihn zwei Jahre später das Leben kosten sollte.

Nach den Vorfällen in Mailand fanden, um der Gefangennahme zu entgehen, viele Anarchistenchefs ihre Rettung in Paris, und einige weder unwichtige noch ungefährliche Männer wurden in der gastfreundlichen Villa Hamilton in Neuilly aufgenommen. Einer von ihnen war Pietro Gori, ein toskanischer, auch in literarischen Kreisen sehr bekannter Rechtsanwalt. Gori hatte Mailand als englischer Lord verkleidet verlassen. Der falsche Paß, seine perfekte Sprachkenntnis und seine elegante Unbefangenheit täuschten die Agenten. Es gelang ihm sogar, mit einem nur aus Waggons erster Klasse bestehenden Sonderzug zu reisen, in dem sich auch der Herzog von Genua mit seinem ganzen Gefolge befand.

Andererseits stammten diese italienischen Anarchistenchefs des *Fin de siècle* alle aus gutbürgerlichen, wenn nicht sogar aus adeligen Häusern. Sie werden in der Tat als Äquivalent zu den russischen Adeligen (Bakunin, Kropotkin, Kulisciov, Balabanov etc.) bezeichnet, die in jenen Jahren die Notwendigkeit verspürten, sich zum Volk hin zu wenden. Sie waren also gebildete und elitäre Revolutionäre, die im königlichen Salon Marie Sophies nicht aus dem Rahmen fielen, wie auch gewisse spätere Revolutionäre des »Achtundsechzigerjahres« unseres Jahrhunderts in den guten Salons der progressistischen mailändischen Bourgeoisie nicht aus dem Rahmen fallen sollten.

In der Sicherheit des »kleinen Hofes« zu Neuilly hatten die Anarchistenchefs die Möglichkeit, mit Angelo Insogna und mit Marie Sophie selbst die Ereignisse in Mailand und deren zu erwartende Folgen zu bewerten. Obwohl sie von vielen Detektiven scharf bewacht wurde (die französische Polizei kollaborierte nicht gerne, und der »schießfreudige« Giolitti war dazu verpflichtet worden, Privatdetektive zu engagieren), wurde in der Villa Hamilton in jenen Tagen ein Plan, der dazu bestimmt war, in Italien neue kollektive Revolutionsbewegungen zu entfachen, auf den Punkt gebracht. Um dies zu erreichen, kamen die Verschwörer überein, daß ein aufsehenerregendes Ereignis notwendig wäre. Aber was für eines? Es ist aus offensichtlichen

Gründen nicht möglich, festzustellen, ob die Idee des Königsmordes von den italienischen Anarchisten nach Paris importiert
wurde oder ob sie schon von Marie Sophie und ihren Beratern
ausgedacht worden war. Die in den Geheimpapieren Giolittis
aufbewahrten Dokumente enthalten keine detaillierten Informationen. Es ist jedoch sicher, daß der piemontesische Staatsmann zu mehreren Anlässen behauptete, begründeten Verdacht
zu hegen, daß die Seele der Verschwörung die bekannte Dame
war. Im Gegenteil, der Präfekt von Turin, Guiccioli, wird folgendes erklären: »Giolitti hat mir gesagt, daß die Regierung die
Beweise dafür hat, wie das Komplott von Monza geschmiedet
wurde. Königin Marie Sophie hat es inspiriert und den Auftrag
dazu gegeben und hat die finanziellen Mittel beschafft, um es
auszuführen. Bei den Kontakten, die sie mit Errico Malatesta
hatte, wurde vorherbestimmt, daß ein anarchistischer Agent,
der für diesen Zweck geeignet ist, aus der zahlenmäßig großen
Anarchistengruppe von Paterson (USA) berufen werden sollte.
In Turin fand er Unterstützung bei Oddino Morgari, dem
revolutionären sozialistischen Abgeordneten.«

Tatsache ist, daß die Idee, Umberto I. zu töten, von allen
gutgeheißen wurde. Zu jenem Zeitpunkt hatte die Popularität
des italienischen Herrschers einen neuen Tiefpunkt erreicht. Die
höchsten Ehren, einschließlich der Ernennung zum Senator, die
Bava Beccaris verliehen worden waren, hatten die öffentliche
Meinung unheilvoll beeinflußt. Da er persönlich die Verantwortung für alles, was geschehen war, übernommen hatte,
hatte sich Umberto in die vorderste Linie gestellt. Ein »Anschlag« auf ihn würde laut den Verschwörern unvorhersehbare
Ergebnisse erzielen. Einen Mann zu finden, der ihn ausführen
sollte, wäre nicht schwer gewesen. »Das in Mailand vergossene
Blut«, meinte Charles Malato bei dieser Gelegenheit, »wird
einige Dutzend Aspiranten zum Königsmörder hervorbringen.«
Es handelte sich jedoch darum, den richtigen Mann zu finden.
Oder besser, einen Organisator, der fähig wäre, den richtigen

Mann zu finden und gleichzeitig die Fäden einer Verschwörung von solcher Tragweite in der Hand zu halten. Der Name Errico Malatesta kam allen Anwesenden bald über die Lippen.

Malatesta hatte am Mailänder Aufstand nicht teilnehmen können, da er sich ab Februar 1898 im Gefängnis von Lampedusa befand. Man mußte ihn befreien. Und er wurde in der Tat wenige Monate danach befreit. Der Ausbruch Errico Malatestas aus Lampedusa birgt noch heute viele Geheimnisse. Aber diese Geschichte ist reich an unbegreiflichen Geheimnissen. Die Insel war scharf bewacht, der gefährliche Anarchistenchef wurde von seinen Bewachern nicht aus den Augen gelassen. Es ist auch bekannt, daß der Direktor der Kolonie vom Kommandanten eines griechischen Schiffes darauf aufmerksam gemacht wurde, daß sich irgend etwas zusammenbraute. Und doch entkam Malatesta. Vier Tage später konnte der italienische Konsul von Tunis seiner Regierung eine detaillierte Beschreibung der Flucht geben und sogar die dem Schiffseigner bezahlte Summe genau nennen: 700 Lire.

Daraufhin begab sich Malatesta nach Malta, von dort kam er nach London, um sich dann nach Paris zu begeben. Am 15. August 1899 schiffte er sich in Le Havre auf einem Transatlantikdampfer in Richtung New York ein, um eine Versammlung in Paterson, New Jersey, wo eine große italienische Arbeiterkolonie lebte, einzuberufen. Einige Monate später reiste auch Angelo Insogna in Richtung New York ab.

Es begann die Ausführungsphase einer komplizierten Operation, bei der schließlich eine unverdächtige »individuelle Geste« herauskommen sollte.

XVIII

Ein »Killer« aus Amerika

Paterson in New Jersey war zu Ende des vergangenen Jahrhunderts die amerikanische Seidenhauptstadt. Zu einem guten Drittel von Italienern bevölkert, waren diese fast alle Norditaliener aus den »Hauptstädten« der Textilindustrie: Prato, Biella, Vercelli und Como. Zum Unterschied von den südländischen Auswanderern (die später kommen werden) waren alle qualifizierte Arbeiter und nahmen an jenem ersten Auswandererstrom teil, der zum Verlassen der Heimat nicht gerade durch Not und Hunger angetrieben wurde, sondern durch Streben nach wirtschaftlicher Verbesserung, vereint mit Motiven politischer Natur. Viele hatten Italien verlassen, weil sie enttäuscht waren von der gemäßigten und monarchischen Wende des Regimes des »Post-Risorgimento«, viele andere waren gezwungen gewesen, ihren Heimatort zu verlassen, um der von den berühmten »Crispi-Gesetzen« verursachten Unterdrückung der Umsturzbewegung zu entfliehen. So war in Paterson das wichtigste Anarchistenzentrum der Vereinigten Staaten entstanden.

Die italienischen Anarchisten von Paterson lasen viel, diskutierten noch mehr und entwickelten eine frenetische politische Aktivität, aber immer mit den Gedanken bei ihrem Herkunftsland. Amerika stellte für sie eine Art Übungsraum dar, wo sie, dank der Toleranz der Gesetze, frei die Revolution in Italien vorbereiten konnten. Die amerikanische Presse schrieb oft ironisch über jene Italiener, die an Besuchern reiche Treffen veranstalteten, wo man leidenschaftlich über einen gewissen Depretis oder einen gewissen Crispi diskutierte, aber oft nicht einmal den Namen des Präsidenten der Vereinigten Staaten wußte. Abgesehen davon wurden sie aber respektiert. »Die Italiener von Paterson«, schrieb die *New York Times* vom 18. Dezember 1898, »zeigen, daß sie kultivierter und über die Geschehnisse in der Welt mehr informiert sind als der Durchschnitt der Italiener in Italien.« Derselben Zeitung entnimmt man, daß sich von 10.000 Italienern mit Wohnsitz in Paterson 2500 als Anarchisten erklärten; 3500 kauften die Zeitungen in italienischer Sprache; 1300 erklärten, wenigstens ein Buch im Jahr zu lesen, aber nur 300 verfolgten auch die amerikanische Presse.

Die Anarchisten von Paterson polemisierten immer untereinander und waren daher in drei aus der *Gesellschaft für das Recht auf Existenz*, mit den meisten Mitgliedern, die von Errico Malatesta inspiriert war, der *Gesellschaft Gedanken und Aktion*, geleitet vom extremistischeren Giuseppe Ciancabilla, und der *Freiheitlichen Bibliothek*, die keinen Anführer hatte und sich darauf beschränkte, politische Veröffentlichungen zu verbreiten, bestehenden Gruppen aufgeteilt. Es erschienen auch regelmäßig zwei Wochenzeitschriften: *Die Soziale Frage*, deren Leitung Errico Malatesta sofort nach seiner Ankunft in Paterson übernommen hatte, und *Das Morgenrot*, geleitet von Ciancabilla.

Worüber sprachen die italienischen Anarchisten bei ihren lauten Versammlungen? Den Berichten der italienischen Botschaft zufolge, die alarmiert, aber machtlos den frenetischen politischen Aktivismus verfolgte, handelte es sich mehr um kriminelle Zusammenkünfte, bei denen man die Zeit damit zubrachte, die beste Art auszuklügeln, um Herrscher und Staatsoberhäupter zu liquidieren, als um Konferenzen. In Wirk-

lichkeit wurde vor allem über theoretische Probleme in bezug
auf die entfachte Polemik über die *Organisation* diskutiert (sollten sich die Anarchisten als Partei organisieren oder nicht?).
Ciancabilla war heftig dagegen: Er bestand auf der Theorie des
Einzigen, das heißt des einsamen Attentäters, der nur der eigenen Eingebung gehorcht, wie Ravachol, Caserio, Angiolillo.
Der gelassenere Malatesta behauptete, daß die Organisation die
natürliche, für den Klassenkampf notwendige Bedingung wäre.
Bei mehreren Gelegenheiten endeten diese Treffen mit wütenden Schlägereien, aber viel öfters wurde getanzt, viel Bier getrunken und vereint auf das Andenken an die bekanntesten
italienischen Attentäter angestoßen, die in jenen Jahren das
Leben der »Tyrannen« besonders schwer machten.

Die Namen Passanante (der einen Anschlag auf das Leben
Umbertos I. 1878 verübte), Caserio (der den französischen
Präsidenten Carnot im Jahr 1894 tötete), Acciarito (der einen
Anschlag auf Umberto I. im Jahr 1897 verübte) und Angiolillo
(der eben aus Paterson abgereist war, um den spanischen Pre-
mierminister Canovas zu töten) waren bei den Seidenarbeitern
von New Jersey zweifellos populär. Jene tragischen Persönlichkeiten, auf welche die italienischen Anarchisten wegen ihrer
Nationalität stolz waren, waren geradezu von einem göttlichen
Heiligenschein umgeben. Also, Paterson war das reichste Terrain für jemanden, der sich dort den geeigneten Mann anzu-
heuern beabsichtigte, um die im türkisen Salon der Königin
Marie Sophie geplante Mission durchzuführen.

Überdies hatten die letzten Ereignisse die Stimmung noch
weiter angeheizt. In der Tat, als im Spätsommer 1898 die
Nachrichten über die tragischen Vorfälle von Mailand eingetroffen waren, hatte sich bei den anarchistischen Versammlungen von Paterson Drohgebrüll gegen Bava Beccaris und vor
allem gegen den König, der ihn belohnt hatte, erhoben. In einem
langen Bericht der italienischen Botschaft liest man unter anderem, daß eine junge Spinnereiarbeiterin, die 20jährige Ernestina

Crivello aus Biella, auf das Podium gestiegen war und unter dem Beifall der Anwesenden erklärt hatte, bereit zu sein, als Preis ihre eigene Jungfernschaft demjenigen anzubieten, der »die bleichen und blutenden Opfer von Mailand« rächen würde.

An jenem Tag zollte der schönen Ernestina auch ein 30 Jahre alter Mann, der im Januar 1898 nach Paterson gekommen war, Beifall. Er hieß Gaetano Bresci und war 1869 in Coiano bei Prato geboren. Gut aussehend, sehr gepflegt gekleidet, von schweigsamem Temperament (seine Freunde nannten ihn »den großen Stummen«), hatte sich Bresci der Anarchie im Alter von 15 Jahren, als er als Lehrling in der »großen Fabrik« von Prato arbeitete, verschrieben. Er verschlang gierig Sozialliteratur, er war intelligent und frech, war bestrebt, auf sich und auf seine als Autodidakt erworbene politische Bildung, die vor allem mit Gewißheiten gewürzt war, aufmerksam zu machen. Er stammte aus einer wohlhabenden Familie (sie besaßen ein Haus und ein Landgut), er war das jüngste von vier Geschwistern. Der erste, Lorenzo, arbeitete selbständig als Schuhmacher (aber seinen amerikanischen Freunden gegenüber bezeichnete ihn Gaetano snobistisch als *a merchant of Florence*), der zweite, Angiolo, war Artillerieleutnant, während seine Schwester Teresa mit ihrem Mann eine kleine Schirmfabrik in Castel San Pietro bei Bologna betrieb. Seine politische Unversöhnlichkeit hatte ihn zu Hause viele Meinungsverschiedenheiten (Zwistigkeiten) eingebracht (er sollte in der Tat alle Beziehungen zu seinem Bruder, der Offizier war, abbrechen), aber er war unerschrocken seinen Weg weitergegangen, der ihn sehr bald vor Gericht gebracht hatte.

Gaetano Bresci hatte man mehrere Male wegen charakteristischer politischer Verbrechen (aufrührerische Kundgebungen, Beleidigungen offiziellen Publikums, illegale Streiks etc.) den Prozeß gemacht, und er war als gefährlicher Anarchist registriert und nach Lampedusa geschickt worden, um zwei

Jahre hinter Gittern abzusitzen. Nachdem er 1897 nach Hause zurückgekehrt war, hatte auch er sich entschlossen, nach Paterson auszuwandern, wo er sofort Arbeit als Seidendekorateur in der Fabrik Hamil and Booth um 14 Dollar die Woche gefunden hatte. Ein beachtlicher Lohn. Einen Monat später hatte sich Bresci in die *Gesellschaft für das Recht auf Existenz* eingetragen. Im darauffolgenden Monat wurde er Aktionär des anarchistischen Verlagshauses *Era Nuova* (Neue Ära) durch den Ankauf von zehn Aktien zu einem Dollar.

Nachdem er sich in die neue Umgebung eingelebt hatte, »besserte sich« der junge Mann aus Prato (der den Ruf eines unwiderstehlichen Verführers hatte), indem er sich mit einer jungen Irin namens Sophie Knieland, die er in der Fabrik kennengelernt hatte, zusammentat. Aus dieser Verbindung wurde im März 1899 ein Mädchen geboren, dem man den Namen der mütterlichen Großmutter, Maddalena, gab, das aber alle Madeline nennen werden.

Die erste Begegnung zwischen dem jungen Anarchisten aus Prato und dem legendären Revolutionär Errico Malatesta fand zufällig in West-Hoboken, einem Vorort von Paterson, statt. An jenem Abend (es war der 17. September 1899) hatte sich eine größere Anzahl von Anarchisten im *Tivola and Zucca's Saloon* versammelt, um einem außerordentlichen Ereignis beizuwohnen: einer Gegenüberstellung der beiden anarchistischen Führer dieser Zeit: Errico Malatesta und Giuseppe Ciancabilla. Thema der Debatte war die übliche leidenschaftliche Streitfrage: Organisation oder Individualismus?

Es muß nicht erst gesagt werden, daß es ein sehr hitziger Zusammenstoß war. Aus den Zeitungsberichten können wir auch einige von den beiden Rednern vertretene Konzepte entnehmen:

Ciancabilla: »Wir sind der Adel des Proletariats. Die Ritter des Ideals. Die Sozialisten täuschen sich: Das wissen Pisacane und Cafiero, Malatesta selbst und alle jene, die die Massenrevolution vorbereiten wollen und die sich beim ersten Versuch gleich vor dem Peloton oder im Gefängnis wiederbegegnet sind.«

Malatesta: »Der Irrtum der Anarchisten, die gegen die Organisation sind, ist, zu glauben, daß es nicht möglich ist, ohne Autorität zu organisieren und auf jegliche Organisation eher zu verzichten, als die geringste Autorität zu akzeptieren.«

Ciancabilla: »Die Anarchisten müssen nur der eigenen Eingebung gehorchen. Die Eingebung ist das natürlichste Gefühl des freien Menschen. Wir rühmen das großzügige Individuum, das, seiner eigenen Eingebung gehorchend, allein aufsteht, drohend und als Rächer, um die bürgerliche Tyrannei in ihrer lebendigsten Zielscheibe zu treffen.« Und er schloß bedeutungsvoll: »Die von Passanante und Acciarito begangenen Fehler haben uns jedoch gelehrt, daß heute eine Repetierpistole sicherer ist als ein Dolchstoß!«

Sicherlich darf es nicht überraschen, wenn es angesichts der immer hitziger werdenden Argumentationen in der Zuhörerschaft zu brodeln begann. Beleidigungen oder Rufe der Zustimmung kamen aus dem Publikum. Dann machte ein gewisser Antonio Baracchi, ein Weber, ein lautes unanständiges Geräusch in Richtung Malatestas. Daraufhin wurden Beschimpfungen, Fausthiebe und Stöße ausgetauscht. Und dies war der Moment, in dem Domenico Pazzaglia, ein 20jähriger Friseur, eine Pistole aus der Tasche zog und, seinem eigenen »Impuls« gehorchend, auf Malatesta schoß, wobei er ihn an einem Bein verletzte.

Glücklicherweise gelang es Pazzaglia nicht, einen zweiten Schuß abzugeben, denn er wurde von einem eleganten jungen Mann festgehalten, der ihn, nachdem er ihm die Pistole aus der Hand gerissen hatte, mit ein paar Fausthieben zu Boden schlug. Dieser junge Mann war Gaetano Bresci.

Daraufhin zeigte Malatesta in Befolgung der Regeln der

politischen Schweigepflicht, den Mann, der ihn verwundet hatte, nicht an, wollte jedoch den jungen Mann, der ihm das Leben gerettet hatte, kennenlernen.

Wahrscheinlich nahm an jenem Abend das Schicksal Gaetano Brescis seine entscheidende Wendung. Malatesta, der, wie wir wissen, ein feiner Kenner der menschlichen Natur war, muß sofort die Qualitäten des jungen Anarchisten aus Prato erkannt haben. Seine Wahl traf er jedoch viel später. Andererseits konnte ein Komplott zur Tötung des Königs von Italien sicherlich nicht in wenigen Tagen vorbereitet werden. Es mußte ein Plan entwickelt werden, das notwendige Komplizennetz mußte geschaffen werden, die Bewegungen des ausgewählten Opfers mußten studiert und dann für die Schulung und die Indoktrinierung des Mannes gesorgt werden, der den Auftrag bekommen würde, die Sache durchzuführen. Und natürlich alles unter allergrößter Verschwiegenheit. Deshalb ist es heute nicht leicht, exakt die Entwicklungen und den Ablauf der Verschwörung zu rekonstruieren. Viele Geheimnisse sind von denen, die sie kannten, ins Grab mitgenommen worden. Überdies hat die anarchistische Propaganda jener Jahre (und auch die darauffolgende einer gewissen linken Geschichtsschreibung) eine derartige Staubwolke über das Ereignis aufgewirbelt, daß es heute noch schwer ist, zur Gänze Klarheit zu schaffen.

Beschränken wir uns daher darauf, das Mosaik des Komplotts zu rekonstruieren, indem wir die sicheren Fakten, die sich entweder aus den Papieren Giolittis oder aus einem seinerzeit gemachten Bericht des berühmen amerikanischen Polizisten Joe Petrosino ergeben, zusammenfügen. Dieser war der Kommandant des italienischen Zweiges der New Yorker Polizei und wurde tatsächlich sofort nach dem Königsmord nach Paterson geschickt, um eine Untersuchung vorzunehmen. Und seine Antwort war deutlich: Komplott. Laut Petrosino war die Auswahl der nach Italien zu entsendenden Killer in einer geheimen Zusammenkunft durch Ziehung der Tombola-

nummern getroffen worden. Die Namen der Auserwählten
kannte Petrosino nicht, jedoch zeigte er ein verwirrendes Faktum auf. Am 18. Juli 1900, oder aber elf Tage vor dem Königsmord in Monza, hatte im Kerker von Paterson ein gewisser
Sperandio Carbone aus Como, Pianist von Beruf, Selbstmord
begangen. Er war wegen der Tötung eines gewissen Giulio
Pessina, eines wegen seines schikanösen Verhaltens bei den
italienischen Anarchisten von Paterson sehr verhaßten Arbeiterführers aus Como, inhaftiert worden. Die Untersuchung hatte
ergeben, daß der wirkliche Name Sperandio Carbones Luigi
Bianchi war (er hatte seine Identität dank der amerikanischen
Gesetze, die dies gestatteten, gewechselt), der seinen Lebensunterhalt durch Klavierspielen in den Saloons verdiente und
der, wie sich herausstellte, ziemlich extravagant, wenn nicht
verrückt gewesen ist. Bevor er sich umbrachte, hatte Carbone-
Bianchi einen scheinbar unzusammenhängenden Brief geschrieben. Hier sein Wortlaut: »Liebe Freunde und Genossen.
Ich sage Euch die Wahrheit. Die Wahl ist nicht von mir getroffen worden, aber ich bin Euch durch die gute und ehrenwerte Gesellschaft, welcher ich angehöre, verpflichtet. Ich
erkläre Euch: Am 2. Februar wurde ich durch das Los auserwählt, den König von Italien umzubringen. Aber ich bin
amerikanischer Staatsbürger und deshalb hätte ich enthoben
werden können, wenn ich irgendeine Tat für die Gesellschaft
vollbracht hätte. Deshalb habe ich beschlossen, als ich dieses
Ungeheuer Pessina sah, der seine Genossen malträtierte, indem
er sie wie Hunde prügelte und sie wie Würmer behandelte, ihn
auszusuchen. Meine Kameraden werden sagen, daß ich gut
daran getan habe. Euer armer Freund und Genosse Sperandio
Carbone, Pianist.«

Es ist unnötig zu sagen, daß Carbone-Bianchi von seinen
Genossen für verrückt erklärt wurde. Jedoch enthielt sein Brief
zwei bezeichnende Angaben. Die erste erwähnte den König von
Italien elf Tage, bevor er ermordet wurde. Die zweite suggeriert

die Hypothese, daß ihn Malatesta, da er das Subjekt nicht für
vertrauenswürdig hielt, des Auftrages enthoben hat mit der
Entschuldigung, daß seine amerikanische Staatsbürgerschaft
Probleme verursacht und den politischen Wert der Tat ge-
schmälert hätte. Immerhin war, als die von Joe Petrosino durch-
geführte Analyse des »Falles Carbone-Bianchi« der italienischen Polizei zur Kenntnis gelangte (zu jener Zeit waren die
Verbindungen nicht so rasch wie heutzutage), Umberto schon
tot und sein Mörder schon zum Zuchthaus verurteilt worden
(Bresci hatte man in der Tat sofort, einen Monat nach dem
Königsmord, den Prozeß gemacht).

Der Fall endete also in den Geheimakten des Innen-
ministeriums, zusammen mit einer weiteren Information, die
auch strikt geheimgehalten wurde. Und die lautete: Auf einem
anderen Schiff war ein weiterer Killer nach Italien abgereist. Er
hieß Luigi Granotti und war ein 33jähriger Weber, der aus
Sagliano Micca bei Vercelli stammte. Zu einem vorher bestimmten Zeitpunkt hätte sich Granotti mit Bresci in Verbindung setzen müssen, um dann gemeinsam zur Durchführung
des Auftrages vorzugehen. Granotti sollte es, nachdem er der
Haft nach dem Königsmord entflohen war, dank geheimnisvoller Komplizen gelingen, nach Paris zu kommen. Die italienische
Polizei machte jahrelang vergeblich Jagd auf ihn. Granotti kam
1902 wieder nach Paterson zurück und verbrachte dort ruhig
den Rest seines Lebens, gedeckt von der komplizenhaften Verschwiegenheit der Genossen, die es wußten.

Aber kehren wir zu Gaetano Bresci zurück. Wahrscheinlich
erhielt er den Auftrag im Januar 1900. In jene Tage fällt in der
Tat sein aufsehenerregender Entschluß, aus der *Gesellschaft für
das Recht auf Existenz* auszutreten. Wenige Tage danach for-
derte er auch die Rückgabe der zehn Dollar, die er für den
Ankauf der Aktien des Verlages *Neue Ära* bezahlt hatte. Dieses
Verhalten, das sich in fast allen Biographien der politischen
Attentäter findet, entfremdete ihm viele Freundschaften in

Paterson. Viele Genossen grüßten ihn nicht einmal mehr. Aber Bresci, »der große Stumme«, ertrug seine Isolierung ruhig. Er änderte sein tägliches Verhalten nicht: Er war seriös bei der Arbeit, verbrachte die Feiertage mit seiner Frau Sophie und seiner Tochter Madeline auf dem Land. Schon bald nach seiner Ankunft in Amerika hatte sich Bresci für die Photographie begeistert, und er pflegte am Sonntag mit umgehängtem Photoapparat herumzustreifen. Jetzt begeisterte er sich für ein anderes, in Amerika sehr verbreitetes Hobby: nämlich für das Pistolenschießen. Zum Üben, während Madeline und Sophie auf den Wiesen spielten, benützte er eine fünfschüssige Massachusetts Kaliber 38, die er um sieben Dollar beim Waffenhändler Hash in West-Hoboken gekauft hatte.

Ende April kündigte Bresci seiner Frau an, daß er nach Italien reise müsse, wo ihn eine kleine Erbschaft erwartete. Um bei der Fahrkarte zu sparen, würde er mit einem französischen Schiff der Linie New York–Le Havre reisen. 1900 war das Jahr der Pariser Weltausstellung, und die französischen Schiffahrtslinien boten 50prozentigen Rabatt.

Auch der Kauf der Fahrkarte New York–Le Havre birgt einige Geheimnisse. Sie wurde von der Agentur Rescigno in Paterson verkauft, diese aber hatte eine Vormerkung auf den Namen Luigi Bianchi (den italienischen Namen Sperandio Carbones) erhalten. Abgeholt und bezahlt wurde sie nicht von Bresci selbst, sondern von zweien seiner Freunde, Mario Grisoni und Pasquale Residao, beide Anarchisten. Das Ticket kostete 31 Dollar.

Aber wir sind erst am Anfang der »seltsamen Tatsachen«, welche die Mission Brescis in Italien charakterisierten. Nach der ordnungsgemäßen Kündigung zwei Wochen vorher verließ Bresci also die Spinnerei, in der er arbeitete, und bezog einen Betrag von 30 Dollar, den er zu den 130, die er erspart hatte, hinzufügte. Er reiste aus Paterson im geheimen ab, ohne sich von irgend jemanden zu verabschieden, außer von seiner Frau, und schiffte sich am 17. Mai 1900 in New York auf dem Dampfer *Gascogne* ein.

Auf dem Schiff traf Bresci drei Anarchistengenossen, Nicola Quintavalle aus Portoferraio, Antonio Lehner aus Trient und die 20jährige Maria Quazza aus Mosso Biellese, mit der er einen kurzen Flirt hatte. Diese Leute werden nach dem Königsmord große Probleme mit der italienischen Polizei haben, doch schließlich wird es sich herausstellen, daß sie unschuldig waren.

In Le Havre blieb Bresci nach der Landung der *Gascogne* am 25. Mai einige Tage. Nach dem Königsmord wird man entdecken, daß zu dieser Zeit der mysteriöse Angelo Insogna in Le Havre, in der Rue des Horphelines 26, wohnte. »Man weiß nicht, wie er seinen Lebensunterhalt bestritt«, berichtete der Konsul jener Stadt Minister Giolitti. »Seine Frau läßt er im Glauben, daß er der Sekretär der Exkönigin von Neapel sei. In Le Havre erscheint er hie und da. Aus den Briefen, die er an seine Frau geschickt hat, geht hervor, daß er oft zwischen Paris, Brüssel, München und Neapel herumreist. Er bekundet keine politischen Meinungen.«

Trafen sich Bresci und Insogna in Le Havre? Wir wissen es nicht. Einige Tage später war der Anarchist aus Prato in Paris, wo er mit seinen drei Genossen die Weltausstellung besuchte. Am 5. Juni trennen sich die vier Reisegefährten in Modena. Bresci fuhr weiter in Richtung Genua und hatte keine Probleme mit dem Zoll. Obwohl er ein registrierter Anarchist und ein aus seinem erzwungenen Domizil Lampedusa Entlassener ist, obwohl er in seinem Koffer eine Massachusetts-Pistole mit über hundert Patronen hat, kümmerte sich niemand um ihn.

Nachdem er am 6. Juni in Genua angekommen war, begab sich Bresci zur Hauptpost, wo er eine Postanweisung über 500 Lire »postlagernd« aus New York erwartete. Einen Tag später kehrte er in sein Haus in Coiano zurück, das er drei Jahre zuvor verlassen hatte.

Dort hielt sich Bresci über einen Monat als Gast bei seinem

Bruder Lorenzo auf. Die Polizei ignorierte ihn vollkommen. Er hatte sogar die Vermessenheit, sich dem Abgeordneten der P. S. (Sozialistischen Partei) Spadetta vorzustellen, um von ihm einen ordnungsgemäßen Waffenpaß zu verlangen. Er wurde ihm natürlich verweigert. Er fuhr jedoch fort, im Hof des Landhauses das Pistolenschießen zu üben. Auf den Täfelchen, die er als Schießscheiben benützte, wird man 55 Einschüsse zählen.

Nach einem kurzen Besuch bei seiner Schwester, die in Castel San Pietro wohnte, reiste Bresci wieder ab, und zwar nach Bologna, in Begleitung von Teresa Brugnoli, »la rizzona« (»die Frau mit den gesträubten Haaren«) genannt, ein sympathisches Mädchen von 23 Jahren, das der elegante »Amerikaner« mit wenig Mühe verführt hatte. Die beiden blieben einige Tage in Bologna, wo sie im Hotel Milano wohnten. Am 21. Juli, das ist am selben Tag, an welchem Umberto I. in der königlichen Villa von Monza ankam, um dort seine Ferien zu verbringen, erhielt der Anarchist aus Prato ein Telegramm. Teresa sah, daß ihr Freund es eilig las und dann in kleine Stücke zerriß.

»Schlechte Nachrichten?« fragte sie.

»Nichts Schlimmes«, antwortete Bresci. »Aber ich muß dich verlassen.«

Er reiste noch am selben Tag nach Piacenza, wo er zwei Tage blieb. Was er in jener Stadt tat und wen er traf, hat man nie erfahren. Am 24. morgens war er in Mailand, wo er sich als Pensionsgast bei der Familie Ramella in der Via San Pietro all'Orto 4 einmietete. Im Hause Ramella, wo er offen mit der 20jährigen Tochter flirtete, empfing Bresci mehrere Male den Besuch von Luigi Granotti, den er seinen Gastgebern als alten Freund aus Amerika vorstellte. Am 27. verließ Bresci Mailand, um sich nach Monza zu begeben. Hier wohnte er in der Pension der Angela Cambiaghi in der Via Cairoli 4. Bresci hatte zwei Zimmer verlangt, aber da nur eines zur Verfügung stand, hatte er dieses für sich selbst gebucht. Sein Freund Luigi Granotti fand ein anderes in der Osteria del Mercato auf der Piazza del Mercato. Am Abend des 28., dem Vorabend des Attentats, speisten die beiden zusammen in eben dieser Osteria.

Die »Seltsamkeiten« gehen also weiter. In der Nähe der königlichen Villa, wo der König wohnt, der, außer daß er schon zwei Attentaten ausgesetzt gewesen war, als die willkommenste Zielscheibe für die Anarchisten bezeichnet wurde, können zwei registrierte Umstürzler, die im Besitz von Waffen sind, frei herumgehen und sich sogar unter dem eigenen Namen und Vornamen eintragen. Es erscheint unglaublich, aber so war es tatsächlich, so daß man später nicht versäumt, den Verdacht zu äußern, daß sich zu dem von Malatesta und Marie Sophie angezettelten anarchistischen Komplott ein viel höheres und geheimnisvolleres gesellt hatte.

Dies waren, wie wir wissen, schwere Jahre. Die reaktionäre Politik der Regierung hatte Unzufriedenheit und Unmut auch bei den gemäßigteren Kreisen geschaffen. Die Arroganz Umbertos, der nunmehr mit Belagerungszuständen und königlichen Dekreten bei Nichtbeachtung des Parlaments regierte, die Intrigen Königin Margheritas, die sogar die linken Liberalen wie Zanardelli als *Umstürzler* bezeichnete, hatten die Krone vom gesünderen und progressiveren Teil des Landes isoliert. Keine Romane, um Gottes willen! Aber es ist erstaunlich, daß sich in den Tagen des Attentats der Kronprinz auf einer Kreuzfahrt in der Ägäis befand: Die Leichtigkeit ist beeindruckend, mit der ein Killer, das unbewußte Werkzeug eines viel höher über ihm stehenden Plans, zu seiner Zielscheibe kam. Schließlich erweckt die Tatsache Erstaunen, daß, sofort nach dem Attentat, der neue König Viktor Emanuel III. keine Rache verlangte, keine Reaktionen wollte, daß er hingegen größere Freiheiten gewährte ... Aber, wie gesagt, keine Romane, auch wenn die Geschichte oft dazu gezwungen ist, mit der Phantasie zu arbeiten.

Kehren wir zu Gaetano Bresci und seinem Komplizen zurück. Am Sonntag, dem 29. Juli 1900, war in Monza der zweite der drei Feiertage des heiligen Jakob (San Giacomo), des Schutzherrn der Hutmacher. Die Stadt war mit Trikolorefahnen beflaggt. Die öffentlichen Lokale waren überfüllt. Das am meisten erwartete Ereignis war das vom Sportverein »Forti e liberi« (»Stark und frei«) organisierte Turnfest mehrerer Provinzen, dem der König beiwohnen sollte. Es sollte um 20 Uhr 30 auf dem Sportplatz in der Via Matteo da Campione beginnen. Gaetano Bresci ging zu dieser Zeit durch einen der beiden Eingänge hinein. Luigi Granotti trat durch den anderen ein. Wir wissen nicht, was die beiden Killer untereinander vereinbart hatten. Wir wissen nur, daß Granotti sofort nach dem Vorfall seine Pistole wegwarf (die dann von der Polizei auf dem Platz gefunden werden wird) und Monza am nächsten Tag verließ, nachdem er die Rechnung in der Osteria del Mercato, wo er die Nacht verbracht hatte, bezahlt hatte.

Folgen wir also Gaetano Bresci, von dem man ab diesem Moment alle seine Bewegungen genau kennt. Nachdem er den Platz betreten hatte, nahm er in der dritten Reihe Platz, links von der Königsloge, mit einem Abstand vom Herrscher von mindestens zehn Metern. Nachdem die Vorführung zu Ende war, verteilte der König Medaillen an die Sieger, dann stieg er rasch die fünf Stufen von der Tribüne hinunter und nahm Platz in der Kutsche, einer offenen Daumont, die von einem Zweigespann gezogen wurde, und setzte sich neben General Ponzio Vaglia und gegenüber General Avogadro di Quinto. Es war 22 Uhr 25, die Menge strömte um die Kutsche herum zusammen, um den König zu begrüßen, als drei Pistolenschüsse fielen. Von allen drei Kugeln in die Brust getroffen stürzte Umberto nach vorne, Avogadro di Quinto auf die Knie.

»Seid Ihr verletzt, Majestät?« fragte der General.

»Ich glaube, es ist nichts«, murmelte Umberto. Aber wenige Augenblicke später verschied er.

Gaetano Bresci wurde wegen der Tat verhaftet, man machte ihm in Mailand knapp einen Monat später, am 29. August 1900, im Saal des Obersten Gerichtshofes, der seinen Sitz auf der Piazza Fontana hatte, den Prozeß, im selben Palast, wo am 12. Dezember 69 Jahre später die mysteriöse »anarchistische« Bombe explodieren wird, die den »Bleijahren« den Startschuß geben wird. Ein beeindruckendes Zusammentreffen, aber sicher nicht beabsichtigt.

Daß es so rasch zu einem Prozeß kam, verfehlte nicht seine überraschende Wirkung. Es wurde gesagt, daß es notwendig war, so vorzugehen, damit »dem ruchlosen Verbrechen blitzartig die Verurteilung nachfolge«. Tatsache ist, daß es so den Untersuchern absolut nicht möglich war, die Untersuchung zu vertiefen, weitere etwaige Komplizenschaften festzustellen, die Angaben und die Spuren, die später dank der Arbeit der Geheimagenten auftauchen werden, zu verfolgen. Wahrscheinlich zog man es vor, so zu tun, als ob man die vom Königsmörder dreist behauptete individualistische These akzeptierte, weil es so für alle bequem war. Aber hier sind die interessantesten und schlagfertigsten Antworten aus dem Kreuzverhör, dem Gaetano Bresci unterzogen wurde.

Vorsitzender: Der Angeklagte möge aufstehen.

Bresci: Hier bin ich.

Vorsitzender: Geben Sie zu, König Umberto getötet zu haben?

Bresci: Ja.

Vorsitzender: Mit wie vielen Schüssen? Drei oder vier?

Bresci: Drei, drei …

Vorsitzender: Warum haben Sie diesen Plan beschlossen?

Bresci: Aber das habe ich doch schon gesagt! Es war nach den Belagerungszuständen in Sizilien, der Lunigiana und in Mailand, die ungesetzlich durch königliches Dekret festgesetzt wurden, daß ich beschloß, den König zu töten, um die Opfer zu rächen.

Vorsitzender: Fahren Sie fort.

Bresci: Als ich in Paterson von den Ereignissen in Mailand, wo man auch die Kanone verwendete, las, weinte ich vor Wut und bereitete mich auf die Rache vor. Ich wurde von niemandem beeinflußt. Ich hatte keine Komplizen. Ich handelte allein.

Vorsitzender: Aus welcher Entfernung haben Sie geschossen?

Bresci: Aus drei Schritten Entfernung.

Vorsitzender: Haben Sie sich im Schießen geübt?

Bresci: Ja, in Paterson und in Prato.

Vorsitzender: Ist es wahr, daß Sie die Kugeln mit Scheren auskehlten, um sie mörderischer zu machen?

Bresci: Ja.

Vorsitzender: Haben Sie die Projektile bearbeitet, um sie mörderischer zu machen oder daß sie auch eine Infektion verursachen sollten?

Bresci: Ich habe die Kugeln bearbeitet, weil man sagte, daß der König eine Panzerweste trüge.

Vorsitzender (einen Revolver vorzeigend): Ist dies die Waffe?

Bresci: Ja, sie scheint es mir zu sein. Aber es gibt so viele dieser Art ...

Vorsitzender: Das Kreuzverhör ist beendet.

Die Verhandlung wurde rasch und noch am selben Tag beendet. Bevor sich die Geschworenen wegen des Urteilsspruches zurückzogen, wurde Bresci gefragt, ob er etwas hinzuzufügen hätte. Er sagte: »Ich habe keine Illusionen. Euer Urteil wird mir nichts ausmachen. Ich bin überzeugt, richtig gehandelt zu haben. Ich werde keine Berufung machen. Ich berufe mich nur auf die nächste Revolution, die euch alle hinwegfegen wird.«

Nach einer Beratung von kaum zehn Minuten kamen die Geschworenen wieder in den Saal. Das Urteil war gefällt: Es lautete Zuchthaus.

XIX

Ein Selbstmord,
der vielen gelegen kommt

»Die gnädige Frau wird von einer unersättlichen Lust auf
Rache zerfressen. Nicht einmal der Tod Umbertos hat sie be-
sänftigt«, vertraute Errico Malatesta Charles Malato an.

»Aber sie hat sich auch davon überzeugt, daß die Erschießung des Königs ein großer Fehler war«, entgegnete der
französische Anarchist. »Anstatt die Revolution zu begünstigen, hat sie, so scheint es, die Monarchie gestärkt.«

Es waren die ersten Tage des Jahres 1901. Malatesta, nachdem er sich vorsichtshalber lange in Amerika aufgehalten hatte
(nachdem er Paterson verlassen hatte, besuchte er Kuba und
Argentinien), war wieder nach London gekommen und lebte im
Haus des Anarchisten Pietro Defendi, eines reichen, aus Ancona
stammenden Kaufmannes, dessen Frau Emilia seit geraumer
Zeit seine geheime Geliebte war.

Die Thronbesteigung Viktor Emanuels III. hat die Revolu-
tionsbewegung effektiv in eine Krise gestürzt. Der Anfang der
Ära Giolittis mit seiner Öffnung zur sozialistischen und zur
katholischen Bewegung hin hat dem politischen Leben Italiens
größere Freiheiten zurückgegeben, welche die reformistischen
Sozialisten nicht zu würdigen versäumten. »Endlich«, hat
Turati erklärt, »gibt es am anderen Ufer jemanden, der uns
versteht.«

Aber Giolitti hat die anarchistische Gefahr nicht vergessen.

Er fürchtete einen neuen Schlag aus dem Hinterhalt und hat, seitdem er Regierungschef geworden ist, keine Kosten gescheut, nur um den Geheimdienst zu stärken. Seine fähigsten Agenten, wie die mysteriösen »Virgilio«, »Dante« und »A 113«, haben sich in einflußreiche Positionen des anarchistischen Ambiente eingeschleust, sie nehmen teil an den allergeheimsten Zusammenkünften, sie sammeln Informationen von großem Wert, sie registrieren selbstkritische Analysen, und manchmal übermitteln ihre Berichte direkte Dialoge, Interviews, Fragen und Antworten. Offensichtlich befinden sich ihre Beobachtungsposten auf der allerhöchsten Ebene.

Nunmehr weiß Giolitti fast alles über das Komplott, das zum Königsmord geführt hat. Er kennt die Stützen, welche die Organisation aufrechterhalten, die Finanzierungsquellen, die Wege, die eingeschlagen werden, um die Anarchisten mit Geld zu unterstützen. Es sind ihm auch die Zusammensetzung des »Hofes von Marie Sophie« und die Persönlichkeiten ihrer Berater bekannt. Diese neue Situation ersieht man aus der Reichhaltigkeit der in seinen »Geheimpapieren« enthaltenen, im Staatsarchiv aufbewahrten Berichten.

Inzwischen fahren die Anarchisten und die bourbonischen Legitimisten, die vielleicht nicht wußten, daß sie so stark bewacht wurden, damit fort, ihre Komplotte zu schmieden. Die Villa Hamilton in Neuilly ist das Zentrum eines ständigen Kommens und Gehens von geheimnisvollen Persönlichkeiten. Charles Malato besucht die Königin fast jeden Tag. Auch Malatesta ist mehrere Male Gast zum Essen »bei der bekannten Dame«. Die Informanten Giolittis sind sicher, daß irgend etwas ausgeheckt wurde. Aber was?

Was Giolitti am meisten Sorge bereitet, ist das plötzliche Verschwinden Angelo Insognas. Diese Dumas-Gestalt, eine echte »rote Primel« des bourbonischen Legitimismus, deren Anwesenheit an den heikelsten Orten und in den heikelsten Momenten der ganzen Sache bemerkt worden ist, wird von diesem Moment an die Gefahr Nummer eins. Giolitti ist sehr besorgt. Seine verschlüsselten Telegramme, die er den Präfekten schickt *(dechiffrieren Sie selbst),* verraten eine besessene Ungeduld. Aber es sind vergebliche Anstrengungen. Botschafter Tornielli berichtet ihm aus Paris, daß man in der Villa zu Neuilly das Eintreffen einer ungewöhnlich zahlreichen brieflichen und telegraphischen Korrespondenz registriert. Und er fügt hinzu: »Die ziemlich zahlreichen an Insogna adressierten Briefsendungen werden dem Postboten nicht mit der abgeänderten Anschrift zurückgegeben. Sie werden in einen doppelten Briefumschlag gesteckt und bei einem anderen Postamt als in Neuilly aufgegeben, wo in Anbetracht der persönlichen Bekanntschaft Insognas mit den dortigen Beamten seine gegenwärtige Anschrift bekannt sein könnte. Alle diese Vorsichtsmaßnahmen zeigen, daß in der Villa in Neuilly ein Komplott ausgeheckt wird ...«

Niemand wird je wissen, schreibt der Historiker Giovanni Artieri, bei welchen Plänen sich Insogna zu diesem Zeitpunkt im Mittelpunkt befand. Es lagen ziemlich viele davon in der Luft: die Befreiung Brescis, neue Attentate auf den König, auf den Herzog von Aosta, auf den Herzog der Abruzzen und auf einige prominente Industrielle. Man fürchtete auch eine Mobilmachung ausländischer Individualisten. Es ist zum Beispiel bekannt, daß der französische Anarchist Sebastian Faure plante, von Genf einen französischen Sprengfachmann namens Raoul, sofort nachdem er aus Neukaledonien ausgebrochen wäre, nach Italien zu schicken. Es ist jedoch nicht gelungen, über Insogna Nachrichten und nicht einmal die zu seiner Identifizierung notwendigen Informationen zu bekommen. »Es wird unmöglich sein, sich ein Bild von ihm zu verschaffen«, antwortete Botschafter Tornielli auf eine präzise Anfrage Giolittis.

Am 23. März 1901 wird Errico Malatesta neuerlich in Paris gemeldet. Fast gleichzeitig wird Giolitti informiert, daß Angelo

Insogna in Neapel gemeldet worden ist. Die Alarmstimmung steigt. Der Ratgeber Marie Sophies befand sich während der Vorbereitung zum Königsmord in den Vereinigten Staaten. Welcher anderen Vorbereitung widmet er sich jetzt? Das muß entdeckt werden. Man wußte, daß seit der Zeit der Flucht Malatestas von der Insel Lampedusa die Ortsveränderungen immer mit den Verschiebungen des für bestimmte Operationen nötigen Geldes übereinstimmten. Was machte also Insogna in Neapel? Die Operation, die unmittelbar am meisten zu befürchten war, war die Befreiung Brescis, der im Zuchthaus der benachbarten Insel Santo Stefano einsaß.

Genauso war es. Bei den geheimen Zusammenkünften am Hof von Neuilly war ein anarchistisch-bourbonischer Plan ausgearbeitet worden, der die Befreiung Gaetano Brescis und die gleichzeitige Entfachung revolutionärer Feuer im Exkönigreich vorsah, die sich – dies war die Meinung Malatestas – sehr bald auf die »heißesten« Provinzen der Halbinsel ausbreiten würden. Andererseits durfte man nicht vergessen, daß die »individuelle Geste« Brescis die italienischen Revolutionäre elektrisiert hatte. Der Ruf »Es lebe Bresci!« erhob sich ständig bei jeder Demonstration im Freien. Und die Wörter »Viva Bresci« (= »Es lebe Bresci!«) konnte man nunmehr auf allen Mauern der volkstümlichen Bezirke jeder Stadt lesen.

Inzwischen geht ganz im geheimen die Jagd auf Insogna unaufhaltsam weiter.

»Ihr müßt ihn finden«, telegraphierte Giolitti dem Präfekten von Neapel. »Es handelt sich um eine sehr ernste Sache. Ich mache Euch und Euren Quästor dafür verantwortlich, daß er nicht entflieht ...«

Aber Angelo Insogna befindet sich anstatt in Neapel in Rom, wo er endlich zusammen mit Graf Guglielmo Angiol, einem sehr bekannten Kirchenmann, »angehalten« wird. Man stellt fest, daß Insogna mit dem Jesuitenpater Remer und dem Sekretär des Herzogs von San Martino, einer weiteren Persön-

lichkeit der katholischen Welt, Kontakte gehabt hatte. Das
Gepäck Insognas wird aufmerksam untersucht, aber über seinen Inhalt gibt es keine Spur in den Archiven. Wahrscheinlich
ist nichts Kompromittierendes gefunden worden. In der Tat
muß Insogna schließlich entlassen werden, da es keine gültigen
Gründe gab, die Anhaltung in eine Haft umzuwandeln, da er
französischer Staatsbürger ist. Er wird, nachdem man ihn bis
zur Grenze begleitet hatte, nach Paris kommen.

Nun ist jedenfalls die Vermutung, daß man die Befreiung
Brescis vorbereitete, zur Gewißheit geworden. Giolitti verfügt,
daß man eine Kompanie des 49. Infanterieregiments auf die
Insel Santo Stefano schickte, um das Zuchthaus von außen zu
überwachen.

Ohne zu wissen, was außerhalb der Mauern des Zucht-
hauses vor sich ging, lebt Gaetano Bresci, welcher der Häftling
Nr. 515 geworden war, total isoliert, Tag und Nacht durch das
Guckloch »beobachtet«. Er muß tatsächlich bei Licht schlafen.
Der Königsmörder hat keine Zeichen der Reue oder der Niedergeschlagenheit gezeigt. Sein Benehmen ist immer dreist.
Seine »theologische Gewißheit« einer bevorstehenden Revolution, die absolute Sicherheit, früher oder später befreit zu werden, können nur, außer von der Überredungskunst Malatestas,
von der Gewißheit stammen, daß seine Komplizen ihn niemals
verlassen würden. Wie wir jetzt festzustellen Gelegenheit haben,
handelte es sich nicht nur um Illusionen.

Wir verfügen nur über wenige Informationen über die
Vorbereitungen des in Neuilly geplanten »Schlages«. Wir
haben jedoch einen wertvollen Brief, geschrieben am 18. Mai
1901 von Malatesta an einen französischen Freund, dessen
Name nicht bekannt ist. Es handelt sich in Wahrheit um
die Photokopie eines Briefautographs »aus der gewohnten
Quelle« beim Innenministerium, der daraufhin an Giolitti übermittelt worden war. Es wird von einer »großen Sache« (der
Befreiung Brescis?) gesprochen, von den Kontakten mit den

Sozialisten und auch von heiklen Beziehungen mit Marie Sophie, die offenbar im anarchistischen Milieu Probleme und Mißtrauen verursachen. Es wird auch ein unbekannter mutiger, enthusiastischer junger Mann beschrieben, den man für einen etwaigen Nachfolger Brescis halten könnte. Aber lesen wir davon die interessantesten Absätze:

Liebster Freund, ich habe Dir nicht früher geschrieben, weil ich aus privaten Gründen sehr wenig Zeit habe und ein bißchen auch deshalb, weil ich unausgesetzt die Ankunft Angelos (Insogna) in London erwartet habe und noch erwarte, um viele Dinge zu erfahren, die unser Unternehmen betreffen und die ich Dir mitteilen wollte. Besagter Angelo kündigt mir täglich seine Ankunft an, aber er kommt nie. Er sagte mir wiederholt, daß die Sache sicher ist und daß Oddino (Morgari, ein extremistischer sozialistischer Abgeordneter) ungeduldig ist. M (Malato) hat mir den Brief Orestes (der Anarchist Boffino) geschickt, das, was er schreibt, entspricht den Informationen, die ich von anderen Quellen erhalte: Es ist unmöglich, es zu machen, wenn es uns nicht gelingt, wenigstens mit wohlwollender Neutralität, einen Teil der sozialistischen Chefs zu gewinnen, und wenn nicht schon vorher diese Berauschung an Illusionen über das liberale Ministerium vorbei ist. Mir scheint übrigens, daß uns der provisorische Liberalismus Giolittis keinen Schaden zufügt: im Gegenteil ... Aber werden wir die Mittel haben, uns vorzubereiten? Das ist das Problem. Was den guten oder schlechten Glauben der gnädigen Frau angeht, ist es möglich, ja sogar wahrscheinlich, daß Oreste recht hat. Aber das macht im Grunde nichts. Wenn die Revolution nach Italien kommt, wird es dort sicher, besonders im Süden, reaktionäre Versuche geben; aber sie werden nicht mehr bedeutend sein und sie werden höchstwahrscheinlich nicht gelingen wegen der Tatsache, daß die gnädige Frau mit uns in Verbindung gestanden ist und uns die Mittel gegeben hat. So würde die Sache stehen, wenn wir uns von ihr, oder von irgend jemanden für sie, irgendeine

Richtung auferlegen ließen. Für uns heißt es achtgeben. Arturo ist noch immer in London, aber man sagt mir, daß er große Lust hat, wieder nach Amerika zurückzugehen ... Er scheint mir ein wunderbarer Junge zu sein, voll des guten Willens, aber kritiklos der Realität gegenüber, leicht zu begeistern für unmögliche Dinge und leicht zu entmutigen, wenn die Tatsachen nicht seinen Hoffnungen entsprechen. Du tätest gut daran, ihm zu schreiben, besonders, wenn er wirklich nach Amerika geht und wenn es so aussieht, daß unsere Sache zur Wirklichkeit wird ...

Es folgen weitere Informationen persönlicher Art ohne Bedeutung. Dieser Brief, in dem Malatesta eine lange Zeit für die etwaige Realisierung der *Sache* voraussieht, kam in die Hände Giolittis, als dieser schon die Entscheidung getroffen hatte, den Stier bei den Hörnern zu packen. Oder aber sich von dem hinderlichen Zuchthäusler von Santo Stefano, der ihm so viele Probleme verursachte, zu befreien.

In der Tat war Commendatore Alessandro Doria, der »Direktor des Klubs der italienischen Kerker«, schon vor einigen Tagen in geheimer Mission nach Santo Stefano abgereist. Doria war ein altes Werkzeug des Innenministers, der sich oft in nicht gerade legalen antianarchistischen Operationen ausgezeichnet hatte. Einige Zeit zuvor hat er sich eine Beförderung dadurch verdient, daß er mit einem hinterlistigen Manöver ein »Geständnis« vom erfolglosen Königsmörder Pietro Acciarito genau in diesem Zuchthaus erpreßt hat. Doria hatte ihn unter Ausnutzung der Isolation, in welcher er lebte, überzeugt, daß seine Geliebte, eine gewisse Pasqua Venaruba, ein Kind von ihm zur Welt gebracht habe, und ihn dazu gebracht, im Namen des nicht existenten Sohnes ein Gnadengesuch für sich und seine mutmaßlichen Komplizen an König Umberto zu schicken.

»Aber ich habe keine Komplizen!« hatte der naive Anarchist protestiert.

»Das macht nichts«, hatte ihn Doria überredet. »Sie sitzen sowieso im Gefängnis. Aber der König ist gut und wird euch alle befreien.«

So hatte Pietro Acciarito nach Diktat ein Gnadengesuch auch für angebliche Komplizen, die ihm Doria bereitwillig aufgelistet hatte, verfaßt. In der Folge war das Gnadengesuch mit einer unbefangenen Rechtsoperation in eine Vorladung von Mitschuldigen verwandelt worden, und die vorgeblichen Komplizen Acciaritos sind alle im Gefängnis gelandet. Die gemeine Begebenheit wird viel später ans Licht kommen, im Jahr 1907. Acciarito wird deshalb wahnsinnig werden.

Einen solchen Funktionär schickte Giovanni Giolitti wegen einer dunklen Staatsräson nach Santo Stefano.

Inzwischen führte Gaetano Bresci weiterhin sein monotones Leben in seiner Isolationszelle. Seine Bewacher werden in der Folge berichten, daß sein Verhalten ordentlich war. Er pflegte sich weiterhin sehr, dachte sich unzählige Tricks aus, um die Erlaubnis zum Duschen zu bekommen, er widmete seiner Toilette viel Zeit. Er sorgte sich um seine Linie, da er zunahm, er machte viel Gymnastik. Besonders hatte er die Gewohnheit angenommen, die Serviette zu einem Ball zusammenzurollen, um dann damit Fußball zu spielen. Eines Tages passierte es auch, daß der Gefängniswärter Verdacht schöpfte, als er den Häftling mit der Serviette herumspielen sah. Aber Bresci lachte über seine Besorgnis.

»Seid ganz ruhig«, sagte er zu ihm. »Ich habe keinerlei Absicht, mich umzubringen.«

Er hat sich in der Tat nicht mit jener Serviette stranguliert, aber wenige Tage später fand man ihn an einem Handtuch aufgehängt.

Die makabre Entdeckung wurde am 22. Mai 1901 um 15 Uhr 55 gemacht, wenige Stunden nach der Abreise Inspektor Dorias aus dem Zuchthaus. Der Gefängniswärter Barbieri, der

den Auftrag hatte, den Königsmörder ständig »durch Blicke«
zu beobachten, erklärte, daß er nur für drei Minuten weg-
gegangen war, das war die Zeit, die nötig war, um in der nahen
Latrine zu urinieren. Wegen seiner Unterlassung wird er keinerlei Bestrafung erfahren.

Die Nachricht vom »Selbstmord« Gaetano Brescis erreichte
Rom am Abend des 22. Mai um 19 Uhr. Das Telegramm
lautete: »In diesem Augenblick erhängte sich am Fenstergitter
mit Handtuch Häftling Bresci.« Als er es las, stieß Giolitti
vielleicht einen Seufzer der Erleichterung aus. Es war jedenfalls
das Ende eines Alptraums. Am darauffolgenden Tag verriet der
Präsident des Rates im Gespräch mit anderen Abgeordneten
kurioserweise, daß er in jener Nacht plötzlich aufgewacht war,
da er geträumt hätte, daß Bresci ausgebrochen war.

Der Tod des Königsmörders mißfiel nicht einmal den Sozialisten, die es tatsächlich, obwohl es ihnen ziemlich offensichtlich
vorkam, daß Bresci »selbstgemordet« worden war, nicht für
günstig hielten, einen politischen Mord hinauszuposaunen, und
noch weniger, tiefschürfendere Untersuchungen zu fordern. Es
war seit dem Königsmord kaum ein Jahr vergangen, aber in
Italien wehte jetzt ein ganz anderer Wind. Die Ära Giolittis
eröffnete strahlende Horizonte auch für die Oppositions-
parteien. Die bevorstehende Einführung des allgemeinen Wahl-
rechts nahm den Revolutionären die letzten Waffen aus den
Händen. Die Anarchie bewegte sich in Richtung Untergang,
während für die Sozialisten Turatis und Treves' die Wählerliste
viel wichtiger und entscheidender wurde als der Dolch oder
die Repetierpistole. Kurz und gut, die Liquidierung Gaetano
Brescis kam vielen gelegen, inklusive vielleicht auch dem, der
ihn ohne sein Wissen gelenkt hatte.

XX

DIE »BAYERISCHE ADLERIN«
GIBT NICHT AUF

Marie Sophie, die »Heldin von Gaeta«, dann die Freundin der Briganten, dann *reine aux anarchistes*, fand sich zu Beginn des Jahrhunderts plötzlich ohne Verbündete. Unter der festen Führung Giovanni Giolittis hatte Italien glücklich die »revolutionäre Bewegung« überwunden. Die Institutionen waren, auch dank des neuen Geistes, der die gesetzmäßige Opposition der reformistischen Sozialisten beseelte, gestärkt worden. Von Revolution sprachen nunmehr wenige vereinzelte im Abstieg begriffene anarchistische Gruppen. Auch aus dem Vatikan erreichten die ehemalige Königin von Neapel keine Zeichen der Freundschaft oder der Ermutigung mehr.

Die energische, von Giolitti in Gang gebrachte diplomatische Aktion trug nun Früchte. Die Regierung in Wien, die daran interessiert war, Italien in der Dreierallianz mit Österreich und Deutschland verbunden zu halten, begann offen zu zeigen, daß sie die umstürzlerischen Komplotte Marie Sophies, welche die italienische Regierung durch den Austausch von Geheimakten weitgehend dokumentiert hatte, nicht mehr dulde. Auch der Vatikan änderte seine Politik gegen die Einheit. Hinter dem Bronzetor witterte man die Gefahr, die Beweise für die Kontakte hoher Prälaten mit dem bourbonischen Legitimismus und sogar mit den Anarchisten selbst veröffentlicht zu sehen – eine

Gefahr für die Aussichten einer Änderung in den bereits heiklen Beziehungen zwischen den beiden Königreichen diesseits und jenseits des Tibers.

Hatte man also der »bayerischen Adlerin« die Flügel gestutzt? In Rom war man dieser Meinung. Die Berichte der Geheimdienste (die einzigen verfügbaren Dokumente, außer den Pariser Gesellschaftschroniken, über das Leben Marie Sophies in jenen Jahren) melden, daß die Exherrscherin keinerlei politischer Tätigkeit nachgehe. Außer den üblichen gesellschaftlichen Verpflichtungen verbringt sie ihre Tage mit ihren geliebten Pferden. Auch aus der *entourage* am kleinen Hof zu Neuilly scheinen alle gefährlichen Freunde ausgestoßen worden zu sein. Malato, Malatesta und die anderen Besucher der Villa Hamilton kommen nicht mehr unter den Gästen vor. Es ist sogar der geheimnisvolle Angelo Insogna, von dem man nichts mehr erfahren wird, verschwunden.

Aber es war vor allem das unaufhaltsame Verstreichen der Jahre, das die unbeugsame »Adlerin« für immer weniger gefährlich ansehen ließ. Ihr »Akt« wurde in der Tat um 1910 herum archiviert. Marie Sophie war nunmehr 70 Jahre alt, sie hatte keine direkten Erben, warum hätte sie sich in den illusorischen Versuch verbeißen sollen, ein seit bereits einem halben Jahrhundert verlorenes Königreich zurückzuerobern?

Aber so war es nicht. In jenem »vom Wunsch nach Rache zerfressenen« Herzen, wie Malatesta schrieb, war die Hoffnung niemals gestorben. Diese zu nähren, trug außerdem jene antiitalienische Strömung am Wiener Hof bei, die nun ein charismatisches Oberhaupt in der Person Franz Ferdinands, des Neffen Franz Josephs und Thronerben des Habsburgerreiches, fand.

Erzherzog Franz Ferdinand (von bourbonischem Blut, er war, wie bekannt ist, der Sohn von Maria Annunziata, der Schwester Franz' II.) fuhr offen damit fort, mit der Wiedererlangung von Lombardei-Venetien und als Wiederherstellung der Halbinsel, die Wiederherstellung des Königreiches beider Sizilien zu liebäugeln.

Als es tatsächlich in Europa wegen des nahenden Ersten Weltkrieges wieder zu gären begann, wurde der Plan des Kronprinzen und seiner Berater viel klarer im Hinblick eben auf die Tatsache, daß Italien, das schwache Glied des »Dreierbundes«, die ersten Auflösungserscheinungen verzeichnete. Andererseits hatte auch aus offensichtlichen historischen Gründen der modernere und fortschrittliche Teil Italiens niemals gezeigt, daß ihm jenes verpflichtende, von Umberto gewollte Bündnis mit den niemals geliebten Deutsch-Österreichern angenehm gewesen wäre.

Es begann also in jenen Tagen ein sehr kompliziertes und nicht leicht rekonstruierbares Spiel, in das sich Marie Sophie mit Eifer stürzte. Es handelte sich darum, Italien dazu zu drängen, sich aus dem »Dreierbund« zu lösen, um eine darauf folgende Reaktion der zentralen Reiche gegen den Exverbündeten zu begünstigen und zu rechtfertigen. Es ist also nicht nötig, zu betonen, daß, als im Juni 1914 der serbische Terrorist Gavrilo Princip in Sarajevo Erzherzog Franz Ferdinand ermordete und so den Ersten Weltkrieg entfachte, die von Italien gemachte Neutralitätserklärung indirekt dieses Spiel begünstigte. Die Nichtbeachtung der Statuten des »Dreierbundes« stärkte in der Tat in Wien die anti-italienische Partei. Nun war es mehr als gerechtfertigt, daß die Generalstäbe eine »Strafexpedition« gegen die italienischen Verräter in Betracht zogen.

Getreu ihrer »Theorie der Gleichzeitigkeiten« zögerte Marie Sophie daher nicht, sich in die Reihen der italienischen Neutralen zu stellen. Inzwischen war die Exkönigin von Neapel gerade wegen ihrer Tätigkeit zugunsten der Mittelmächte aus Frankreich ausgewiesen worden (endlich hatte sich Paris entschlossen, den dringenden aus Rom eintreffenden Forderungen Gehör zu schenken). Aber auch von München aus, wo sie ihren neuen Wohnsitz nahm, setzte Marie Sophie ihre begeisterte Aktivität fort.

In jenen zehn Monaten, seit dem Beginn des Konfliktes bei Eintritt Italiens an der Seite Frankreichs und Englands in den Krieg, ist ihre Tätigkeit ständig von den italienischen Geheimdiensten verfolgt worden. In jenen Berichten findet man die Gespenster der antidynastischen Verschwörung vom Ende des Jahrhunderts. Es ist erwiesen, daß die *bekannte Dame*, die sich jetzt Herzogin von Castro nennen läßt (das ist der Titel, den Franz II. im Exil für sich erwählt hatte), in Fällen der Bestechung von Polizeifunktionären, in Subventionen an neutrale Zeitungen und in direkte Beziehung mit römischen Geschäftsleuten und Politikern, die zu Beginn der italienischen Neutralität lukrative Schmuggelgeschäfte in Richtung Österreich in die Wege geleitet hatten, verstrickt war. In diese dunkle Angelegenheit wird sogar der ehrenwerte Chiaraviglio, der Schwiegersohn von Giolitti selbst und persönlicher Freund der Exkönigin, verwickelt sein. Chiaraviglio wird jedoch für unbeteiligt an den später folgenden Spionagetätigkeiten, von denen wir sprechen werden, erachtet.

Nach dem Kriegseintritt Italiens war Marie Sophie tatsächlich im Zentrum schwerer Sabotagetätigkeiten, die direkt von den deutschen Geheimdiensten, die in Italien viel wirksamer als die österreichischen waren, unterstützt wurden. Von diesen Fällen ist immer wenig gesprochen worden, vielleicht aus Liebe zum Vaterland, vielleicht, um die Verantwortlichkeit »unberührbarer« Personen geheimzuhalten. Zum Beispiel ließ am 27. September 1915, wenige Monate nach Kriegseintritt Italiens, ein Sabotageakt die Pulverkammer des Panzerkreuzers *Benedetto Brin* in die Luft gehen, der dann mit seinem Kommandanten und 400 Mann Besatzung unterging. Dieser Episode folgte nicht ganz ein Jahr später, am 2. August 1916, die Versenkung des anderen Panzerkreuzers *Leonardo da Vinci* (230 Tote) im Hafen von Tarent. Opfer einer Spionagetätigkeit

wurde auch das Panzerschiff *Regina Margherita,* das nach
Auslaufen aus Valona am 11. Dezember 1915 auf einer
»Sicherheitsroute« in einem Minenfeld sein Ende fand.

Diese Verluste, die einer verlorenen Seeschlacht gleichzu-
setzen sind, stellten einen wahren Triumph für das Netz von in
jedem Milieu verstreuten feindlichen Agenten dar. Man flüsterte Namen zum Haaresträuben, schreibt Giovanni Artieri. Es
tauchten die alten Feinde der nationalen Einheit aus dem Schatten auf. In diesem Bild tummelten sich auch Abenteurerinnen
wie Gräfin Frida Ricci Pozzoli, die eine persönliche Freundin
Marie Sophies war und in ausgezeichneten Beziehungen mit
dem Berliner und dem Wiener Hof stand. Sie war es – liest man
in einem Bericht –, die zwischen der Exkönigin und dem ehrenwerten Chiaraviglio als »wegen ihrer hochstehenden Beziehungen, dem großen Geld, welches aus Deutschland kommt, unverdächtige und unverdächtigte Vermittlerin« die Verbindung
hergestellt hat.

Mit der Ricci Pozzoli wurden auch die Exabgeordneten
Adolfo Brunicardi, Enrico Buonanno und Luigi Dini, »ange-
klagt des Einverständnisses mit dem Feind und zum Teil ge-
schäftlicher, zum Teil Spionageverwicklungen«, verhaftet.
Agenten Marie Sophies waren direkt neben dem Thron des
regierenden Papstes tätig. Einer von ihnen war Monsignore
Rudolf Gerlak, ein Bayer, welcher der Exkönigin von Neapel
sehr verbunden war. Dieser Priester, der auch im österreichischen Heer gedient hatte, war in den legitimistischen Kreisen
Roms sehr bekannt. Es wurde bewiesen, daß er persönlich
die Sabotageanschläge auf die *Brin* und die *Leonardo* geleitet
hatte. In Abwesenheit zum Tod verurteilt, wurde Pater Gerlak,
als er endlich verhaftet wurde, nicht erschossen, sondern dank
mächtiger Interventionen bis zur Schweizer Grenze begleitet,
von wo aus er nach Bayern fuhr.

Nach der Niederlage von Flitsch-Tolmein (12. Isonzo-
schlacht) im Herbst 1917 sieht die Exkönigin Marie Sophie von

ihrem Beobachtungsort München die Krönung ihres Rache-
traumes herannahen. Italien liegt auf den Knien. Die österreichische »Strafexpedition« hat einen aufsehenerregenden Erfolg
gehabt. Venedig steht im Begriff, besetzt zu werden.

Doch die italienischen Armeen konnten den Durchbruch
der österreichisch-ungarischen Armee am Piave stoppen, die
Hoffnungen der unbeugsamen »bayerischen Adlerin« waren
zerstört. In den darauffolgenden Monaten geht alles rings
um sie zugrunde. Jetzt hegt sie wirklich keinerlei Hoffnung
mehr. Sie verbringt die letzten Kriegsmonate damit, daß sie
in den Lagern mit italienischen Gefangenen Hilfe leistet.
Unter diesen zerlumpten und verhungerten Soldaten sucht
sie »ihre« Neapolitaner. Sie verteilt wie in Gaeta Bonbons und
Zigarren.

Die Jahre, die folgen, sind nicht Geschichte. Marie Sophie,
nunmehr alt und allein, verfügt über sehr beschränkte Mittel.
Sie wohnt in einer kleinen Wohnung im großen Wittelsbacher-
Palais in München, das zum Großteil für andere Zwecke be-
stimmt ist. Ihre treue Marietta ist vor geraumer Zeit gestorben.
Es helfen ihr wenige neapolitanische Kammerdiener und der
Sekretär-Majordomus Carlo Barcellona, der sie seit Jahren
begleitet. Resigniert, aber nicht gezähmt, beobachtet Marie
Sophie nun das Weltgeschehen auf distanziertere Weise, aber sie
verliert niemals ganz das Interesse dafür. Als 1919 die
Spartakisten in München die »Räterepublik« oder aber die
Republik der *Sowjets* ausrufen, geht sie auf die Straße, um
neugierig Ausschau zu halten. Der Geruch des Schießpulvers
berauscht sie noch immer. Sie wird das Haus auch einige Zeit
später verlassen, wenn Gestalten mit arroganter Miene, für
gewöhnlich Besucher eines bestimmten Bräuhauses von München, auf die Straße gehen, um unter dem Kommando eines
gewissen Adolf Hitler einen Putsch zu versuchen ...

Marie Sophie, nunmehr 80jährig, führt noch ein sehr akti-
ves Leben. Jeden Morgen besteigt sie ein Pferd, um ihren ge-

wohnten Ausritt zu machen. Sie reitet nicht mehr mit offenem Haar im Wind wie in der römischen Campagna, jedoch kann sie noch immer wie eine perfekte Reiterin im Sattel sitzen. Aristokraten und entmachtete Könige sind wiederholt ihre Gäste bei Tisch. Ihre niemals unterbrochenen Beziehungen zum Vatikan haben den Apostolischen Nuntius in München, Monsignore Pacelli (den zukünftigen Pius XII.), zum Vermittler. Mit Pacelli konversiert die Exkönigin vorzugsweise auf italienisch (»um nicht die Übung zu verlieren«): Der zukünftige Papst kann tatsächlich perfekt Deutsch. Sie kommentiert mit ihm den ersten Naziputsch, dessen direkter Zeuge auch Monsignore Pacelli gewesen ist, und ersucht ihn später dringend um Information über jenen *Herrn Mussolini*, der auf so originelle Art die Macht in Italien erobert hat.

Es wird erzählt, daß Marie Sophie, als sie im Jahr 1922 den Besuch der Prinzessin Maria José, der 18jährigen Tochter ihrer Nichte Elisabeth, der Königin von Belgien, erhielt, diese schwören ließ, daß sie niemals einen jener barbarischen Savoyer heiraten würde ... Wie wir wissen, hielt Maria José ihr Versprechen nicht und ging einem Schicksal entgegen, welches dem ihrer Großtante nicht unähnlich war.

Der Tod suchte die Exkönigin Marie Sophie in der Nacht des 18. Januar 1925 sanft heim. Sie hätte am 4. Oktober ihr 84. Lebensjahr vollendet. Sie wurde in München beerdigt, im Jahr 1935 wurden ihre sterblichen Überreste mit denen ihres Gemahls Franz II. und der kleinen Tochter Maria Christina in der Kirche Zum Heiligen Geist der Neapolitaner (Santo Spirito dei Napoletani) in Rom vereint. Viele Jahre später, am 18. Mai 1984, wurden die letzten Herrscher des Königreiches beider Sizilien endlich in ihre Hauptstadt überführt und endgültig im Pantheon der Bourbonen bestattet. Bei der Zeremonie waren alle Vertreter der europäischen königlichen Familien anwesend. Die Savoyer waren vertreten durch den Herzog Amadeo d'Aosta.

Zu diesem Zeitpunkt, nach Beendigung der Geschichte dieser zweifellos außerordentlichen und ungerechtfertigterweise vergessenen Frau, zieht es der Autor vor, anstatt das übliche Schlußwort zu schreiben, das Wort einem berühmten Kollegen zu übergeben, der das Privileg hatte, von Marie Sophie zu Lebzeiten mündlich ihre Schlußreflexionen über ihr eigenes Leben zu erfahren. Es handelt sich um Giovanni Ansaldo aus Genua, einen der berühmtesten Journalisten der ersten Hälfte dieses Jahrhunderts.

Als junger Sonderberichterstatter des *Corriere della Sera* hatte Ansaldo in der Tat das Glück, die ehemalige Königin von Neapel im November 1924, also wenige Wochen vor ihrem Tod, zu interviewen. Wie man leicht aus dem Text des Interviews versteht, muß sich Giovanni Ansaldo »leidenschaftlich« in die alte Königin »verliebt« haben. Andererseits muß die Begegnung sehr beeindruckend gewesen sein und die Interviewte noch immer faszinierend. Wie in diesem Buch schon gesagt wurde, wurde der Journalist gezwungen, aus dem Interview den Teil, den man für die damals in Italien regierende Dynastie der Savoyer beleidigend hielt, »herauszuschneiden«. Er wird es, wie wir wissen, viele Jahre später wiedergutmachen, indem er den zensurierten Absatz im *Tempo* von Rom genau an dem Tag veröffentlicht, an dem die italienische Republik den Savoyern gestattete, sich die seinerzeit bei einer britischen Bank hinterlegten eineinhalb Millionen Pfund Sterling wieder anzueignen. Aber hier nun nachstehend das Interview Ansaldos mit der Exkönigin, dessen Wortlaut die Frische und das Parfum einer Epoche konserviert:

Marie Sophie von Bayern, Königin von Neapel, Witwe Franz' II. von Bourbon, sie lebt nicht nur noch, sie regiert. Herzogin di Castro für das gemeine Volk der Maîtres d'hotel und für die Gepäckträger, Kaiserin der Seele für mich.
   Ich liebe an ihr die Schönheit und die Würde der Tragödie.

Könige wird es immer geben, sie werden über die Theorien und die Revolutionen triumphieren, weil die Tragödie notwendig ist und sie allein ihre Protagonisten sind. Die armen Menschen brauchen Lebewesen, die durch ihre Geburt vom Elend der gefühlsmäßigen Promiskuität und von gewissen Konventionen zur Gleichheit hin, von gewissen Nivellierungen des Schmerzes, von gewissen Ménagements der Achtbarkeit befreit sind.

Vor einigen Tagen stöberte Marie Sophie in gewissen alten Kisten, die seit Jahren nicht geöffnet worden waren. Sie fand dabei zwei armselige Aquarelle, zwei kleine Ansichten des Vesuvs, sanft verschleiert durch die in der Hand des Dilettanten zitternde Sehnsucht aus dem Exil, ihr treuer Barcellona, der neben ihr stand, fand sie schön.

»Meinst du?« antwortete die Königin, die Augen halb geschlossen, um die beiden Aquarelle perspektivisch zu betrachten. »Meinst du? Mein König hat sie gemalt. Nein, mein König war, wie du siehst, kein Trottel ... Wie man sagt.« Und sie lachte.

Die alte, 83jährige Königin lacht noch immer, süß und mit einem trockenen Zittern, und eine Blutwelle schießt ihr noch jugendlich vom Herzen in die Schläfen, bis an die Wurzeln ihrer weißen Haare: Sie lacht noch heute wie in ihrem Vaterhaus in Possenhofen und wie im Königsschloß von Neapel, in den Kasematten von Gaeta zur Zeit, als sie 18 Jahre alt war. Die verächtlich gemachten Großen neigen zum Lachen: Es ist bei ihnen eine Verteidigungshaltung gegen das Leben.

Anders als ihre Schwester Elisabeth von Österreich suchte Marie Sophie das Glück. Sie sagt es: »Uns, die fünf Töchter von Herzog Max, nannte man von jung auf die Wittelsbacher Schwestern. Wir trugen alle fünf schwarze Zöpfe, einen Fingerbreit oberhalb der Ohren und auf der Stirn im Kreis gelegt, so, wie sie die oberbayerischen Bäuerinnen trugen. Dann wurden wir alle flügge: Elisabeth wurde Kaiserin von Österreich, Helene wurde Fürstin von Thurn und Taxis, Mathilde hei-

ratete Ludwig, den Grafen von Trani, Sophie den Herzog von Alençon: aber von allen fünf war ich von Natur am meisten dazu veranlagt, mein Leben zu genießen.«

Ihr Plan ist also eine langsame und mühsame Eroberung gewesen, ihre Gleichgültigkeit ist eine viel ruhmreichere Krone als die der normannischen Monarchie. Die Knappheit der letzten Jahre, die Abenteuer eines kaum wohlhabenden Lebens haben ihr nicht ihr Lachen genommen, das noch heute ihr Antlitz mit Purpur überzieht, dem Purpur ihrer inneren und siegreichen Königswürde, welche die Abenteuer der Welt und der Menschen nicht beleidigen kann.

Marie Sophie lebt in München. Als Gast ihres Neffen, des Sohnes von Herzog Karl Theodor. Das alte, von Herzog Max auf der Ludwigstraße erbaute Palais beherbergt in seinem linken Flügel den Sitz der Deutschen Bank, im rechten Flügel die Königin von Neapel. Restaurierungen sind unvermeidlich. Die jungen Wittelsbacher Prinzen, die neue Generation, haben sich neue Bleiben gebaut, in Bad Kreuth, in Berchtesgaden, am Tegernsee: sie nehmen sich die Dienerschaft, die etwas wert ist, mit: Sie haben der alten Königin zwei Diener gelassen, die mit äußerster Würde die weiß-blaue Livrée der Wittelsbacher trugen und die einen würdevoll in das nackte Vorzimmer mit wenigen Fauteuils aus gelbem Damast, aber ohne – um Gottes willen – all das Bric-à-brac der Privatappartements der armen und banalen Könige mit einem Königreich führen. Zwei alte pensionierte Diener, zwei Stubenmädchen, der Sekretär: dies ist der Hofstaat Marie Sophies.

Der Sekretär ist aus Catania, Herr Barcellona: Seit über 20 Jahren steht er im Dienst der Königin. Und er erzählt, mit naiver und ehrlicher Devotion eines Beamten. Graf de La Tour, Baron Carbonelli, Graf San Martino, die letzten Edelmänner, die die alte Königin Marie Sophie vor dem Krieg umgaben, sind alle gestorben.»Ich allein ersetze sie«, sagt Herr Barcellona mit unendlicher Diskretion.

»Das Vermögen Seiner Majestät war zur Gänze in österreichischen Fonds investiert. Sie verstehen, welche Folgen das hatte. Die Königin besaß auch eine schöne Villa am Boulevard Maillot in Paris. Ja, dort hat uns der Krieg überrascht. Oh, wie abenteuerlich war es, die deutsche Dienerschaft nach Deutschland zurückzuschicken! ... Die Königin hat die italienische Staatsbürgerschaft, sie ist Italienerin. Die französische öffentliche Sicherheit war damals sehr freundlich in bezug auf den Paß. Ich sagte: Aber verstehen Sie, meine Herren: Sie werden doch nicht wollen, daß eine alte Königin persönlich aufs Kommissariat kommt! Sie verstanden und schickten jemand. Dann passierte das Moratorium (der Zahlungsaufschub) der Zinsen: wir waren schon hier in München. Aber die Wittelsbacher halfen der Königin noch einmal: den Thron hatte der Prinzregent inne. Leopold, derselbe, der sie zum Altar führte in Vertretung Franceschiellos. Viele Italiener, viele, besuchte die Königin in den Gefangenenlagern. Die Königin spricht fließend italienisch, kaum ein französisches Wort, aber selten: und jene wunderten sich darüber, und sie erklärte das so: ›Ich bin eine Dame, die Neapel gut kennt.‹ Oder aber: ›Ich bin eine Dame, die in ihrer Jugend italienisch sprechen gelernt hat.‹ Dann sagte sie: ›Arme Leute! Sie wundern sich darüber, wenn sie sehen, daß ich ihnen so ähnlich bin, weil ich frage, ob sie schon ihre ganze Suppenration gehabt haben!‹ Sie schenkte den Gefangenenlagern alle ihre italienischen Bücher. Zur Zeit der ›Räterepublik‹ wohnte die Königin im Kaiserhof am Stachus. Die Spartakisten verteidigten sich auf den gerade gegenüber des Hotels errichteten Barrikaden auf dem Karlsplatz. Der Eigentümer sagte: ›Aber, Majestät, ich lehne jegliche Verantwortung ab.‹ Die Königin lachte und sagte: ›Mein Lieber, absolut nein. Ich werde nicht in den Keller gehen. Ich will sehen, ob wenigstens die heutigen Revolutionäre besser schießen als die zu meiner Zeit.‹ Und sie beobachtete immer von ihrem Appartement aus alle Phasen des Kampfes. General Epp, der die Re-

gierungstruppen kommandierte, gefiel ihr sehr gut, weil er gut aufs Pferd stieg. Dann fuhren wir nach Paris, Boulevard Maillot, wo wir zwei Jahre verbrachten: vom Oktober 1920 bis zum Oktober 1922. Jetzt ist das schöne Haus am Boulevard Maillot verkauft. Die letzten drei italienischen Diener wurden entlassen. Diesen Winter hätte die Königin auch in Paris überwintern wollen: wir haben einigen guten Hotels geschrieben, nicht den ersten: aber was für Preise! Hundert Francs pro Tag. Die Königin, Sie werden verstehen, muß mindestens drei oder vier Zimmer nehmen. Für dieses Jahr müssen wir darauf verzichten. Wie bei den Zeitungen. Früher einmal erhielten wir ungefähr zwanzig Zeitungen, ziemlich viele, auch italienische Zeitungen: aber wie soll man das jetzt machen, mit dieser Valuta? Die Königin bekommt noch einige italienische Zeitungen, aber so ... so, wann es irgend etwas Interessantes gibt ...«
Der Sekretär will die richtigen Worte nicht aussprechen: »aus zweiter Hand«. Er hat recht. Könige dürfen niemals etwas aus zweiter Hand annehmen: weder den Thron noch die Zeitung. Ich überlege: Wie schön und nobel wäre es, wenn die größten italienischen Zeitungen ein Exemplar einer alten 83jährigen Dame, die ... war, als Ehrengabe schickten. Aber ja. Man darf nicht einmal daran denken. Wir würden des latenten Bourbonismus beschuldigt werden. (Luigi Albertini hingegen, der Direktor des »Corriere della Sera« sorgte sofort nach Erscheinen des Interviews dafür, daß der Königin alle periodischen Veröffentlichungen seines Verlags als Ehrengabe geschickt wurden. Anm. d. Verf.)

»Und so ist es mit der Post, seinerzeit, mein Herr! Die Königin war sehr wohltätig, sie zahlte kleine Pensionen. Bei einer besteht sie auch jetzt darauf, sie zu bezahlen, dem alten Giovanni Tagliaferri aus Caserta, der mit ihr in Gaeta war: Er ist derjenige, der sich noch jetzt an mehrere Dinge aus der Zeit, als die Königin jung war und mit fester Hand sechs Pferde in

den Alleen von Capodimonte lenkte, erinnert. Aber auch die
Post, nach und nach ... Sie war sehr traurig, als sie die Unterstützung des Hospizes der kleinen italienischen Glaserer auf der
Plaine Saint-Denis in der Nähe von Paris aufgeben mußte. Es
war Schwester Maria d'Ajutolo, die jetzt auch gestorben ist, die
sie dorthin geführt hatte, damit sie das Elend dieser Leute sehen
sollte. Suor Maria d'Ajutolo war eine energische Frau, die,
wenn sie von den Schrecken der Plaine Saint-Denis oder irgend
etwas ähnlichem sprach, die Königin geradewegs ansah und
sagte: ›Da muß man sich schämen, Majestät.‹ Und die Königin
antwortete fest überzeugt: ›Ja, da muß man sich schämen,
Schwester Marie.‹ Als ich ihr sagte, daß man jetzt nicht mehr
diese Ausgabe zur Unterstützung tätigen könne, saß die Königin dort an ihrem Arbeitstisch und wiederholte zwei oder drei
Mal, und blickte dabei, so, ins Leere: ›Da muß man sich schämen, Majestät.‹ Dann fügte sie hinzu: ›Niemand hat je so gut
zu mir gesprochen wie Schwester Maria.‹ Sie hatte tatsächlich
große Hochachtung vor ihr. Jetzt schreibt die Königin nur mehr
wenigen Leuten. In Italien hat sie noch einige Freunde aus
längst vergangener Zeit: wie die Herzogin Della Regina, die
auch Gräfin von Macchia ist, in Neapel. Zum 4. Oktober,
welcher der Geburtstag der Königin ist, und zum Namensfest
Maria schickt die Herzogin immer, um anzufragen, was der
Königin am meisten Freude bereiten würde. Und wissen Sie,
was ich immer angebe? Ein Kistchen Makkaroni mit ein bißchen Käse und Konserven, soviel zumindest, um ein bißchen
Pasta asciutta zuzubereiten. Und die Herzogin schickt immer
alles pünktlich. Die Herzogin ist auch schon eine alte Dame, sie
kannte die Königin in Caserta, sie hat sie niemals wiedergesehen
seit jenen Tagen. Aber sie macht das Paket noch selbst, ich
kenne die Handschrift. Man muß auf die Adresse das deutsche
Wort ›Liebesgaben‹ schreiben. So wird an der Grenze das
Paket nicht geöffnet, der deutsche Zoll öffnet keine Geschenk-
pakete.«

»*Liebesgaben*«. *Ihr seid eine große Seele,* »*kleine alte*« *Herzogin. Ihr schreibt mit zitternder Hand das Fremdwort, das geheimnisvolle Wort, das Wort, welches die fernen Grenzen zu Ehren der Königin Eurer Jugendzeit öffnen soll.*

»*Liebesgaben*« ...

»*Die Königin ist, wenn sie von der Herzogin Pakete mit der Aufschrift Liebesgaben erhält, rundherum zufrieden. Sie läßt einen alten Neapolitaner, der hier in München zu Hause ist (in Paris waren die Tagliaferri, Onkel und Neffe, da), rufen und läßt sich wunderbare Paste asciutte machen, welche sie dann so viele Leute, wie sie nur kann, kosten läßt. Das letzte Mal lud sie den päpstlichen Nuntius, Monsignore Pacelli, zum Essen ein: aber nur so, zu einem vertraulichen Essen, versteht sich: der Nuntius ist sehr intelligent und kennt die finanzielle Lage der Königin. Und sonst wenige Besuche. Kronprinz Rupprecht, ein angeheirateter Neffe der Königin, ist, wenn er aus Berchtesgaden nach München kommt, immer sehr beschäftigt bei offiziellen Zeremonien militärischer Vereinigungen oder anderem: er macht einen Sprung hierher in das Palais, aber nur wenige Minuten. Die Königin hatte vor geraumer Zeit auch eine italienische Prinzessin, die jetzt in unser Königshaus eingetreten ist, zu Besuch: Prinzessin Bona. Sie ist ihre angeheiratete Großnichte, denn Prinz Corrado, ihr Gatte, ist der Sohn einer Tochter von Kaiserin Elisabeth.*«

Herr Barcellona findet sich in den wittelsbachisch-habsburgischen Verwandtschaftsverhältnissen so sicher wie eine Fledermaus in einer Höhle zurecht.

»*Und dann wenige weitere Freunde. Jeden Abend um fünf Uhr kommt die Schwester der Königin, die Herzogin von Trani, Mathilde, welche im Hotel Vier Jahreszeiten in der Maximilianstraße wohnt, um Tee zu trinken. Da lese ich ein bißchen aus den Zeitungen vor, denn die Herzogin von Trani, wenn sie auch jünger als die Königin ist, kann ohne Brillen nicht so leicht lesen wie die Königin. Die Herzogin von Trani ist 80 Jahre alt. Die Königin sagt, daß ihre Gespräche düster sind wie jener Vers von Schiller in der Ballade von Rudolf von Habsburg: ›Als dächt’ er vergangener Zeiten‹, aber sie sagt es ohne Vorwurf. Dann begleite ich immer die Herzogin von Trani ins Hotel zurück, welches ziemlich weit weg ist, und weil ihr im Dunkeln etwas zustoßen könnte.« Rudolf von Habsburg sitzt, wenn die vergangenen Zeiten wieder von ihm Besitz ergreifen, beim Bankett der Paladine (Pfalz-Bankett) inmitten seines Hofes und kann seine Tränen »im Mantel mit den purpurnen Falten« verbergen. Marie Sophie hat nur den Purpur in ihrem Gesicht, der sie vor den Beleidigungen des gemeinen Volkes, vor der Neugier und dem Mitleid beschützt, besser als des kaiserlichen »Mantels purpurne Falten«.*

Neben ihrem Arbeitstisch gerade wie der Stamm einer jungen Fichte aufrecht stehend, empfängt die Königin. Unter den Fransen ihrer weißen Haare und dem großen und vollkommenen Bogen ihrer Augenbrauen blicken ihre Augen auf den Neuankömmling und gleichzeitig blicken sie in weite Ferne: man fühlt, daß man am Rande jenes stolzen Lebens steht; Gäste, Episoden. Der feine Mund gibt sich wirklich Mühe, gut und wohlwollend zu sein, aber er kann nicht mit der leichten und banalen Ermutigung der Charmeurs lächeln. Die Königin, die so zäh dem Tod Widerstand leistet, hat im Gesicht so etwas wie jene Kinder, bei welchen man Angst hat, daß sie bald sterben könnten: diese Furcht, diese Widerspenstigkeit vor dem Leben ist heute auf ihrem Gesicht genauso wie auf dem Porträt, welches, als sie 17 Jahre alt war, bevor sie heiratete, Piloty malte. Wegen dieses ihres ungeduldigen und zornigen Gesichtes ist Marie Sophie vom obszönen Alter befreit und ist eine Zeitgenossin aller bis jetzt gelebt habenden Generationen: sie ist die Frau ohne Alter des antiken hellenischen Poems, die, geschlagen vom Unglück ihres Hauses, jedoch nicht an der Gerechtigkeit der Götter verzweifelnd, freudig und stolz auf ihre eigene Schönheit, die den armen Menschen nicht weggenommen wer-

den kann, die Pläne des Schicksals lobt. Der Ton, in dem sie den
Besucher um Namen, Herkunft, Vaterland fragt, ist echt home-
risch. Die Königin glaubt an die Qualität des Blutes und an
die Bedeutung einer zumindest sauberen Herkunft. Sie fragt
auch, wie alt man ist, und sagt, wie alt sie ist, ohne eine Spur
seniler Eitelkeit. »Ich bin 83 Jahre alt. Um ein Jahr älter als der
Ehrenwerte Giolitti. Ich bin sehr alt.«

Die Königin schweigt. Ich suche wild in meinem Gehirn
nach den Fragen, welche ich ihr stellen will, die Probleme, die
Argumente. Nichts. Dieser ihr letzter Satz hat auf mich die
Wirkung eines Rolladens, der mit einem Schlag vor einer Fen-
sterscheibe niederfällt, wo ich neugierig hineinschauen wollte.
»Ich bin sehr alt«: unausgesprochen: »Deine Worte sollen gezählt sein.« Ich hebe den Kopf: die Königin ist unbeweglich. Es
gelingt mir nicht, etwas anderes zu denken oder zu sehen, als
die beiden auf dem Tisch befindlichen Gegenstände: eine weiße
Strickarbeit und eine Zeitung. Schließlich frage ich die Königin,
welche Zeitungen sie liest.

»Das werde ich Ihnen sagen. Ich selbst lese jeden Tag ›Les
Journal des Débats‹ und ›Le Figaro‹. Meine Außenpolitik leitet
ein bißchen Herr Gauvain, den ich für den besten politischen
Artikelschreiber Europas, den informiertesten, unabhängigsten
und systematischsten halte. Den ›Figaro‹ lese ich wegen seines
gesellschaftlichen Teils. Er ist die einzige Zeitung der Welt,
welche gut die Heiraten, die Toten, die Ferienaufenthalte meiner Verwandtschaft und meiner Bekanntschaft und im allgemeinen der guten Gesellschaft bringt: eine Sache, die viel wichtiger ist, als Sie glauben. Dann ist der ›Figaro‹ die einzige, der
ich in bezug auf die Literaturkritiken vertraue. Ich kaufe die
Bücher, über die er Gutes sagt, die anderen vernachlässige ich
ohne weiteres.«

»Und deutsche Zeitungen?«

»So, den ›Münchener‹ für das, was in der Stadt passiert.
Aber München ist traurig, wissen Sie. Diese Münchner haben

den Kopf verloren.« Die Königin senkt die Stimme und wiederholt mehrmals: »den Kopf verloren«. »Herr von Kahr ist ein der Monarchie sehr ergebener Mann: aber er hat keinen Verstand, nein, nein.« Die Königin deutet nochmals mit dem Kopf ein nachsichtiges und mitleidiges Nein an. »Ich kenne es, wie die ergebenen Menschen sind, die jedoch keinen Verstand haben.«

Als die Königin erfährt, daß ich auch das Ruhrgebiet besucht habe, fragt sie mich, ob es wahr ist, daß die französischen Truppen so viele Grausamkeiten begehen. Ich antworte, was ich weiß.

»Aber ich habe das immer gedacht! Es kann nicht sein, daß die Franzosen so etwas tun, was diese Zeitungen erzählen«, sagt die Königin, wobei sie in einer Nummer des »Münchener« blättert. »Ich bin froh, daß sie mir gemäßigte und unparteiische Informationen geben. Diese Geschichte von den Grausamkeiten der Franzosen im Ruhrgebiet ist genauso wie die der deutschen Grausamkeiten in Belgien. Alles gleich, alles so gleich, mein Herr! Und die ›schwarze Schande‹? Auch da wird man übertrieben haben. Leider wollen wer weiß wie viele weiße Mädchen, Deutsche sowie Französinnen, mit dem Neger gehen! Aber sicher, so ist es …«

Eine Pause voll armer Menschlichkeit. Die Königin schließt die Augen, so, als ob sie nicht sehen will, wie lügnerisch und schlüpfrig die Menschen sind.

»Mon cher monsieur, le monde c'est fou. Es gibt keine Möglichkeit, sie zu heilen. Jede Generation wiederholt die Fehler der vorhergegangenen Generationen und hält sie für aufsehenerregende Neuerungen.«

Die Königin ist sehr gut informiert über die italienische Sache. Über das regierende Königshaus vor allem: sie stellt schwer verständliche, versiegelte Fragen, deren unterstellter Sinn nur einem in das Hofleben Eingeweihten zu begreifen möglich ist. Sie freut sich, daß Prinz Umberto ein schöner *junger Mann ist:* »Es ist ein großes Glück für einen König, schön und gutaussehend zu sein: wenn nicht, bleibt er schließlich ... schließlich, wie die Franzosen sagen, aigri. Königin Elisabeth von Belgien (Mutter Marie Josés) ist meine Nichte: sie ist eine Tochter des Herzogs Karl Theodor. Und auch meine Lieblingsnichte, weil sie die lebhafteste, die tapferste, die seit ihrer Kindheit uns Wittelsbacher Schwestern, die wir, als wir auch noch Kinder im Hause meines Vaters, in Possenhofen waren, am ähnlichsten war.« *Eine große Hochachtung vor Kaiserin Zita von Habsburg.* »Sehen Sie, wie fein sie ist: sie war die einzige königliche Persönlichkeit, die nicht ihre Memoiren geschrieben hat. Die amerikanischen Verleger hätten sie auch ihr bezahlt. Aber eine Königin, die ihre Memoiren schreibt ... Die Kaiserin hat das verstanden.«

»Die Memoiren über mich, sagen Sie? Oh, wie viele davon begann ich zu lesen! Aber es sind Romane, alles Romane, die ich entrüstet weggeworfen habe.« *Keine bayerische Adlerin.* »Ich war ein gesundes und fröhliches Mädchen. Aber kehren wir zu Kaiserin Zita zurück. Sie hat zweimal Pech: den Namen, der häßlich ist, und jene Reise mit dem Flugzeug nach Ungarn: solche Abenteuer! ... Aber ihr Sohn wird auf den Thron zurückkehren.«

Arco, Deauville, Tegernsee, das Haus der Orléans in Twickenhan, die Villa in Neuilly sur Seine: ein Hintergrund, vor welchem rasch Bahren von Königen im Exil, Heiraten junger Prinzen, die einsamen Ritte derer, die die Erinnerungen heraufbeschwört, vorbeiziehen.

»Sagen Sie mir. Ich habe in der ›Illustration‹ eine Photographie gesehen, auf der einige Nonnen den König von Italien und Mussolini mit erhobenem Arm wie die Römer grüßen. Stimmt das? Oder ist es eine Fälschung?«

»Ich glaube, das stimmt, Majestät.«

»Ist es wahr, daß der Ehrenwerte Mussolini versucht, die besten Beziehungen mit dem Papst zu haben?«

»Ich glaube, daß es wahr ist.«

»Aber es ist natürlich, es ist natürlich …«

Ich dränge nicht. Ich habe Angst vor den Erinnerungen ihrer Jugend und der Jahre ihrer Regierungszeit … (Hier wurde der Text Ansaldos von der beunruhigenden Attacke Marie Sophies gegen die Savoyer gereinigt, Anm. d. Verf.)

Aber die Königin denkt mit Freude daran. Sie spricht von ihren italienischen Dienern, den drei letzten, die sie hatte: Sie weiß genau die Namen, was sie machen, wo sie sind. »Es waren drei Südländer, die mir über jeden persönlichen Nutzen hinaus treu ergeben blieben, bis ich sie wegschickte, weil … Sie waren jung, über Empfehlung einiger alter Freundinnen in meine Dienste gekommen, sie mußten eine Familie gründen, es war nicht mehr möglich, daß sie ihre Zeit bei einer alten Dame verschwendeten. Man kann in diesen Ländern viele Eisenbahnen, viele Straßen, viele Schulen bauen: die Menschen ändern sich nicht, wissen Sie. Sie werden immer persönlich treu dem Herrn, der sie zu überzeugen versteht, ergeben sein: die tapfersten Soldaten der ganzen Halbinsel, gemeinsam mit den Gebirgsjägern. Ich hatte Gaetano. Gaetano Restivo, ein Sizilianer aus Ficarazzo in der Provinz Palermo: jetzt ist er unten in seinem Dorf, er hat mir vor einiger Zeit eine Kiste Orangen geschickt. Der letzte Tribut, der mich erreicht … Dann Luigi Tagliaferri aus Caserta, der Enkel eines anderen Tagliaferri, der mit mir in Gaeta war. Dann Gaetano Marsala, ein Abruzzese aus Pescocostanzo, der jetzt Schuhmacher in Paris ist. Dieser Marsala ist eine einfache Seele, und er sprach immer zu mir über die Krone der Anjou, die in der Stiftskirche seines Dorfes aufbewahrt wird. Es schien, daß sie Märchen erzählten, als er von der Krone der Anjou erzählte: die, wie ich verstanden habe, sich in einer Sakristei der Kirche befinden muß, und Marsala mußte sie als Kind lange bewundert haben, wenn er sich auf den Ministrantendienst vorbereitete. Für ihn war rund um die Krone von Pescocostanzo wirklich ein verlorenes Königreich

*mit all seinem Glanz ... viel mehr als für mich. Ein Sizilianer,
einer aus Terra di Lavoro, ein Abruzzese: ich hatte wirklich alle
Provinzen des Königreiches um mich.«*

*Die Stimme senkt sich müde, verstummt. Zum Zeitpunkt,
da sie erstirbt, fühle ich, daß die Königin mich entläßt, sie läßt
mich neuerlich draußen am Rand ihres reichen Lebens, in
welches ich mir einbildete hie und da mit klaren Augen sehen
zu können. In dieses ihr Leben hat sie mich nicht hineinschauen
lassen: nur in seine Neige, in die Ansichten ihrer Gedanken:
Urteile, wenn Sie so wollen: aber in das tiefe Leben, nichts. In
ihrer Tragödie hat es niemals Vertraute gegeben, und die
Monologe sind gelöscht.*

*Als ich auf der Schwelle bin, versteht die Königin meine
dumme Enttäuschung und hat ironisches Mitleid deshalb.
Hoch und aufrecht inmitten des Saales stehend ruft sie mich mit
einem Zeichen zurück. Vielleicht erscheint sie mir nun für einen
Augenblick als die wahre, die barbarische (fremde) Marie
Sophie von Wittelsbach, dazu geschaffen, Pferde zu lenken,
Gefährtin von Eroberern, Mutter von Königen zu sein.*

Aber die gewohnte verlorene Stimme murmelt:

*»Sie sind jung, mein Herr: Sie werden noch alte Königinnen
sehen, so viele Dinge, so viele Dinge ...«*

*Während ich meine erste höfische Verbeugung versuchte,
deutete Marie Sophie noch einmal traurig mit dem Kopf auf die
Abenteuer der Welt hin, die sie nicht mehr sehen wird. Aber
vielleicht beobachtete sie auch meine plebejische Plumpheit bei
der Ehrenbezeugung vor der Majestät und die Verlegenheit, in
welcher ich mich befand, als ich das Zimmer verließ, ohne ihr
den Rücken zu drehen, wie ich in den Büchern gelesen habe,
daß man es mit den Königen so macht: und sie bedauerte diese
elenden Zeiten, in denen man nicht einmal die Verbeugung vor
Königinnen lehrt.*

DIE NEMESIS

Der Autor, der nicht an die historische Nemesis glaubt und auch nicht an die göttliche (sein altes Herz würde die Freude nicht aushalten, wenn er entdeckte, daß die Ungerechtigkeiten eines Tages wirklich gerächt werden), er kann sich jedoch nicht davor entziehen, der Überlegung des Lesers die einzigartigen Koinzidenzen, welche man zwischen dem Ende der Bourbonen und dem Ende der Savoyer registriert, zu unterbreiten:

1. Beide Königreiche stürzten infolge einer Landung in Sizilien.
2. Beide Königsfamilien verließen ihre Hauptstadt um einen 8. September.
3. Franz II. regierte ein Jahr, Umberto II. regierte einen Monat.
4. Beide waren schüchtern, hatten keine Persönlichkeit und waren nicht sehr hochgeschätzt von ihren jeweiligen Eltern, die sie mit ziemlich abschätzigen Spitznamen riefen: Francesco, *Lasa*; Umberto, *Beppo*.
5. Beide hatten eine ziemlich fragwürdige Männlichkeit.
6. Beide heirateten mutige, sportliche, extrovertierte Prinzessinnen, die viel intelligenter waren als sie und Wittelsbacher Blut in den Adern hatten.
7. Beide wurden wenig geschätzt von ihren Gemahlinnen, die sie verließen, nachdem sie festgestellt hatten, daß es unmöglich war, den Thron zurückzuerobern.
8. Beide verloren die Krone, weil sie nicht auf die Überredungskünste ihrer Frauen hören wollten. Marie Sophie wollte, daß Franz »aufs Pferd steige«, Marie José hoffte, daß Umberto mit den Partisanen zusammengehe.
9. Beide wurden durch vieldiskutierte Referenden liquidiert.
10. Die Savoyer beraubten die Bourbonen, die italienische Republik beraubte die Savoyer nicht.

PERSONENREGISTER

DIE HERZÖGE IN BAYERN

Wilhelm
* 1752
† 1837
∞ Maria Anna, Pfalzgräfin von
Zweibrücken-Birkenfeld
* 1753, † 1824

Sohn	Maria Elisabeth	Pius August
* und † 1782	* 1784	* 1786
	† 1849	† 1837
	∞ Ludwig Alexander Berthier,	∞ Amalie Luise,
	Fürst und Herzog	Prinzessin und
	von Neuchâtel und Valangin,	Herzogin von Arenberg
	Fürst von Wagram	* 1789, † 1823
	* 1753, † 1815	

Maximilian
* 1808
† 1888
∞ Ludovika, Prinzessin von Bayern
* 1808, † 1892

Ludwig Wilhelm	Wilhelm Karl	Helene	Elisabeth	Karl Theodor,
* 1831	* 1832	* 1834	* 1837	Dr. med., Augenarzt
† 1920	† 1833	† 1890	† 1898	* 1839
∞ 1. Henriette		∞ Maximilian	∞ Franz	† 1909
Mendel,		Anton Lamoral,	Joseph I.,	∞ 1. Sophie,
seit 1859 Freifrau		Erbprinz	Kaiser von	Prinzessin
von Wallersee		von Thurn	Österreich	von Sachsen
* 1833, † 1891		und Taxis	* 1830	* 1845, † 1867
2. Antonie Barth,		* 1831, † 1867	† 1916	2. Maria Josepha,
seit 1892 von				Infantin
Bartolf				von Portugal,
* 1871, † ?				Prinzessin
				von Bragança
				* 1857, † 1943

aus 1. Ehe	aus 2. Ehe	Elisabeth Valerie	Marie Gabriele
Amalie Maria	Sophie Adelheid	* 1876	* 1878
* 1865	* 1875	† 1965	† 1912
† 1912	† 1957	∞ Albert, König der	∞ Rupprecht,
∞ Wilhelm, Herzog	∞ Hans Veit, Graf zu	Belgier	Kronprinz
von Urach	Toerring-Jettenbach	* 1875, † 1934	von Bayern
* 1864, † 1928	* 1862, † 1929		* 1869, † 1955